国家教师资格考试辅导教材**思维导图**全解：

教育知识与能力（中学）

师大教科文教材编写组 编著

清华大学出版社

北京

内 容 简 介

本书在内容编写上严格依据教师资格证考试大纲《教育知识与能力(中学)》,按章节编排了几十张思维导图,从而把每一章的主要内容都用图表非常严谨、简明地勾勒出来,便于考生梳理各章节考点,合理构建重要考点的知识体系。全书共分八章,分别是:教育基础知识和基本原理、课程、教学、中学生学习心理、中学生心理发展、中学生心理辅导、中学德育和中学班级管理与教师心理。

本书可作为报考国家教师资格考试的辅导教材,也可作为教育工作者的学习用书。

图书在版编目(CIP)数据

国家教师资格考试辅导教材思维导图全解.教育知识与能力.中学/师大教科文教材编写组编著.—北京:清华大学出版社,2020

ISBN 978-7-302-54072-4

Ⅰ.①国… Ⅱ.①师… Ⅲ.①中学教师-教学能力-资格考试-自学参考资料 Ⅳ.①G451.1

中国版本图书馆 CIP 数据核字(2019)第 241878 号

责任编辑:张　弛
封面设计:刘　键
责任校对:袁　芳
责任印制:沈　露

出版发行:清华大学出版社
　　　　　网　　　址:http://www.tup.com.cn,http://www.wqbook.com
　　　　　地　　　址:北京清华大学学研大厦 A 座　　　　　邮　　编:100084
　　　　　社 总 机:010-62770175　　　　　　　　　　　　邮　　购:010-62786544
　　　　　投稿与读者服务:010-62776969,c-service@tup.tsinghua.edu.cn
　　　　　质量反馈:010-62772015,zhiliang@tup.tsinghua.edu.cn
印　装　者:北京嘉实印刷有限公司
经　　销:全国新华书店
开　　本:185mm×260mm　　　印　张:7.75　　　字　数:184 千字
版　　次:2020 年 1 月第 1 版　　　　　　　　　印　次:2020 年 1 月第 1 次印刷
定　　价:39.00 元

产品编号:085473-01

编写委员会

李春秋　谭家双　陈惠子

刘建民　刘胜男　朱国祥

曹　玉　王　菲　曾长城

陈雪风　屈文婷

前言
FOREWORD

自教育部 2011 年在浙江、湖北率先开展教师资格"国考"改革试点工作以来,大部分省、自治区、直辖市已加入全国统考。随之而来的教师资格考试热度不减,竞争也持续升温。但备考从来就不是一蹴而就的事情,需要考生"耐得住寂寞,守得住清苦"。想要事半功倍地提高复习效率,通过考试,首先得有一套系统而有效的备考图书。

思维导图具有简单高效、使用广泛的特点,不仅集合了逻辑思维、发散思维和想象力,而且具有图形创意和美感,是思维和美学的艺术结晶。思维导图作为学习工具和思维工具,在教学领域的应用非常广泛,西方很多国家已经将思维导图引入课堂和教学中。因此,师大教科文教材编写组根据考试大纲和历年考试真题及辅导学员的实际需求,汇聚了北京师范大学相关领域专家编写了国家教师资格考试辅导教材思维导图全解这套考试用书,以满足广大考生在基础阶段、巩固提高和冲刺阶段都能高效、有针对性地复习的需求。本套教材具有以下几个显著特点。

一、紧扣考情,直击考试重难点

在内容编写上,师大教科文教材研发团队依据教师资格考试大纲和历年真题,对考点进行系统统计,对考点出现的频率和难度进行细致分析,架构起以考试大纲为中心,合理串联重要考点的知识体系。

二、总结考点,形成完整知识框架

思维导图是将知识进行梳理,以考点串接的形式呈现,可以帮助考生在掌握基础知识的同时,快速梳理逻辑框架,在头脑中形成一个庞大的、系统的教育综合知识树。本书体例新颖,以框架的方式展现各章节的重要知识点,对于备考初期的学员来讲,方便记忆,重难点突出,有助于轻松入门,夯实基础。

三、形象思维,助力考生高效记忆

本书按章节编排了几十张思维导图,从而把每一章的主要内容都用图表非常严谨、简明地勾勒出来,便于考生梳理各章节考点。

在版式设计上,本书采用双色印刷,对重要知识点用红色进行标记,重点、难点快速凸显,整体设计美观大方,协调匀称,适合阅读。

每一张思维导图都是一个完整的逻辑闭环知识体系——宏观展现知识脉络，厘清考点逻辑关系；微观洞悉考点细节，直击考试命题要点；理解、记忆、体系构建一步到位。因此，本书可有效解决读者因记忆考点散乱、不系统导致的记忆效率低下的问题。

编　者

2019 年 11 月

扫码进入师大教科文学习交流群，查看考试通知、免费公开课、备考资料，与更多考友一起学习交流。

中学教师资格证考试交流群

目录
CONTENTS

第一章　教育基础知识和基本原理

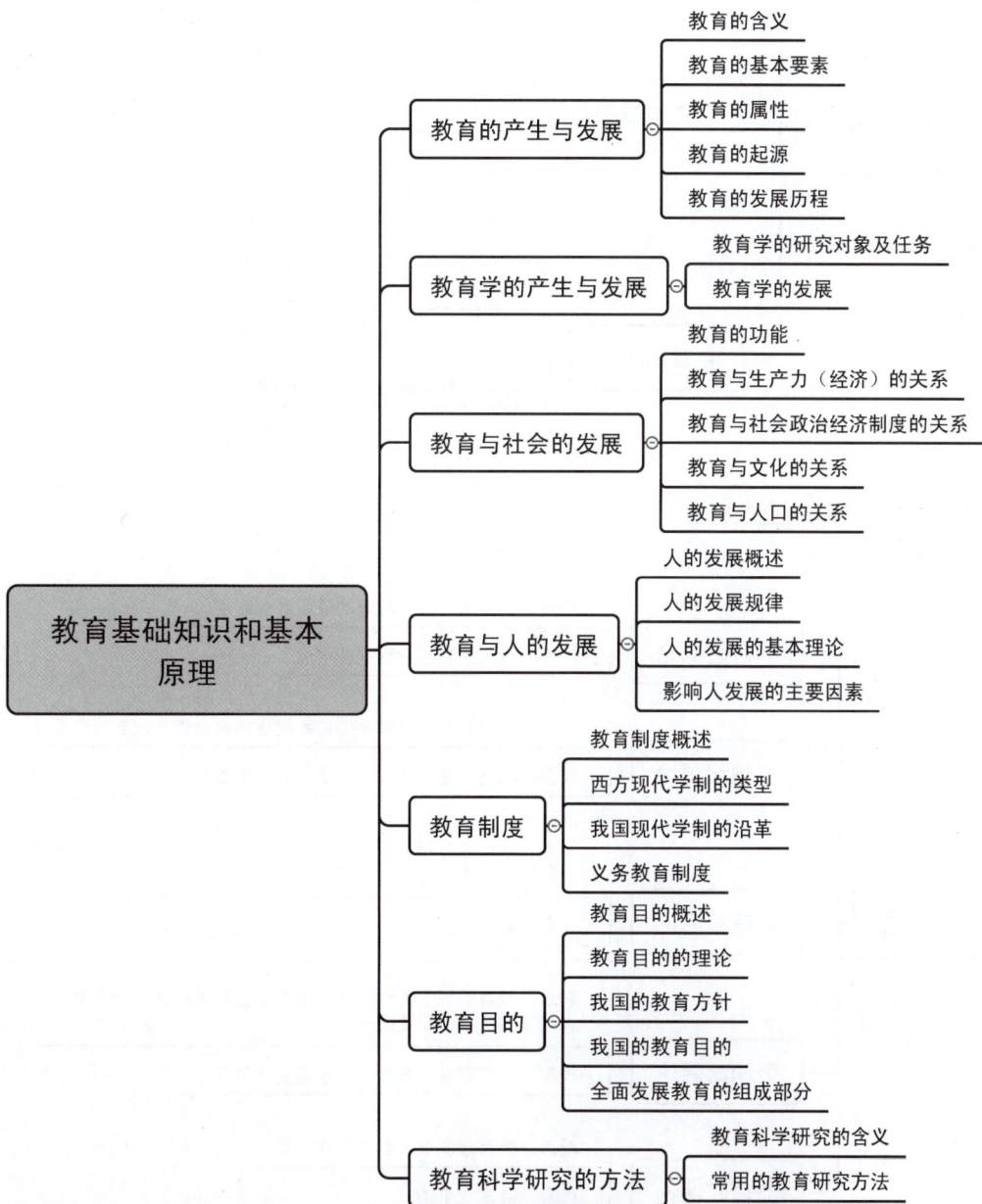

教育基础知识和基本原理
- 教育的产生与发展
  - 教育的含义
  - 教育的基本要素
  - 教育的属性
  - 教育的起源
  - 教育的发展历程
- 教育学的产生与发展
  - 教育学的研究对象及任务
  - 教育学的发展
- 教育与社会的发展
  - 教育的功能
  - 教育与生产力（经济）的关系
  - 教育与社会政治经济制度的关系
  - 教育与文化的关系
  - 教育与人口的关系
- 教育与人的发展
  - 人的发展概述
  - 人的发展规律
  - 人的发展的基本理论
  - 影响人发展的主要因素
- 教育制度
  - 教育制度概述
  - 西方现代学制的类型
  - 我国现代学制的沿革
  - 义务教育制度
- 教育目的
  - 教育目的概述
  - 教育目的的理论
  - 我国的教育方针
  - 我国的教育目的
  - 全面发展教育的组成部分
- 教育科学研究的方法
  - 教育科学研究的含义
  - 常用的教育研究方法

第一节　教育的产生与发展

核心考点 1：教育的概述

（2019 上、2018 上、2016 上、2015 下、2015 上、2014 上）

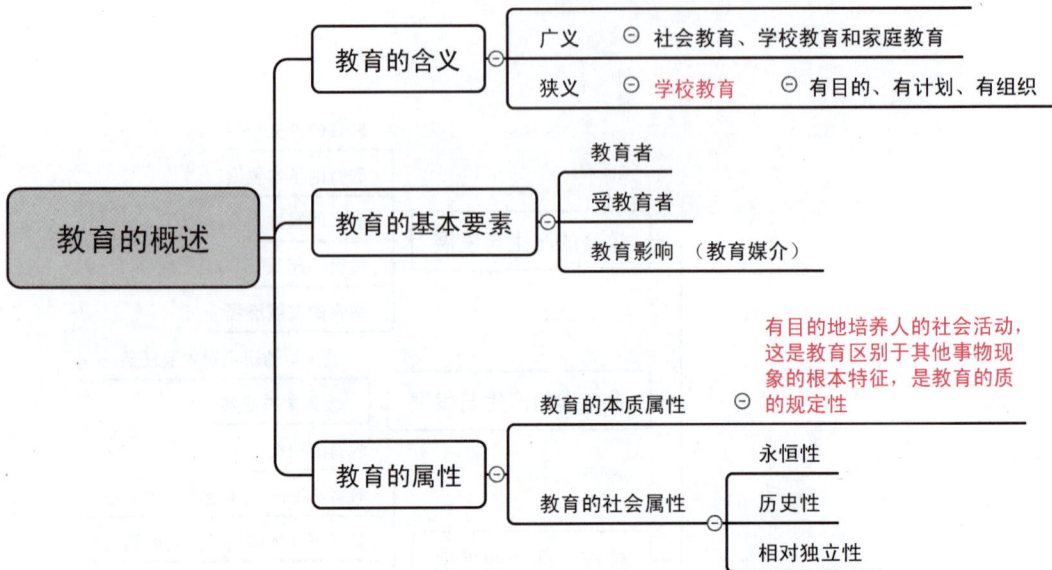

教育的概述

- **教育的含义**
  - "教育"一词最早出现于《孟子·尽心上》中的"得天下英才而教育之，三乐也。"
  - 广义 ⊖ 社会教育、学校教育和家庭教育
  - 狭义 ⊖ 学校教育 ⊖ 有目的、有计划、有组织
- **教育的基本要素**
  - 教育者
  - 受教育者
  - 教育影响（教育媒介）
- **教育的属性**
  - 教育的本质属性 ⊖ 有目的地培养人的社会活动，这是教育区别于其他事物现象的根本特征，是教育的质的规定性
  - 教育的社会属性 ⊖
    - 永恒性
    - 历史性
    - 相对独立性

核心考点 2：教育的起源

（2016 下）

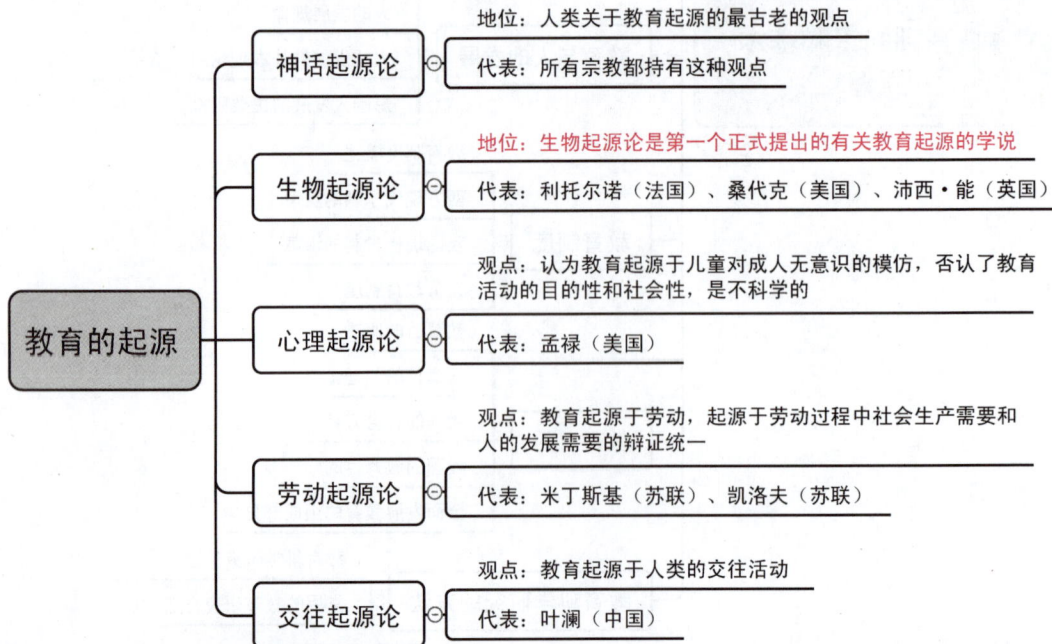

教育的起源

- **神话起源论**
  - 地位：人类关于教育起源的最古老的观点
  - 代表：所有宗教都持有这种观点
- **生物起源论**
  - 地位：生物起源论是第一个正式提出的有关教育起源的学说
  - 代表：利托尔诺（法国）、桑代克（美国）、沛西·能（英国）
- **心理起源论**
  - 观点：认为教育起源于儿童对成人无意识的模仿，否认了教育活动的目的性和社会性，是不科学的
  - 代表：孟禄（美国）
- **劳动起源论**
  - 观点：教育起源于劳动，起源于劳动过程中社会生产需要和人的发展需要的辩证统一
  - 代表：米丁斯基（苏联）、凯洛夫（苏联）
- **交往起源论**
  - 观点：教育起源于人类的交往活动
  - 代表：叶澜（中国）

核心考点 3：教育的发展历程

（2019 下、2015 上）

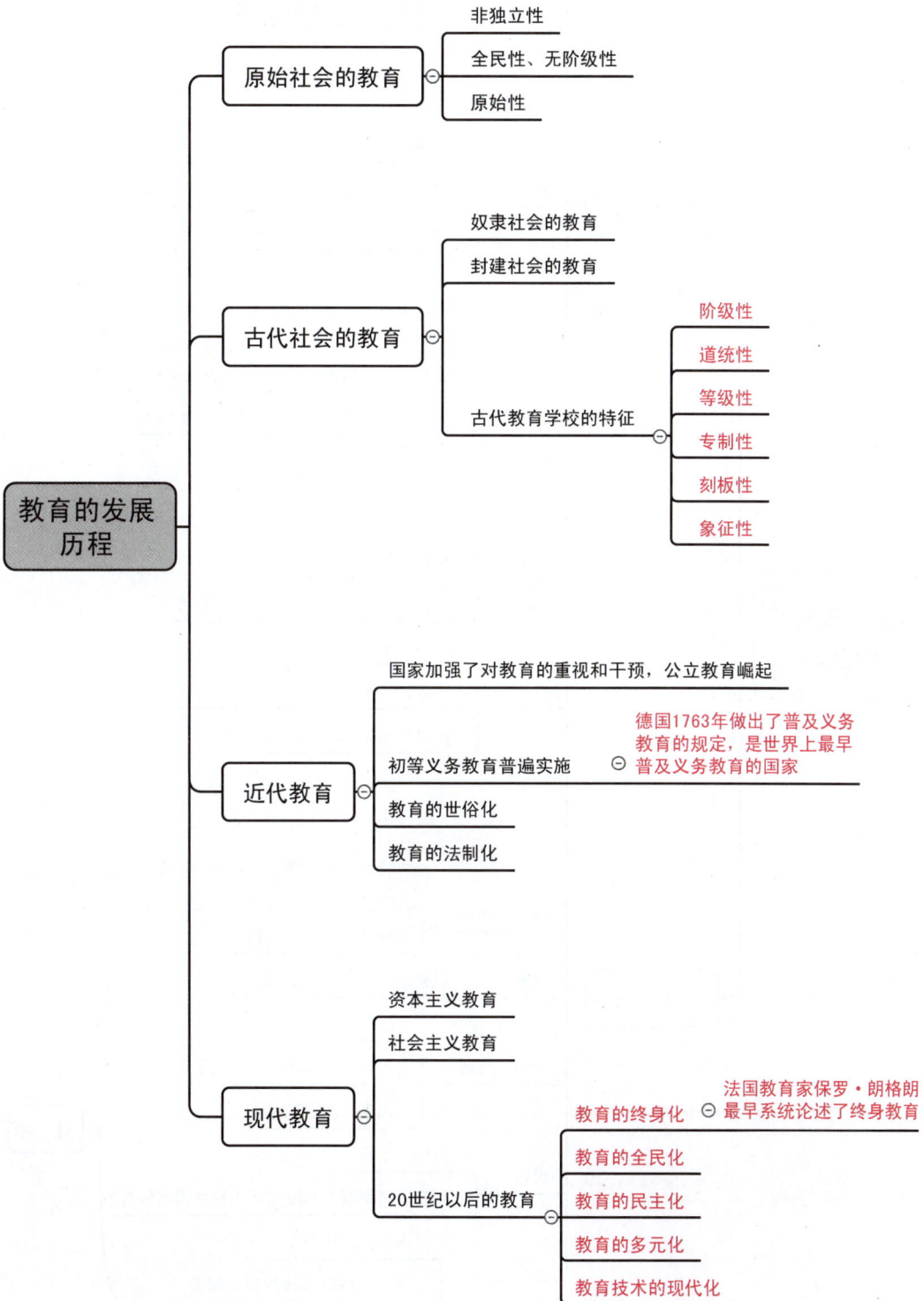

```
                            ┌─ 非独立性
            ┌─ 原始社会的教育 ─┼─ 全民性、无阶级性
            │                └─ 原始性
            │
            │                ┌─ 奴隶社会的教育
            │                ├─ 封建社会的教育
            │                │                ┌─ 阶级性
            │                │                ├─ 道统性
            ├─ 古代社会的教育 ─┤                ├─ 等级性
            │                └─ 古代教育学校的特征 ─┤─ 专制性
教育的发展                                     ├─ 刻板性
历程 ───────┤                                └─ 象征性
            │
            │          ┌─ 国家加强了对教育的重视和干预，公立教育崛起
            │          │                        德国1763年做出了普及义务
            ├─ 近代教育 ─┤─ 初等义务教育普遍实施 ─── 教育的规定，是世界上最早
            │          ├─ 教育的世俗化            普及义务教育的国家
            │          └─ 教育的法制化
            │
            │          ┌─ 资本主义教育
            │          ├─ 社会主义教育
            └─ 现代教育 ─┤                      法国教育家保罗·朗格朗
                       │       ┌─ 教育的终身化 ── 最早系统论述了终身教育
                       │       ├─ 教育的全民化
                       └─ 20世纪以后的教育 ─┤─ 教育的民主化
                                        ├─ 教育的多元化
                                        └─ 教育技术的现代化
```

核心考点 4:中国古代社会的教育

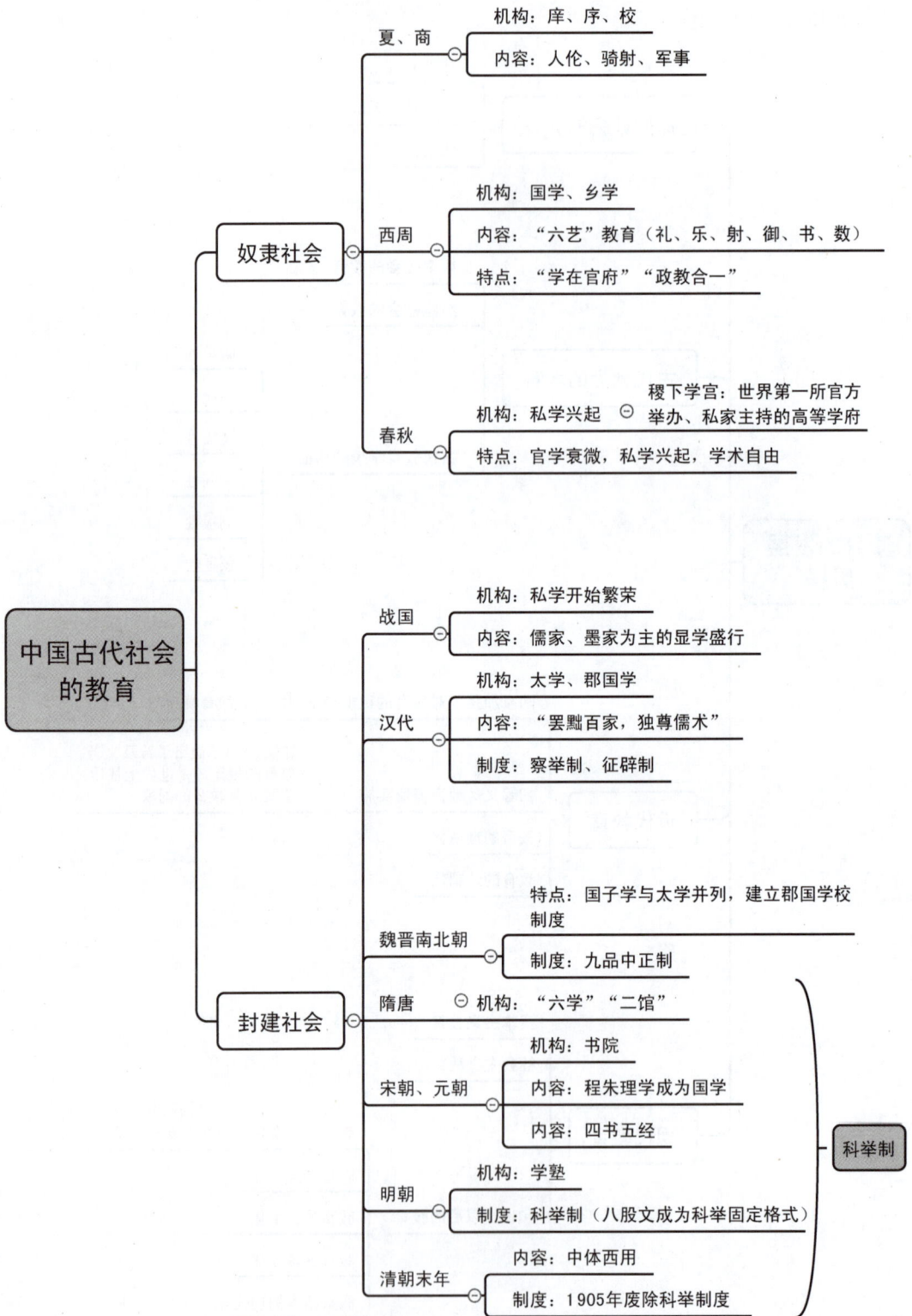

中国古代社会的教育

- 奴隶社会
  - 夏、商
    - 机构:庠、序、校
    - 内容:人伦、骑射、军事
  - 西周
    - 机构:国学、乡学
    - 内容:"六艺"教育(礼、乐、射、御、书、数)
    - 特点:"学在官府""政教合一"
  - 春秋
    - 机构:私学兴起 ⊖ 稷下学宫:世界第一所官方举办、私家主持的高等学府
    - 特点:官学衰微,私学兴起,学术自由

- 封建社会
  - 战国
    - 机构:私学开始繁荣
    - 内容:儒家、墨家为主的显学盛行
  - 汉代
    - 机构:太学、郡国学
    - 内容:"罢黜百家,独尊儒术"
    - 制度:察举制、征辟制
  - 魏晋南北朝
    - 特点:国子学与太学并列,建立郡国学校制度
    - 制度:九品中正制
  - 隋唐
    - 机构:"六学""二馆"
  - 宋朝、元朝
    - 机构:书院
    - 内容:程朱理学成为国学
    - 内容:四书五经
  - 明朝
    - 机构:学塾
    - 制度:科举制(八股文成为科举固定格式)
  - 清朝末年
    - 内容:中体西用
    - 制度:1905年废除科举制度
  - 科举制

核心考点5：外国古代社会的教育

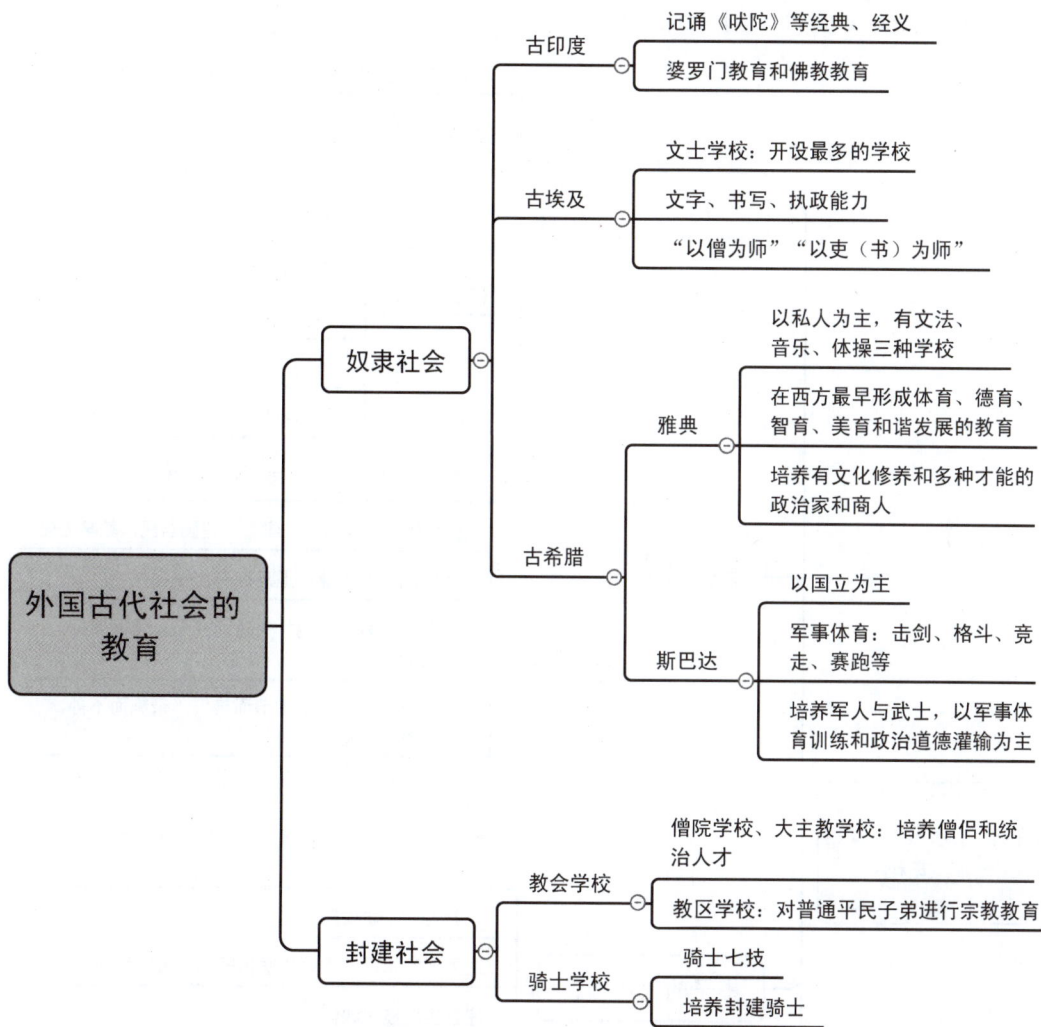

外国古代社会的教育
- 奴隶社会
  - 古印度
    - 记诵《吠陀》等经典、经义
    - 婆罗门教育和佛教教育
  - 古埃及
    - 文士学校：开设最多的学校
    - 文字、书写、执政能力
    - "以僧为师""以吏（书）为师"
  - 古希腊
    - 以私人为主，有文法、音乐、体操三种学校
    - 雅典
      - 在西方最早形成体育、德育、智育、美育和谐发展的教育
      - 培养有文化修养和多种才能的政治家和商人
    - 斯巴达
      - 以国立为主
      - 军事体育：击剑、格斗、竞走、赛跑等
      - 培养军人与武士，以军事体育训练和政治道德灌输为主
- 封建社会
  - 教会学校
    - 僧院学校、大主教学校：培养僧侣和统治人才
    - 教区学校：对普通平民子弟进行宗教教育
  - 骑士学校
    - 骑士七技
    - 培养封建骑士

核心考点1：教育学的研究对象及任务

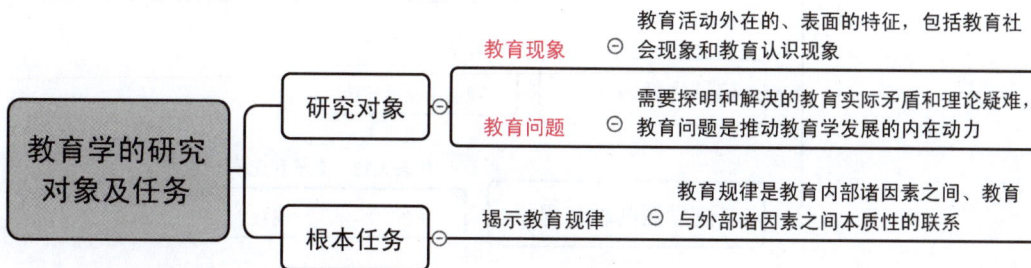

教育学的研究对象及任务
- 研究对象
  - 教育现象：教育活动外在的、表面的特征，包括教育社会现象和教育认识现象
  - 教育问题：需要探明和解决的教育实际矛盾和理论疑难，教育问题是推动教育学发展的内在动力
- 根本任务
  - 揭示教育规律：教育规律是教育内部诸因素之间、教育与外部诸因素之间本质性的联系

核心考点 2：萌芽阶段中国的教育思想

（2019 下、2018 上、2017 上、2016 下、2014 下）

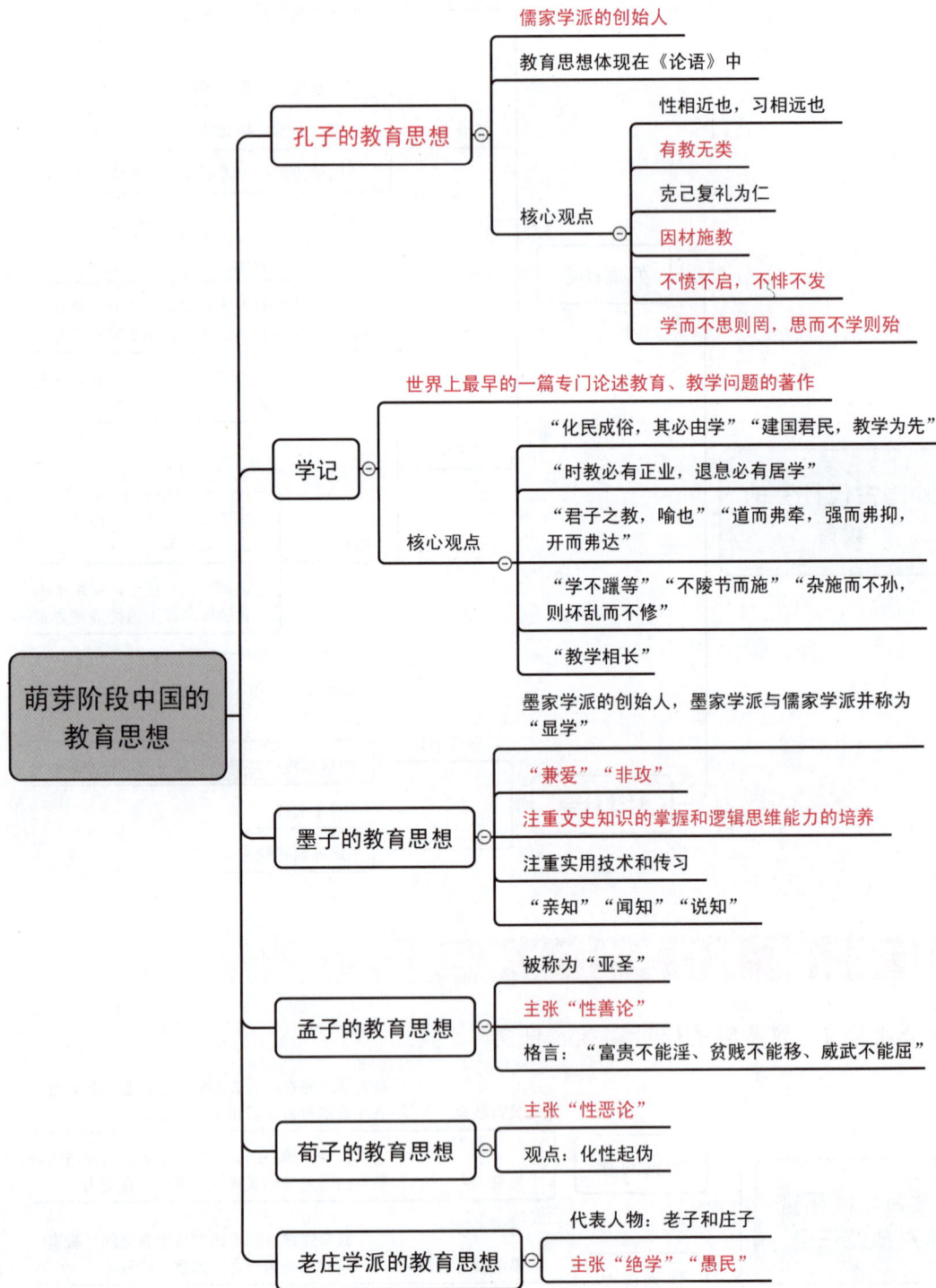

萌芽阶段中国的教育思想

- **孔子的教育思想**
  - 儒家学派的创始人
  - 教育思想体现在《论语》中
  - 核心观点
    - 性相近也，习相远也
    - 有教无类
    - 克己复礼为仁
    - 因材施教
    - 不愤不启，不悱不发
    - 学而不思则罔，思而不学则殆

- **学记**
  - 世界上最早的一篇专门论述教育、教学问题的著作
  - 核心观点
    - "化民成俗，其必由学""建国君民，教学为先"
    - "时教必有正业，退息必有居学"
    - "君子之教，喻也""道而弗牵，强而弗抑，开而弗达"
    - "学不躐等""不陵节而施""杂施而不孙，则坏乱而不修"
    - "教学相长"

- **墨子的教育思想**
  - 墨家学派的创始人，墨家学派与儒家学派并称为"显学"
  - "兼爱""非攻"
  - 注重文史知识的掌握和逻辑思维能力的培养
  - 注重实用技术和传习
  - "亲知""闻知""说知"

- **孟子的教育思想**
  - 被称为"亚圣"
  - 主张"性善论"
  - 格言："富贵不能淫、贫贱不能移、威武不能屈"

- **荀子的教育思想**
  - 主张"性恶论"
  - 观点：化性起伪

- **老庄学派的教育思想**
  - 代表人物：老子和庄子
  - 主张"绝学""愚民"

核心考点3：萌芽阶段西方的教育思想

（2015 上）

萌芽阶段西方的教育思想

- **苏格拉底**
  - 古希腊著名的思想家、哲学家和教育家
  - "问答法"又称"助产术"或"产婆术"
  - 问答分为三步：第一步称为苏格拉底讽刺；第二步称为定义；第三步称为助产术

- **柏拉图**
  - 代表作《理想国》
  - 第一个提出学前教育思想的教育家
  - "寓学习于游戏"的最早提倡者

- **亚里士多德**
  - 古希腊百科全书式的哲学家
  - 首次提出了"教育遵循自然"的原则
  - 代表作《政治学》

- **昆体良**
  - 西方教育史上第一个专门论述教育问题的教育家
  - 代表作《雄辩术原理》（又称《论演说家的教育》或《论演说家的培养》）是西方最早的教育著作，也被誉为古代西方的第一部教学法论著

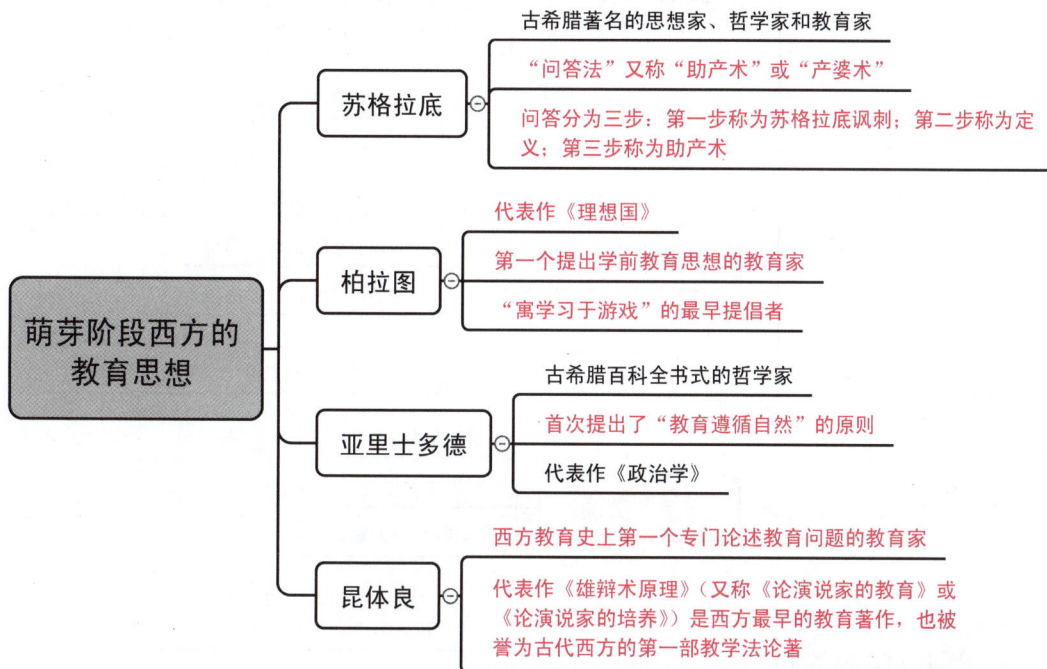

核心考点4：教育学创立阶段的教育思想

（2019 上、2018 下、2018 上、2017 下、2015 下）

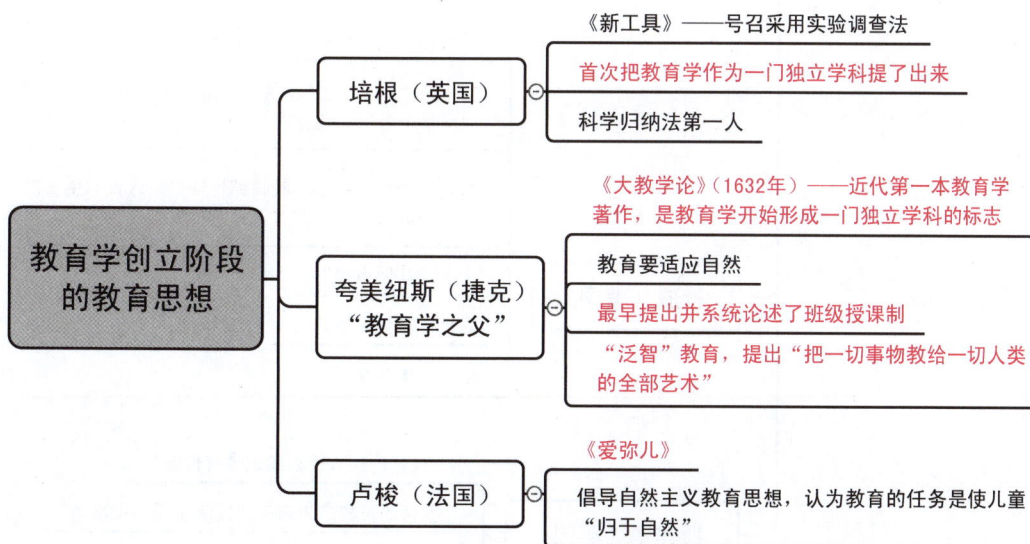

教育学创立阶段的教育思想

- **培根（英国）**
  - 《新工具》——号召采用实验调查法
  - 首次把教育学作为一门独立学科提了出来
  - 科学归纳法第一人

- **夸美纽斯（捷克）"教育学之父"**
  - 《大教学论》（1632年）——近代第一本教育学著作，是教育学开始形成一门独立学科的标志
  - 教育要适应自然
  - 最早提出并系统论述了班级授课制
  - "泛智"教育，提出"把一切事物教给一切人类的全部艺术"

- **卢梭（法国）**
  - 《爱弥儿》
  - 倡导自然主义教育思想，认为教育的任务是使儿童"归于自然"

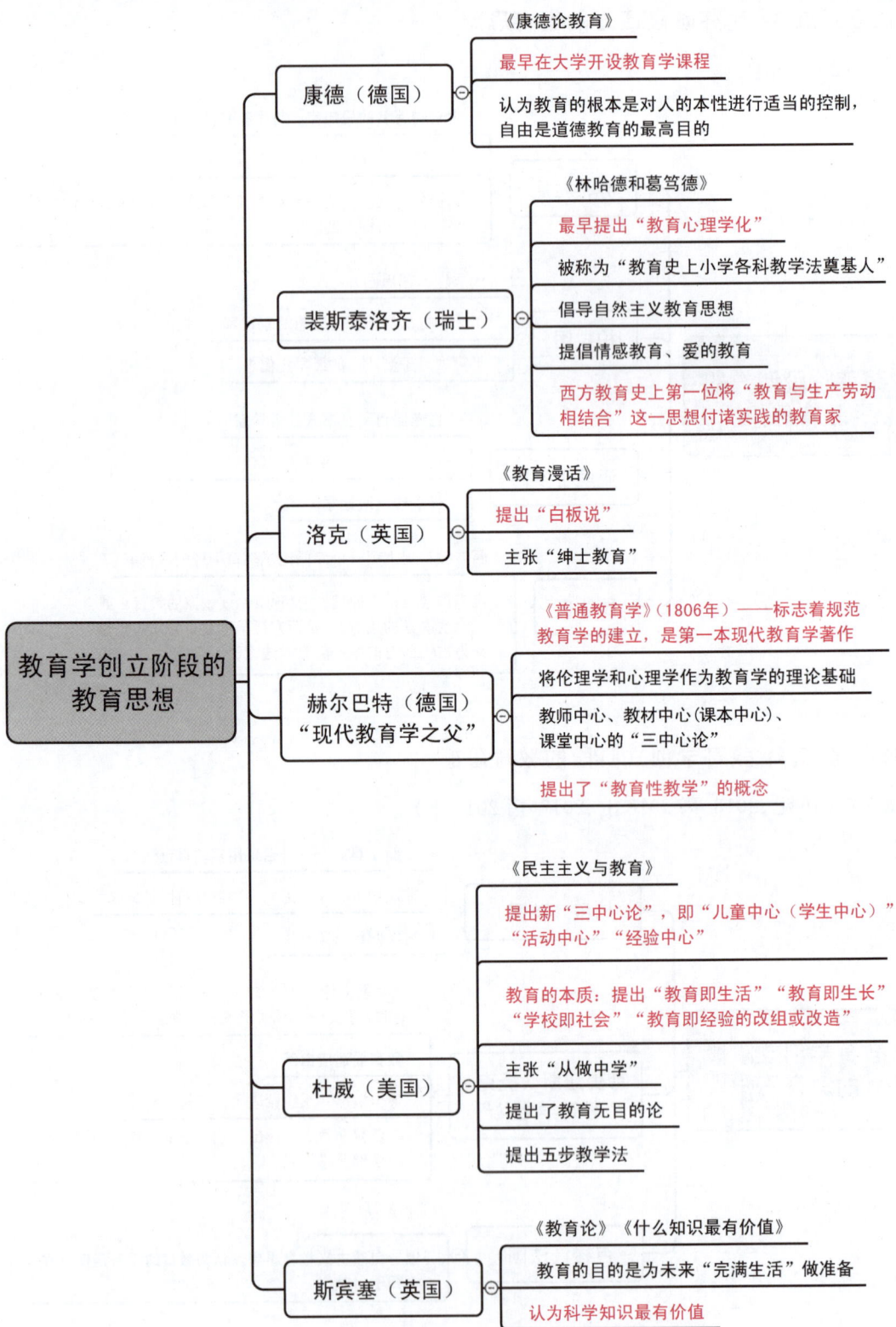

康德（德国）
《康德论教育》
最早在大学开设教育学课程
认为教育的根本是对人的本性进行适当的控制，自由是道德教育的最高目的

裴斯泰洛齐（瑞士）
《林哈德和葛笃德》
最早提出"教育心理学化"
被称为"教育史上小学各科教学法奠基人"
倡导自然主义教育思想
提倡情感教育、爱的教育
西方教育史上第一位将"教育与生产劳动相结合"这一思想付诸实践的教育家

洛克（英国）
《教育漫话》
提出"白板说"
主张"绅士教育"

教育学创立阶段的教育思想

赫尔巴特（德国）"现代教育学之父"
《普通教育学》（1806年）——标志着规范教育学的建立，是第一本现代教育学著作
将伦理学和心理学作为教育学的理论基础
教师中心、教材中心(课本中心)、课堂中心的"三中心论"
提出了"教育性教学"的概念

杜威（美国）
《民主主义与教育》
提出新"三中心论"，即"儿童中心（学生中心）""活动中心""经验中心"
教育的本质：提出"教育即生活""教育即生长""学校即社会""教育即经验的改组或改造"
主张"从做中学"
提出了教育无目的论
提出五步教学法

斯宾塞（英国）
《教育论》《什么知识最有价值》
教育的目的是为未来"完满生活"做准备
认为科学知识最有价值

核心考点5：教育学的发展阶段

（2019上、2016上）

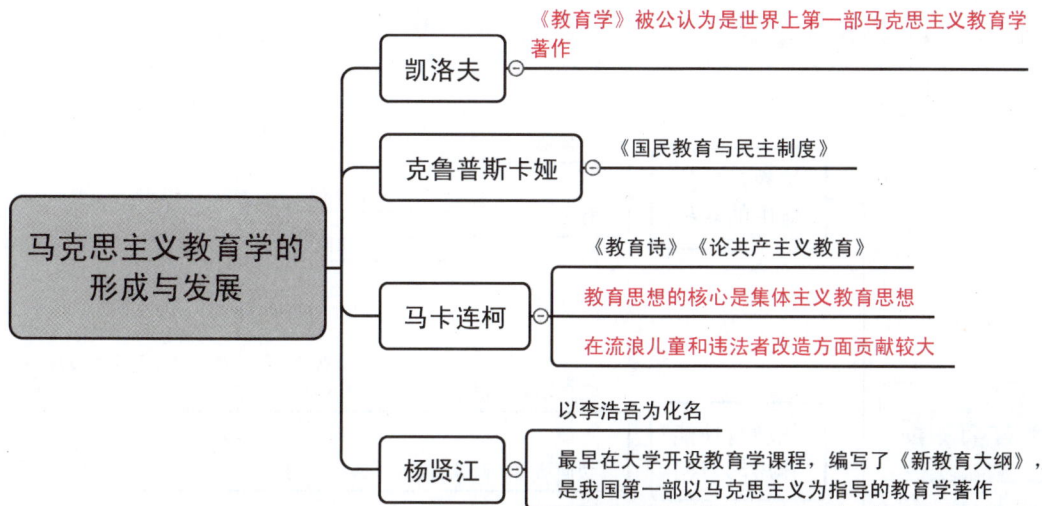

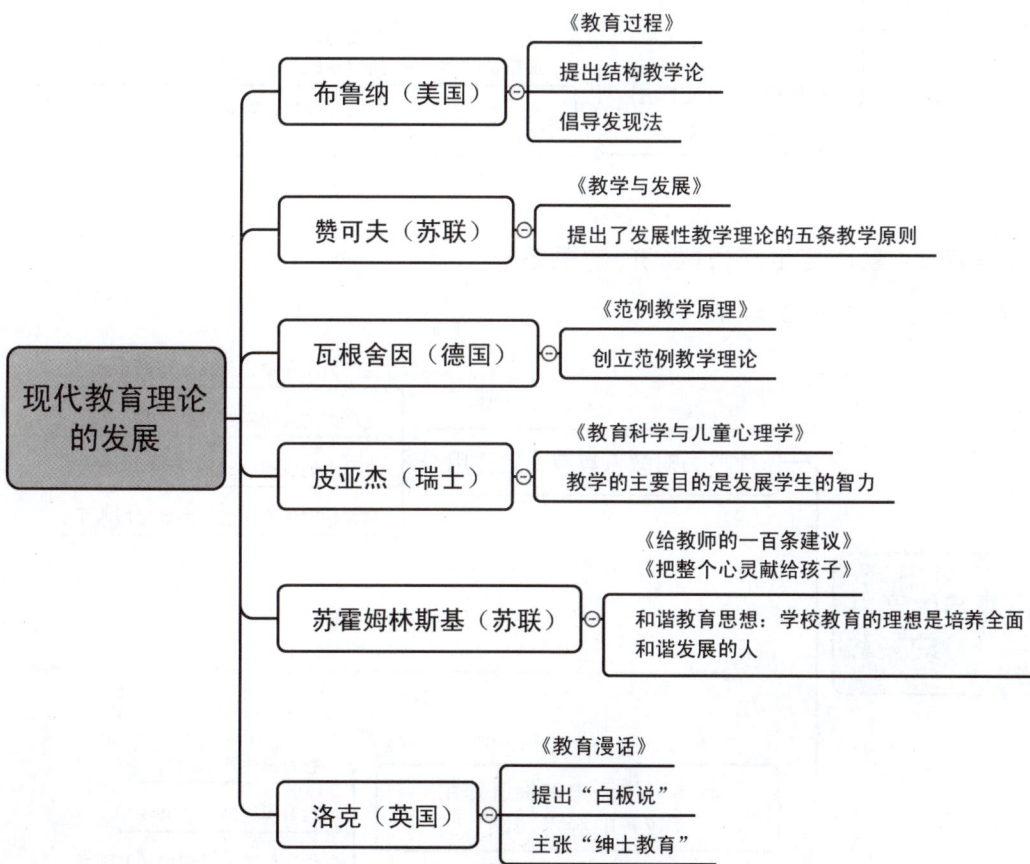

```
                    ┌── 凯洛夫 ── 《教育学》被公认为是世界上第一部马克思主义教育学
                    │             著作
                    │
                    ├── 克鲁普斯卡娅 ── 《国民教育与民主制度》
                    │
马克思主义教育学的   │                  ┌── 《教育诗》《论共产主义教育》
形成与发展          ┤              │
                    ├── 马卡连柯 ──┤── 教育思想的核心是集体主义教育思想
                    │              │
                    │              └── 在流浪儿童和违法者改造方面贡献较大
                    │
                    │              ┌── 以李浩吾为化名
                    └── 杨贤江 ──┤
                                   └── 最早在大学开设教育学课程，编写了《新教育大纲》，
                                       是我国第一部以马克思主义为指导的教育学著作
```

```
                    ┌── 布鲁纳（美国）──┬── 《教育过程》
                    │                    ├── 提出结构教学论
                    │                    └── 倡导发现法
                    │
                    ├── 赞可夫（苏联）──┬── 《教学与发展》
                    │                    └── 提出了发展性教学理论的五条教学原则
                    │
                    ├── 瓦根舍因（德国）─┬── 《范例教学原理》
现代教育理论        │                    └── 创立范例教学理论
的发展             ┤
                    ├── 皮亚杰（瑞士）──┬── 《教育科学与儿童心理学》
                    │                    └── 教学的主要目的是发展学生的智力
                    │
                    │                      ┌── 《给教师的一百条建议》
                    ├── 苏霍姆林斯基（苏联）┤   《把整个心灵献给孩子》
                    │                      └── 和谐教育思想：学校教育的理想是培养全面
                    │                          和谐发展的人
                    │
                    │                  ┌── 《教育漫话》
                    └── 洛克（英国）──┤── 提出"白板说"
                                       └── 主张"绅士教育"
```

第三节 教育与社会的发展

核心考点 1：教育的功能

（2017 下）

```
                      ┌─ 按教育功能      ┌─ 个体功能
                      │  作用的对象      └─ 社会功能 ─┬─ 社会变迁功能
                      │                              └─ 社会流动功能
                      │
                      │                  ┌─ 正向功能（积极功能）─ 教育有助于社会进步和个体发展
教育的功能 ──────────┤  按教育功能      │                        的积极影响和作用
                      │  作用的方向      └─ 负向功能（消极功能）─ 教育阻碍社会进步和个体发展的
                      │                                          消极影响和作用
                      │
                      │  按教育功能作用  ┌─ 显性功能 ─ 教育活动依照教育目的，在实际运行中
                      └─ 呈现的形式      │             所出现的与其相吻合的结果
                                         └─ 隐性功能 ─ 伴随显性教育功能所出现的非预期性的
                                                       功能
```

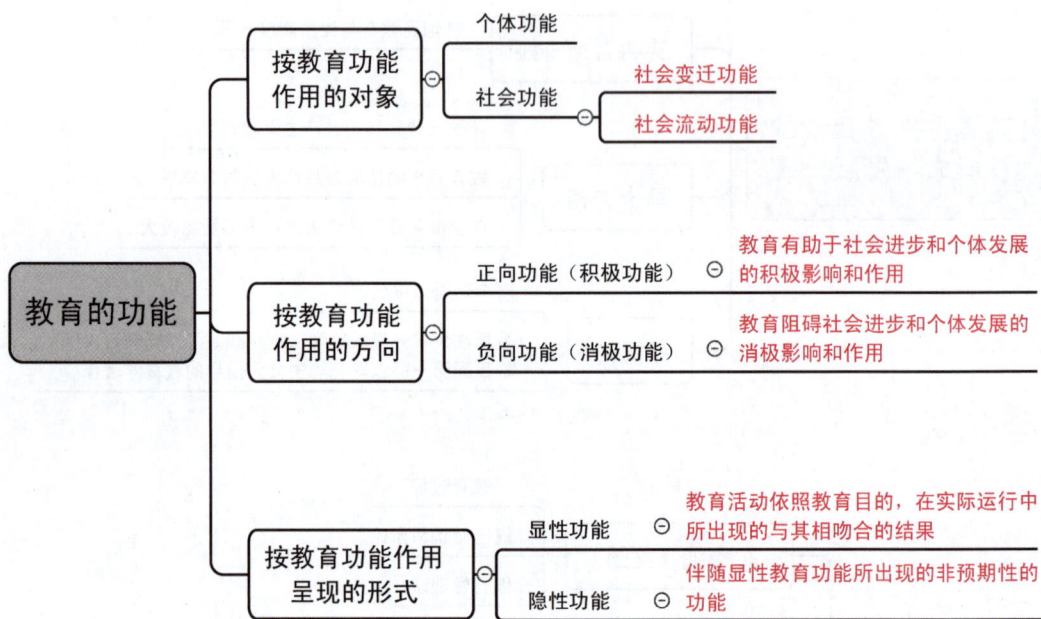

核心考点 2：教育与生产力（经济）的关系

（2019 上、2015 下、2014 下）

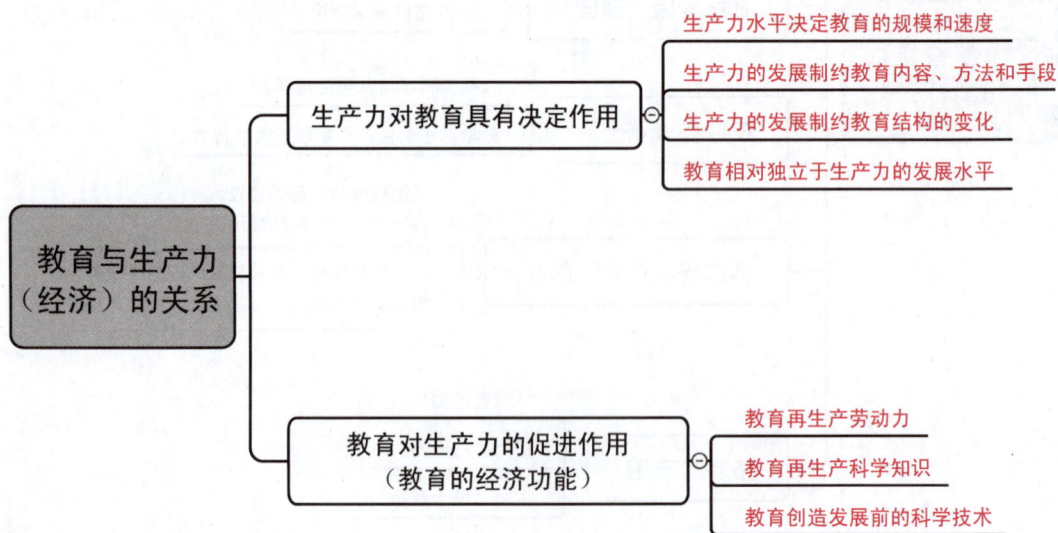

```
                            ┌─ 生产力对教育具有决定作用 ─┬─ 生产力水平决定教育的规模和速度
                            │                            ├─ 生产力的发展制约教育内容、方法和手段
                            │                            ├─ 生产力的发展制约教育结构的变化
教育与生产力                │                            └─ 教育相对独立于生产力的发展水平
（经济）的关系 ────────────┤
                            │
                            │  教育对生产力的促进作用    ┌─ 教育再生产劳动力
                            └─ （教育的经济功能）  ──────┼─ 教育再生产科学知识
                                                         └─ 教育创造发展前的科学技术
```

核心考点 3：教育与社会政治经济制度的关系

（2014 上）

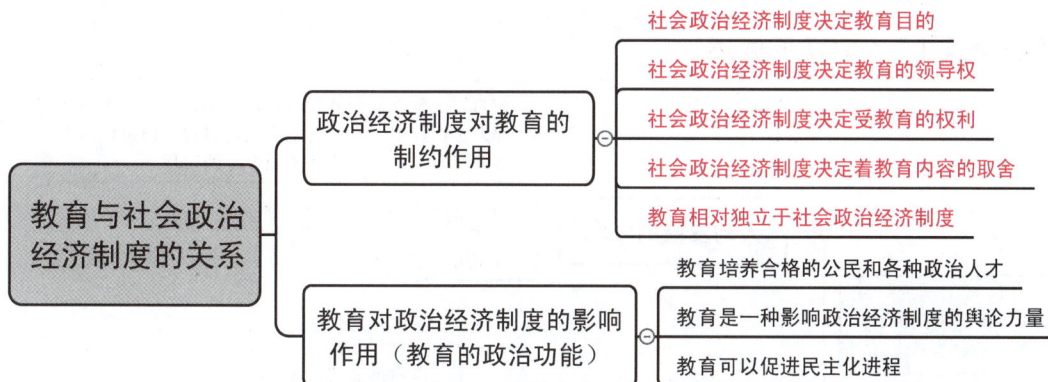

教育与社会政治经济制度的关系
- 政治经济制度对教育的制约作用
  - 社会政治经济制度决定教育目的
  - 社会政治经济制度决定教育的领导权
  - 社会政治经济制度决定受教育的权利
  - 社会政治经济制度决定着教育内容的取舍
  - 教育相对独立于社会政治经济制度
- 教育对政治经济制度的影响作用（教育的政治功能）
  - 教育培养合格的公民和各种政治人才
  - 教育是一种影响政治经济制度的舆论力量
  - 教育可以促进民主化进程

核心考点 4：教育与文化的关系

（2015 下、2014 下）

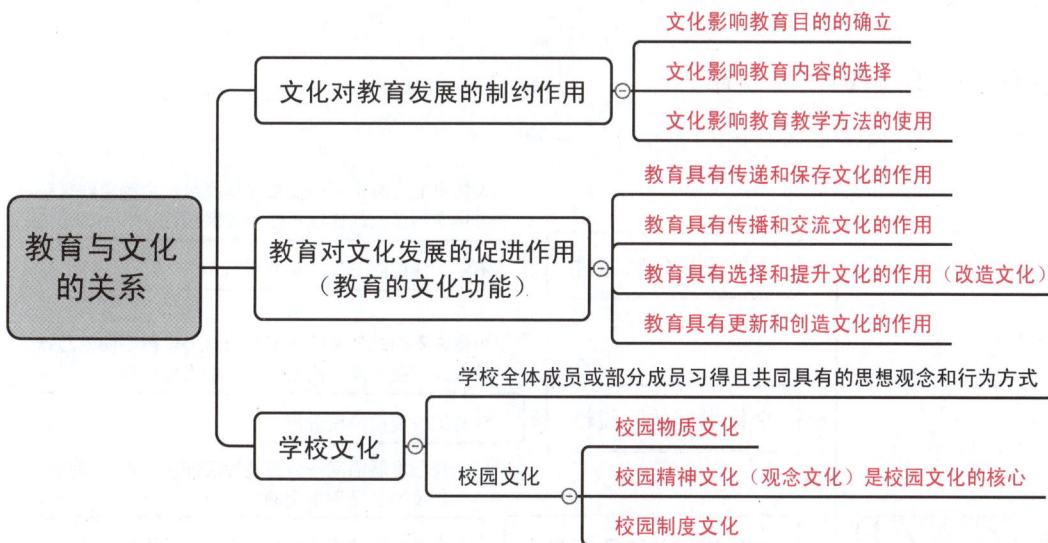

教育与文化的关系
- 文化对教育发展的制约作用
  - 文化影响教育目的的确立
  - 文化影响教育内容的选择
  - 文化影响教育教学方法的使用
- 教育对文化发展的促进作用（教育的文化功能）
  - 教育具有传递和保存文化的作用
  - 教育具有传播和交流文化的作用
  - 教育具有选择和提升文化的作用（改造文化）
  - 教育具有更新和创造文化的作用
- 学校文化
  - 学校全体成员或部分成员习得且共同具有的思想观念和行为方式
  - 校园文化
    - 校园物质文化
    - 校园精神文化（观念文化）是校园文化的核心
    - 校园制度文化

核心考点 5：教育与人口的关系

（2019 下）

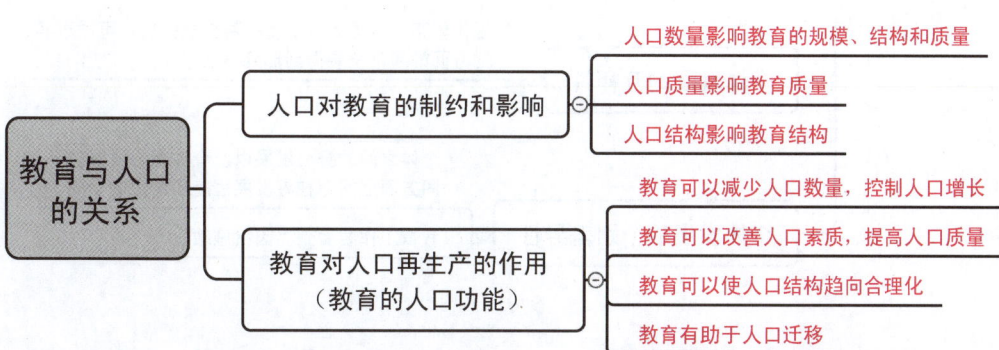

教育与人口的关系
- 人口对教育的制约和影响
  - 人口数量影响教育的规模、结构和质量
  - 人口质量影响教育质量
  - 人口结构影响教育结构
- 教育对人口再生产的作用（教育的人口功能）
  - 教育可以减少人口数量，控制人口增长
  - 教育可以改善人口素质，提高人口质量
  - 教育可以使人口结构趋向合理化
  - 教育有助于人口迁移

第四节　教育与人的发展

核心考点 1：人的发展概述

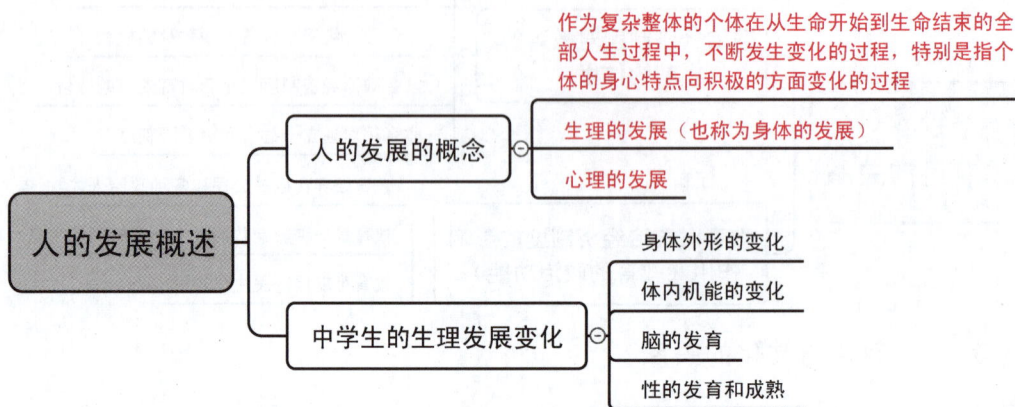

人的发展概述

- 人的发展的概念
  - 作为复杂整体的个体在从生命开始到生命结束的全部人生过程中，不断发生变化的过程，特别是指个体的身心特点向积极的方面变化的过程
  - 生理的发展（也称为身体的发展）
  - 心理的发展
- 中学生的生理发展变化
  - 身体外形的变化
  - 体内机能的变化
  - 脑的发育
  - 性的发育和成熟

核心考点 2：人的发展规律

（2019 上、2017 下、2013 下）

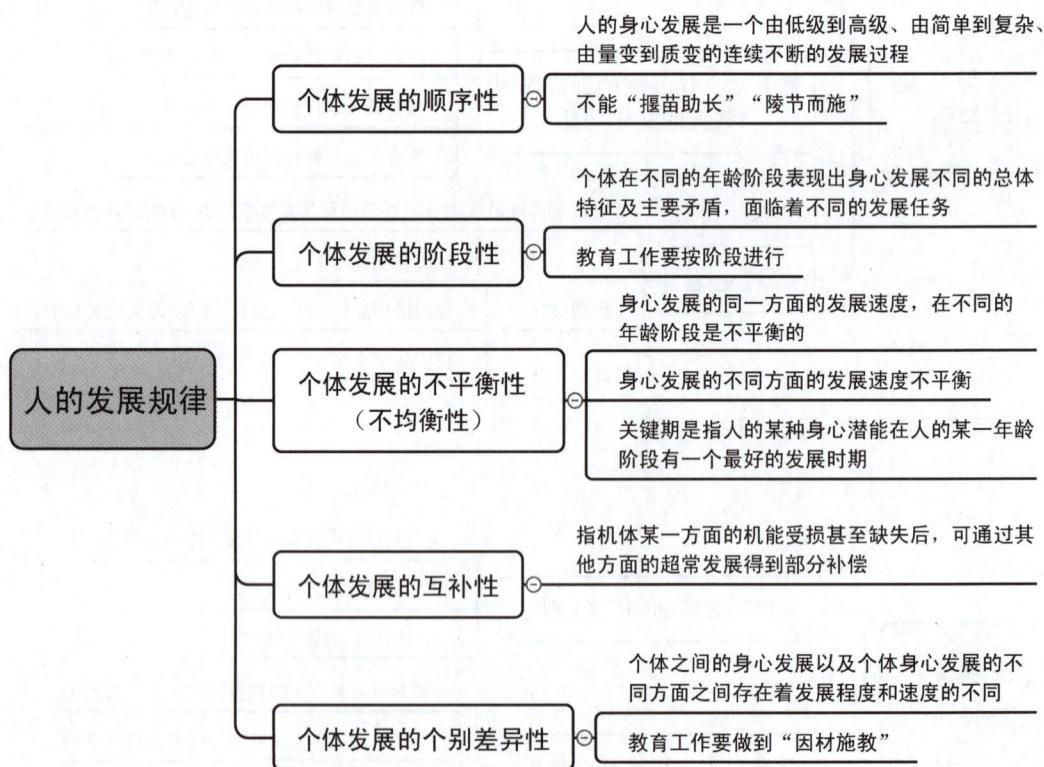

人的发展规律

- 个体发展的顺序性
  - 人的身心发展是一个由低级到高级、由简单到复杂、由量变到质变的连续不断的发展过程
  - 不能"揠苗助长""陵节而施"
- 个体发展的阶段性
  - 个体在不同的年龄阶段表现出身心发展不同的总体特征及主要矛盾，面临着不同的发展任务
  - 教育工作要按阶段进行
- 个体发展的不平衡性（不均衡性）
  - 身心发展的同一方面的发展速度，在不同的年龄阶段是不平衡的
  - 身心发展的不同方面的发展速度不平衡
  - 关键期是指人的某种身心潜能在人的某一年龄阶段有一个最好的发展时期
- 个体发展的互补性
  - 指机体某一方面的机能受损甚至缺失后，可通过其他方面的超常发展得到部分补偿
- 个体发展的个别差异性
  - 个体之间的身心发展以及个体身心发展的不同方面之间存在着发展程度和速度的不同
  - 教育工作要做到"因材施教"

核心考点3：人的发展的基本理论

（2018下、2015上）

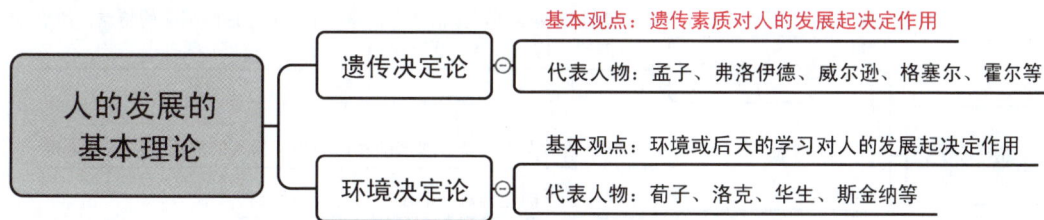

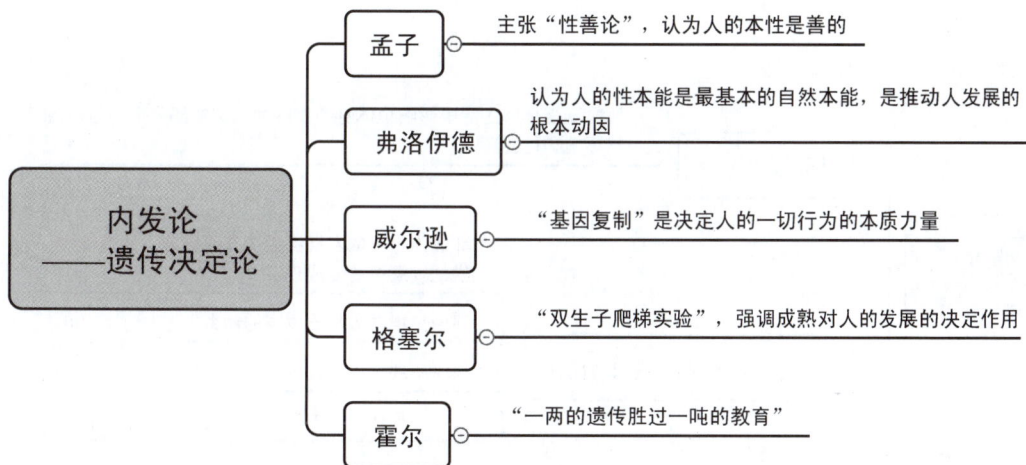

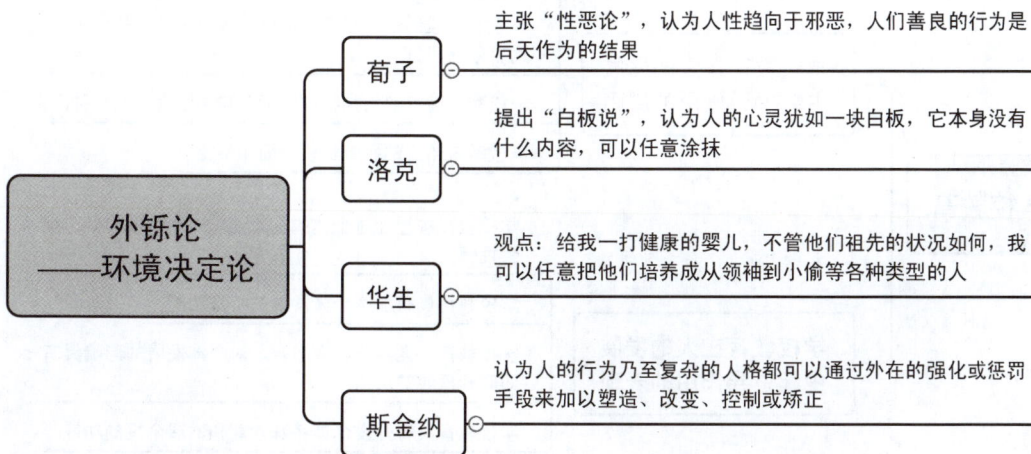

人的发展的基本理论	遗传决定论	**基本观点：遗传素质对人的发展起决定作用**
		代表人物：孟子、弗洛伊德、威尔逊、格塞尔、霍尔等
	环境决定论	基本观点：环境或后天的学习对人的发展起决定作用
		代表人物：荀子、洛克、华生、斯金纳等

内发论——遗传决定论	孟子	主张"性善论"，认为人的本性是善的
	弗洛伊德	认为人的性本能是最基本的自然本能，是推动人发展的根本动因
	威尔逊	"基因复制"是决定人的一切行为的本质力量
	格塞尔	"双生子爬梯实验"，强调成熟对人的发展的决定作用
	霍尔	"一两的遗传胜过一吨的教育"

外铄论——环境决定论	荀子	主张"性恶论"，认为人性趋向于邪恶，人们善良的行为是后天作为的结果
	洛克	提出"白板说"，认为人的心灵犹如一块白板，它本身没有什么内容，可以任意涂抹
	华生	观点：给我一打健康的婴儿，不管他们祖先的状况如何，我可以任意把他们培养成从领袖到小偷等各种类型的人
	斯金纳	认为人的行为乃至复杂的人格都可以通过外在的强化或惩罚手段来加以塑造、改变、控制或矫正

核心考点 4：影响人的发展的主要因素

（2019 下、2019 上、2017 下、2016 上、2013 上）

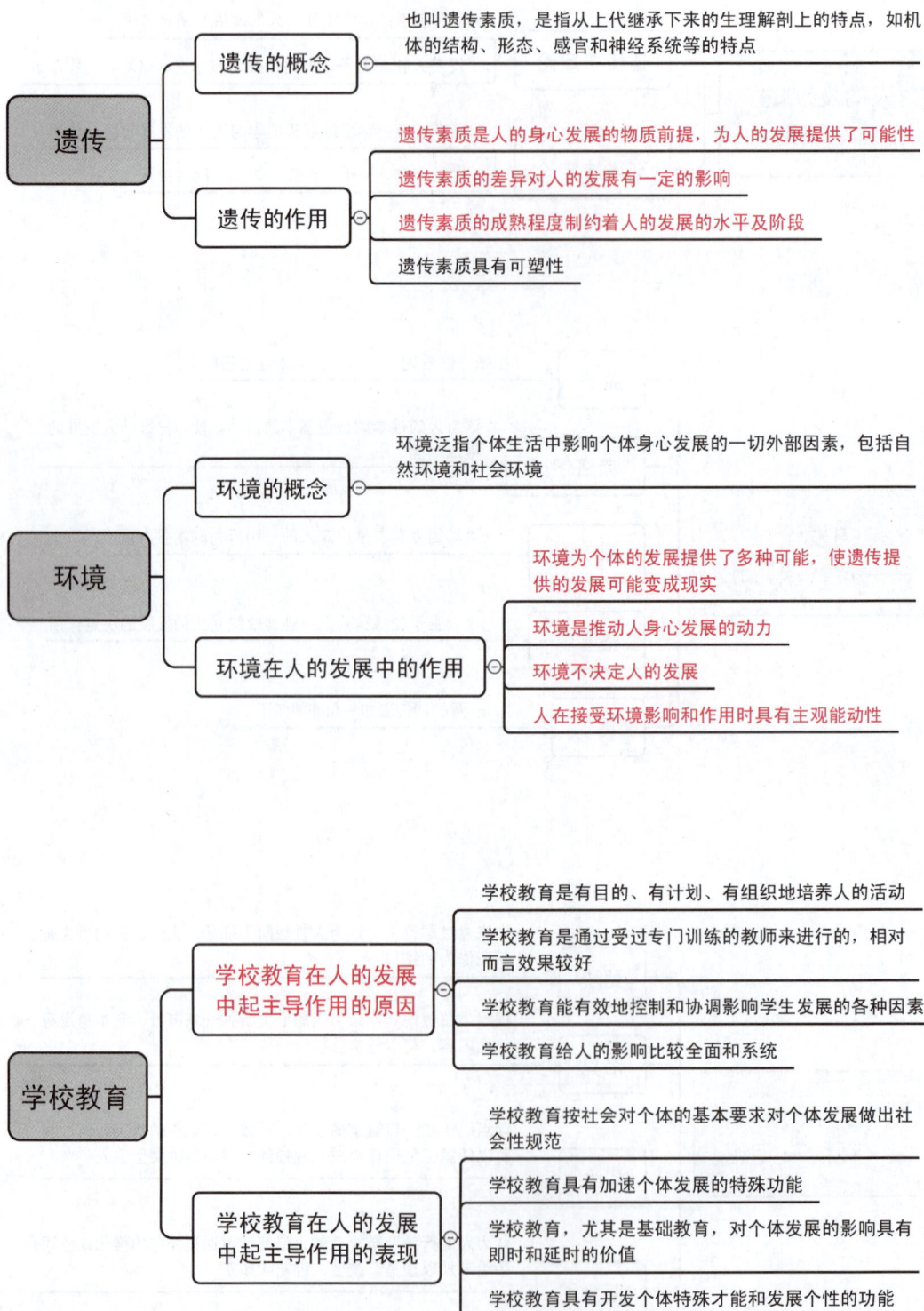

遗传
- 遗传的概念 —— 也叫遗传素质，是指从上代继承下来的生理解剖上的特点，如机体的结构、形态、感官和神经系统等的特点
- 遗传的作用
  - 遗传素质是人的身心发展的物质前提，为人的发展提供了可能性
  - 遗传素质的差异对人的发展有一定的影响
  - 遗传素质的成熟程度制约着人的发展的水平及阶段
  - 遗传素质具有可塑性

环境
- 环境的概念 —— 环境泛指个体生活中影响个体身心发展的一切外部因素，包括自然环境和社会环境
- 环境在人的发展中的作用
  - 环境为个体的发展提供了多种可能，使遗传提供的发展可能变成现实
  - 环境是推动人身心发展的动力
  - 环境不决定人的发展
  - 人在接受环境影响和作用时具有主观能动性

学校教育
- 学校教育在人的发展中起主导作用的原因
  - 学校教育是有目的、有计划、有组织地培养人的活动
  - 学校教育是通过受过专门训练的教师来进行的，相对而言效果较好
  - 学校教育能有效地控制和协调影响学生发展的各种因素
  - 学校教育给人的影响比较全面和系统
- 学校教育在人的发展中起主导作用的表现
  - 学校教育按社会对个体的基本要求对个体发展做出社会性规范
  - 学校教育具有加速个体发展的特殊功能
  - 学校教育，尤其是基础教育，对个体发展的影响具有即时和延时的价值
  - 学校教育具有开发个体特殊才能和发展个性的功能

个体的主观能动性是指人的主观意识对客观世界的反映和能动作用

个体的主观能动性

人的主观能动性是人发展的内在动力，也是促进个体发展从潜在的可能状态转向现实状态的决定性因素

第五节　教育制度

核心考点 1：教育制度概述

（2017 上、2013 上）

教育制度概述

- **教育制度的概念**
  - 广义的教育制度是指国民教育制度，是一个国家为实现其国民教育目的，从组织系统上建立起来的一切教育设施和有关规章制度的总和
  - 狭义的教育制度是指学校教育制度，简称学制，是一个国家各级各类学校的总体系，具体规定各级各类学校的性质、任务、目的、入学条件、修业年限以及它们之间的相互关系

- **建立学制的依据**
  - 生产力发展水平和科学技术发展状况
  - 受社会政治经济制度制约，反映一个国家教育方针的要求
  - 人口发展状况
  - 青少年儿童身心发展规律
  - 本国学制的历史发展和外国学制的影响

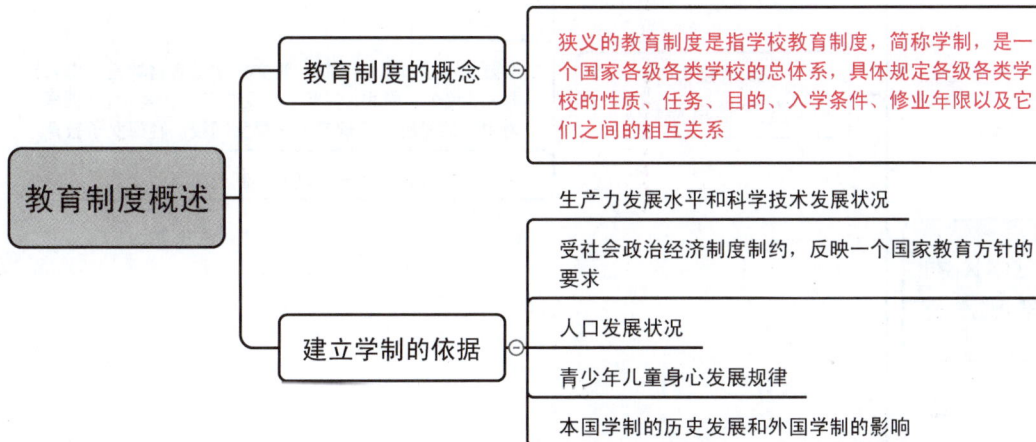

核心考点 2：西方现代学制的类型

（2019 上、2016 上）

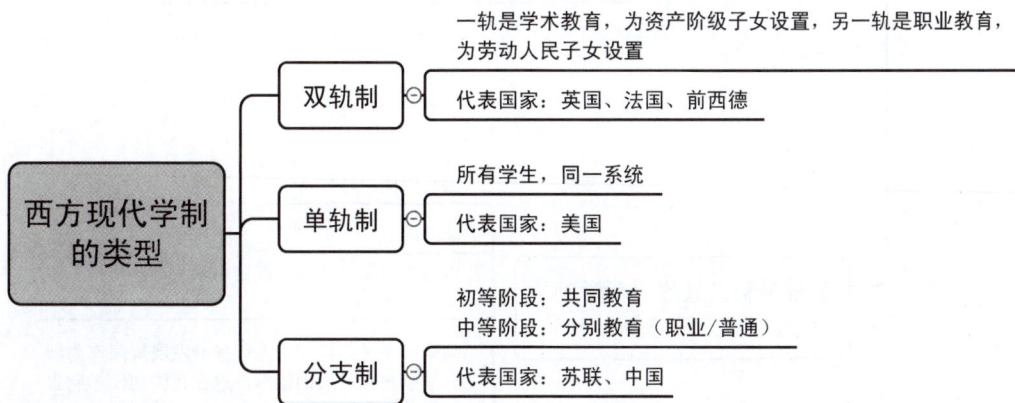

西方现代学制的类型

- **双轨制**
  - 一轨是学术教育，为资产阶级子女设置，另一轨是职业教育，为劳动人民子女设置
  - 代表国家：英国、法国、前西德

- **单轨制**
  - 所有学生，同一系统
  - 代表国家：美国

- **分支制**
  - 初等阶段：共同教育
    中等阶段：分别教育（职业/普通）
  - 代表国家：苏联、中国

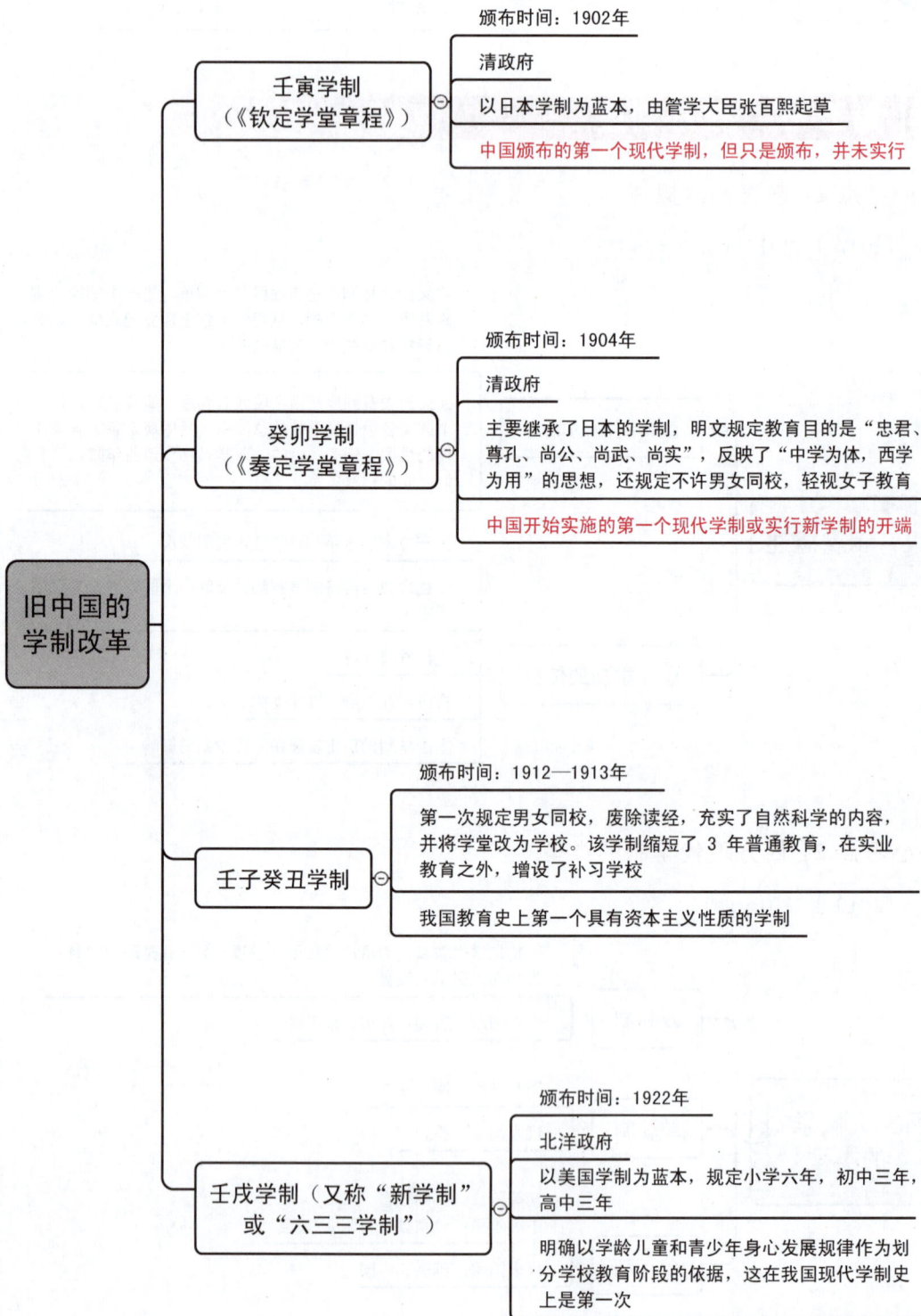

核心考点 3：我国现代学制的沿革

（2018 下）

旧中国的学制改革

- **壬寅学制（《钦定学堂章程》）**
  - 颁布时间：1902年
  - 清政府
  - 以日本学制为蓝本，由管学大臣张百熙起草
  - 中国颁布的第一个现代学制，但只是颁布，并未实行

- **癸卯学制（《奏定学堂章程》）**
  - 颁布时间：1904年
  - 清政府
  - 主要继承了日本的学制，明文规定教育目的是"忠君、尊孔、尚公、尚武、尚实"，反映了"中学为体，西学为用"的思想，还规定不许男女同校，轻视女子教育
  - 中国开始实施的第一个现代学制或实行新学制的开端

- **壬子癸丑学制**
  - 颁布时间：1912—1913年
  - 第一次规定男女同校，废除读经，充实了自然科学的内容，并将学堂改为学校。该学制缩短了 3 年普通教育，在实业教育之外，增设了补习学校
  - 我国教育史上第一个具有资本主义性质的学制

- **壬戌学制（又称"新学制"或"六三三学制"）**
  - 颁布时间：1922年
  - 北洋政府
  - 以美国学制为蓝本，规定小学六年，初中三年，高中三年
  - 明确以学龄儿童和青少年身心发展规律作为划分学校教育阶段的依据，这在我国现代学制史上是第一次

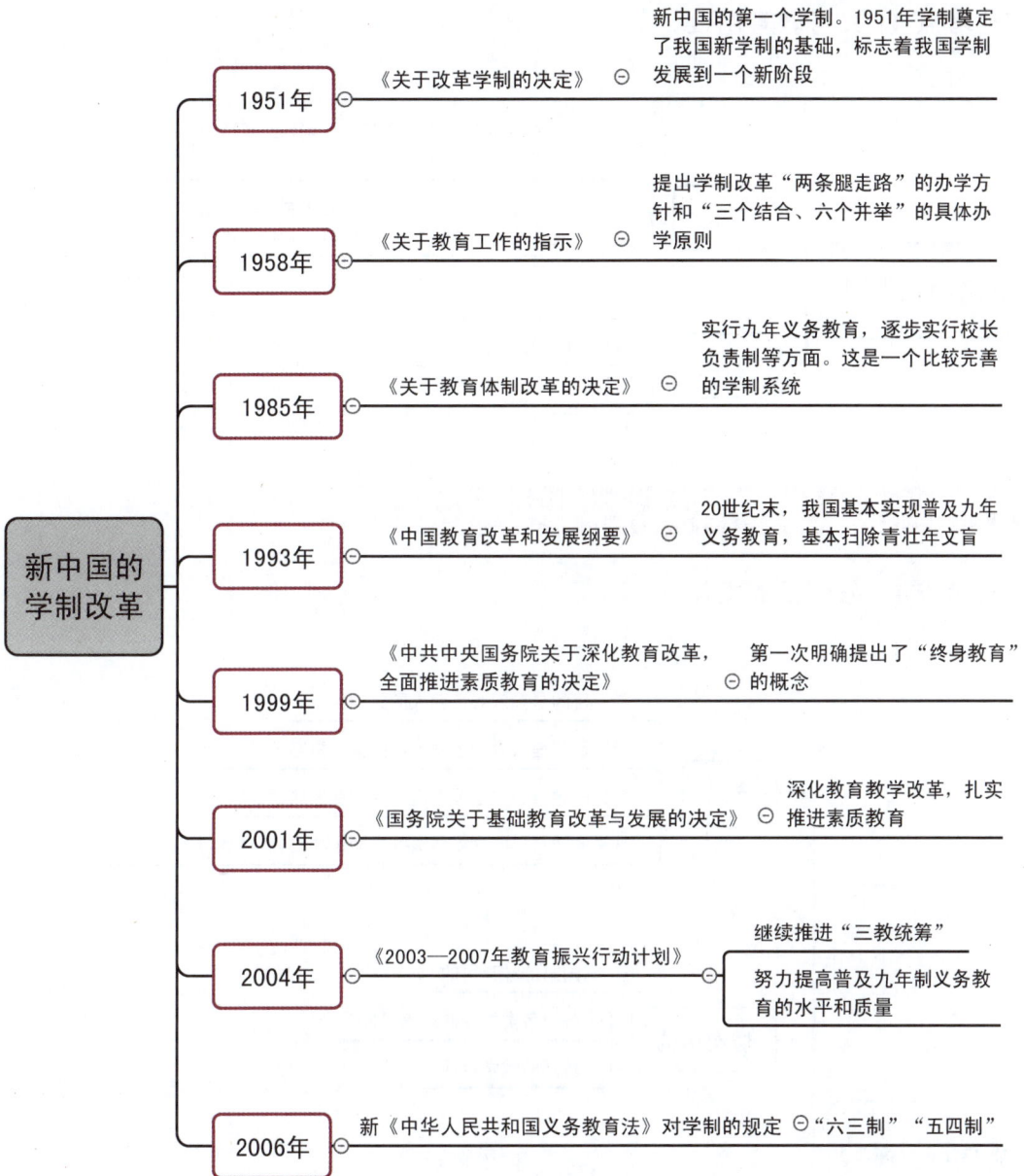

新中国的学制改革

- 1951年 —— 《关于改革学制的决定》 ⊖ 新中国的第一个学制。1951年学制奠定了我国新学制的基础，标志着我国学制发展到一个新阶段
- 1958年 —— 《关于教育工作的指示》 ⊖ 提出学制改革"两条腿走路"的办学方针和"三个结合、六个并举"的具体办学原则
- 1985年 —— 《关于教育体制改革的决定》 ⊖ 实行九年义务教育，逐步实行校长负责制等方面。这是一个比较完善的学制系统
- 1993年 —— 《中国教育改革和发展纲要》 ⊖ 20世纪末，我国基本实现普及九年义务教育，基本扫除青壮年文盲
- 1999年 —— 《中共中央国务院关于深化教育改革，全面推进素质教育的决定》 ⊖ 第一次明确提出了"终身教育"的概念
- 2001年 —— 《国务院关于基础教育改革与发展的决定》 ⊖ 深化教育教学改革，扎实推进素质教育
- 2004年 —— 《2003—2007年教育振兴行动计划》 ⊖ 继续推进"三教统筹" / 努力提高普及九年制义务教育的水平和质量
- 2006年 —— 新《中华人民共和国义务教育法》对学制的规定 ⊖ "六三制""五四制"

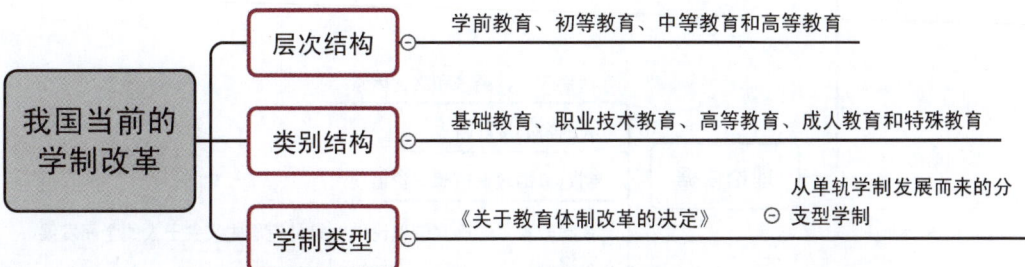

我国当前的学制改革

- 层次结构 —— 学前教育、初等教育、中等教育和高等教育
- 类别结构 —— 基础教育、职业技术教育、高等教育、成人教育和特殊教育
- 学制类型 —— 《关于教育体制改革的决定》 ⊖ 从单轨学制发展而来的分支型学制

核心考点 4：义务教育制度

（2014 上）

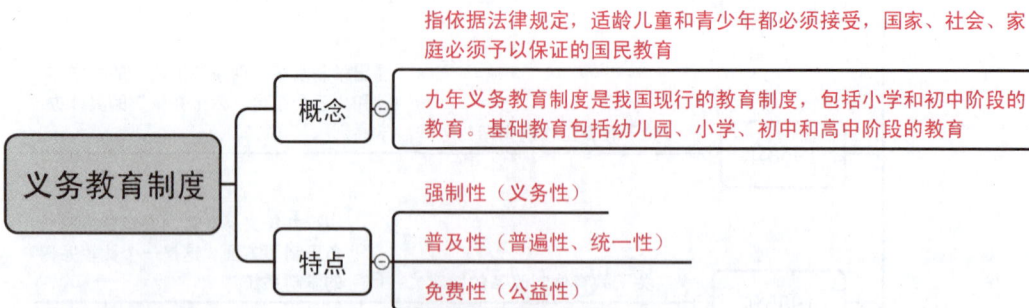

义务教育制度
- 概念
  - 指依据法律规定，适龄儿童和青少年都必须接受，国家、社会、家庭必须予以保证的国民教育
  - 九年义务教育制度是我国现行的教育制度，包括小学和初中阶段的教育。基础教育包括幼儿园、小学、初中和高中阶段的教育
- 特点
  - 强制性（义务性）
  - 普及性（普遍性、统一性）
  - 免费性（公益性）

第六节　教育目的

核心考点 1：教育目的概述

（2017 下）

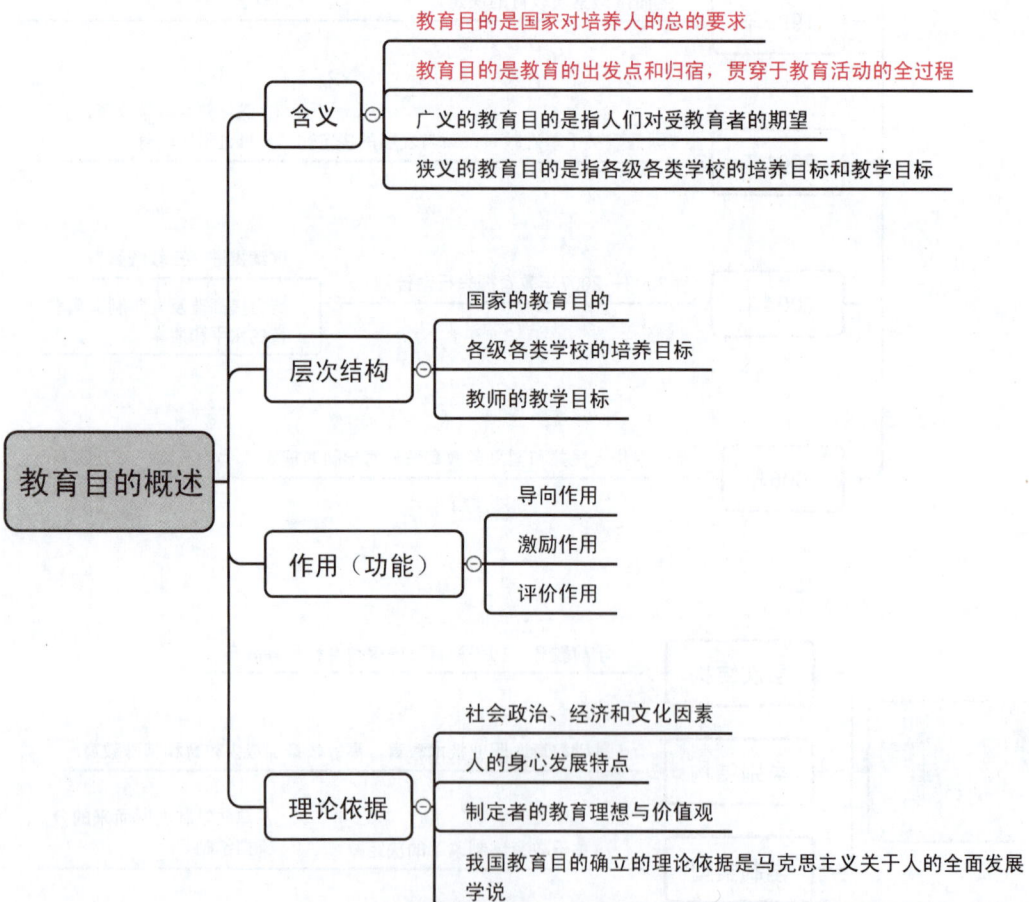

教育目的概述
- 含义
  - 教育目的是国家对培养人的总的要求
  - 教育目的是教育的出发点和归宿，贯穿于教育活动的全过程
  - 广义的教育目的是指人们对受教育者的期望
  - 狭义的教育目的是指各级各类学校的培养目标和教学目标
- 层次结构
  - 国家的教育目的
  - 各级各类学校的培养目标
  - 教师的教学目标
- 作用（功能）
  - 导向作用
  - 激励作用
  - 评价作用
- 理论依据
  - 社会政治、经济和文化因素
  - 人的身心发展特点
  - 制定者的教育理想与价值观
  - 我国教育目的确立的理论依据是马克思主义关于人的全面发展学说

核心考点 2：教育目的的理论

（2019 下、2019 上、2017 上、2015 上、2014 上、2012 下）

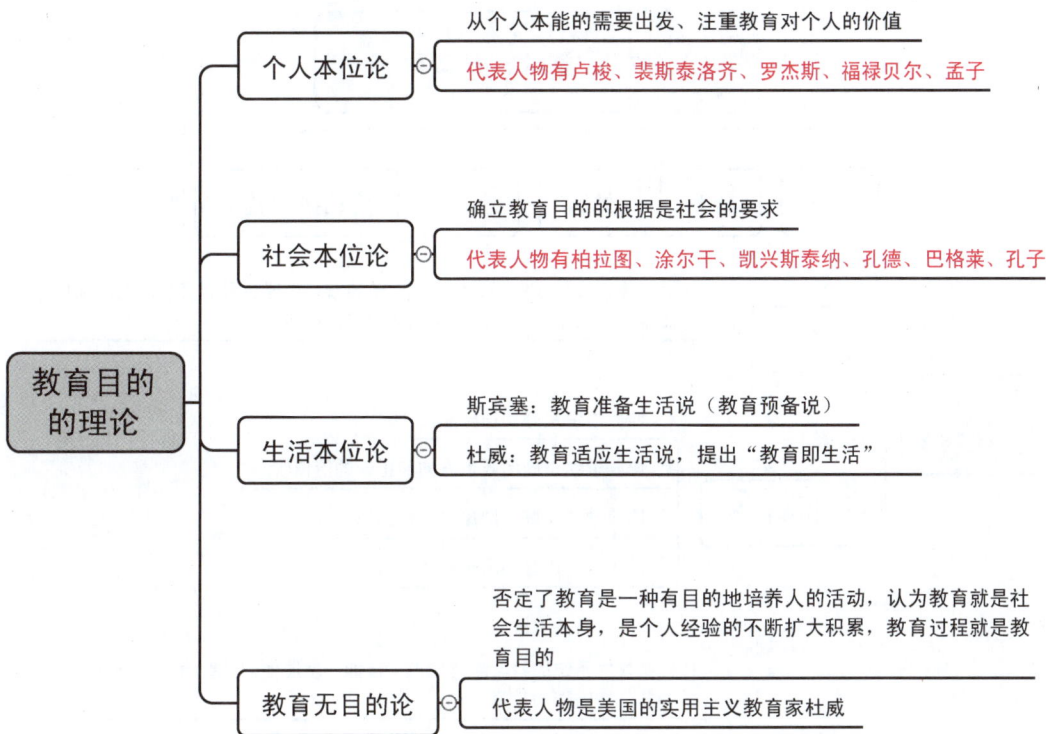

个人本位论 —— 从个人本能的需要出发、注重教育对个人的价值

代表人物有卢梭、裴斯泰洛齐、罗杰斯、福禄贝尔、孟子

社会本位论 —— 确立教育目的的根据是社会的要求

代表人物有柏拉图、涂尔干、凯兴斯泰纳、孔德、巴格莱、孔子

生活本位论 —— 斯宾塞：教育准备生活说（教育预备说）

杜威：教育适应生活说，提出"教育即生活"

教育无目的论 —— 否定了教育是一种有目的地培养人的活动，认为教育就是社会生活本身，是个人经验的不断扩大积累，教育过程就是教育目的

代表人物是美国的实用主义教育家杜威

核心考点 3：我国的教育目的

（2016 上）

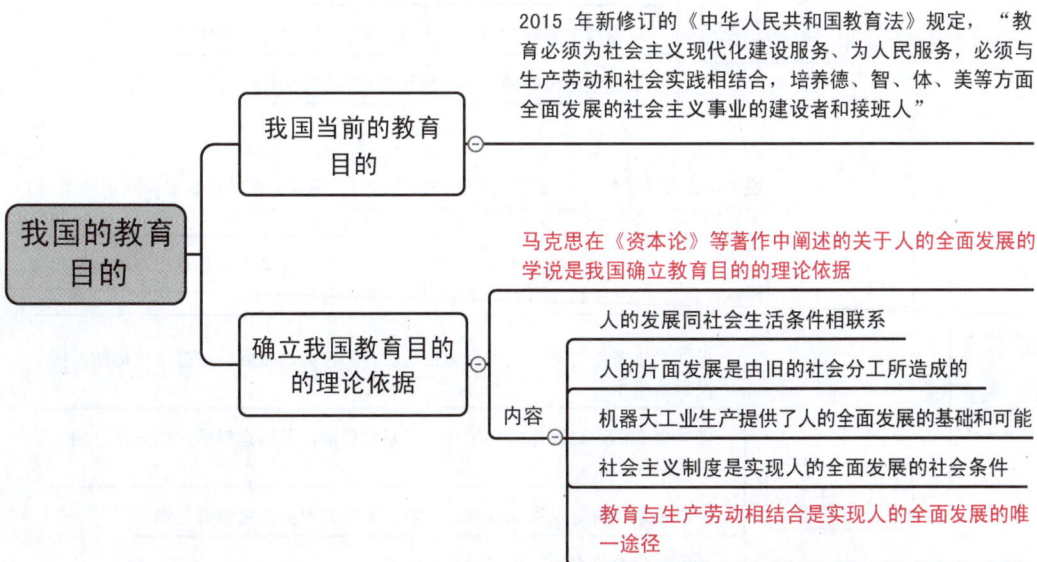

我国的教育目的

我国当前的教育目的 —— 2015 年新修订的《中华人民共和国教育法》规定，"教育必须为社会主义现代化建设服务、为人民服务，必须与生产劳动和社会实践相结合，培养德、智、体、美等方面全面发展的社会主义事业的建设者和接班人"

确立我国教育目的的理论依据 —— 马克思在《资本论》等著作中阐述的关于人的全面发展的学说是我国确立教育目的的理论依据

内容

人的发展同社会生活条件相联系

人的片面发展是由旧的社会分工所造成的

机器大工业生产提供了人的全面发展的基础和可能

社会主义制度是实现人的全面发展的社会条件

教育与生产劳动相结合是实现人的全面发展的唯一途径

核心考点 4：全面发展教育的组成部分

（2019 下、2019 上、2016 上、2013 上）

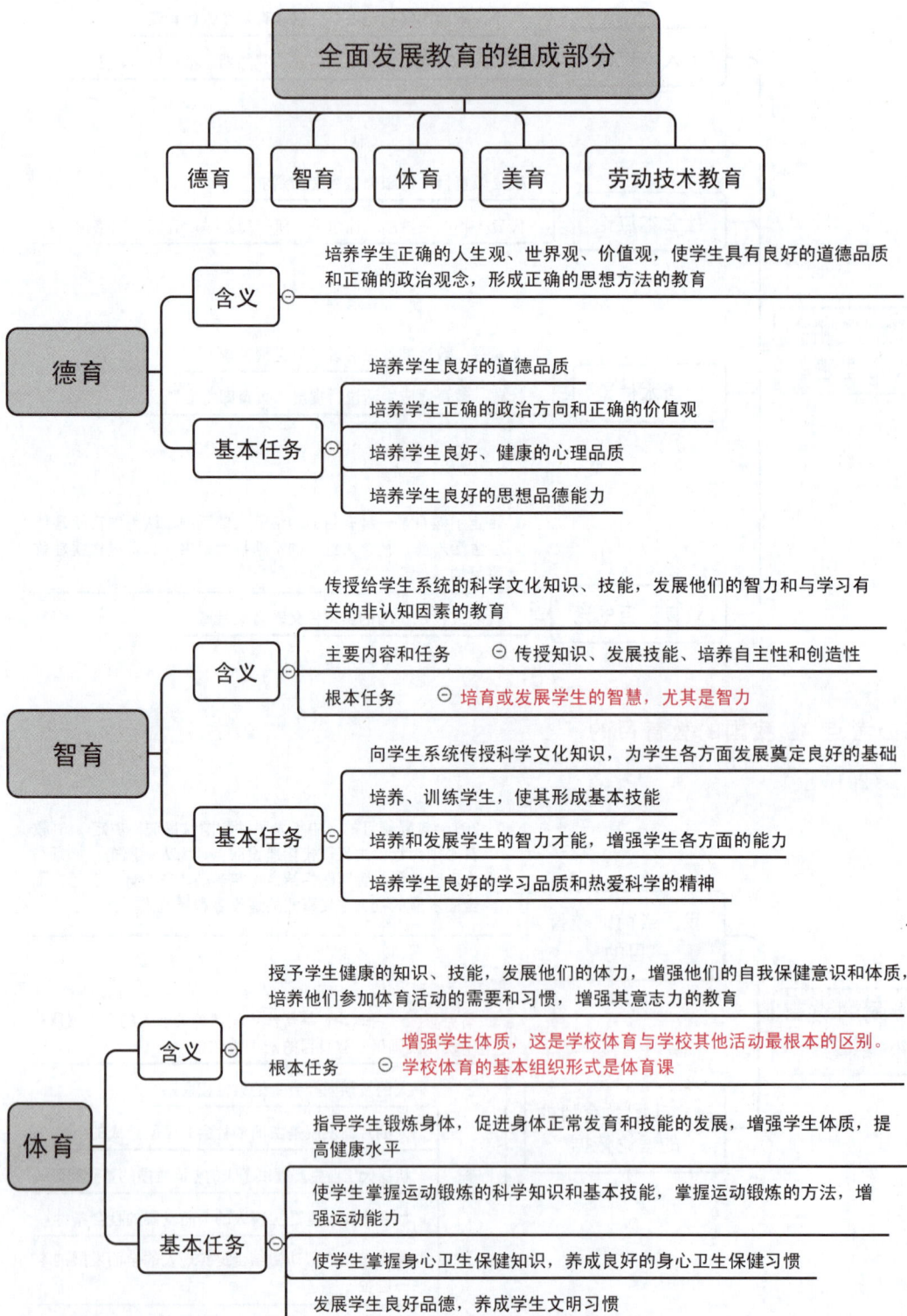

```
                    ┌─────────────────────────┐
                    │   全面发展教育的组成部分    │
                    └─────────────────────────┘
        ┌──────┬──────┬──────┬──────┬──────────┐
     ┌─────┐ ┌─────┐ ┌─────┐ ┌─────┐ ┌──────────┐
     │ 德育 │ │ 智育 │ │ 体育 │ │ 美育 │ │ 劳动技术教育 │
     └─────┘ └─────┘ └─────┘ └─────┘ └──────────┘
```

德育

- 含义 —○— 培养学生正确的人生观、世界观、价值观，使学生具有良好的道德品质和正确的政治观念，形成正确的思想方法的教育

- 基本任务
  - 培养学生良好的道德品质
  - 培养学生正确的政治方向和正确的价值观
  - 培养学生良好、健康的心理品质
  - 培养学生良好的思想品德能力

智育

- 含义 —○— 传授给学生系统的科学文化知识、技能，发展他们的智力和与学习有关的非认知因素的教育
  - 主要内容和任务 ○ 传授知识、发展技能、培养自主性和创造性
  - 根本任务 ⊖ 培育或发展学生的智慧，尤其是智力

- 基本任务
  - 向学生系统传授科学文化知识，为学生各方面发展奠定良好的基础
  - 培养、训练学生，使其形成基本技能
  - 培养和发展学生的智力才能，增强学生各方面的能力
  - 培养学生良好的学习品质和热爱科学的精神

体育

- 含义 —○— 授予学生健康的知识、技能，发展他们的体力，增强他们的自我保健意识和体质，培养他们参加体育活动的需要和习惯，增强其意志力的教育
  - 增强学生体质，这是学校体育与学校其他活动最根本的区别。
  - 根本任务 ⊖ 学校体育的基本组织形式是体育课

- 基本任务
  - 指导学生锻炼身体，促进身体正常发育和技能的发展，增强学生体质，提高健康水平
  - 使学生掌握运动锻炼的科学知识和基本技能，掌握运动锻炼的方法，增强运动能力
  - 使学生掌握身心卫生保健知识，养成良好的身心卫生保健习惯
  - 发展学生良好品德，养成学生文明习惯

美育

- 含义
  - 培养学生健康的审美观，发展他们鉴赏美、创造美的能力，培养他们的高尚情操与文明素养的教育
  - 最高层次的任务 ⊖ **形成创造美的能力。美育的基本形态是艺术美和现实美**

- 基本任务
  - 培养学生正确的审美观点，使他们具有感受美、理解美和鉴赏美的知识与技能
  - 培养学生艺术活动的技能，发展他们体现美和创造美的能力
  - 培养学生心灵美和行为美，使他们在生活中体现内在美和外在美的统一

- 意义
  - 美育能够促进学生的智力发展，扩大和加深他们对客观世界的认识
  - 美育能够促进学生科学世界观和良好道德品质的形成
  - 美育能够促进体育的发展，具有健身怡情的作用
  - 美育能够促进劳动教育，使学生体验到劳动创造带来的喜悦

劳动技术教育

- 含义
  - 引导学生掌握劳动技术知识和技能，形成劳动观点和习惯的教育

- 基本任务
  - 培养学生的劳动观点、劳动习惯和学习生产技术的兴趣
  - 使学生初步掌握现代生产技术的基础知识和基本技能，能够使用一般的生产工具
  - 使学生掌握组织生产和管理生产的初步知识和技能

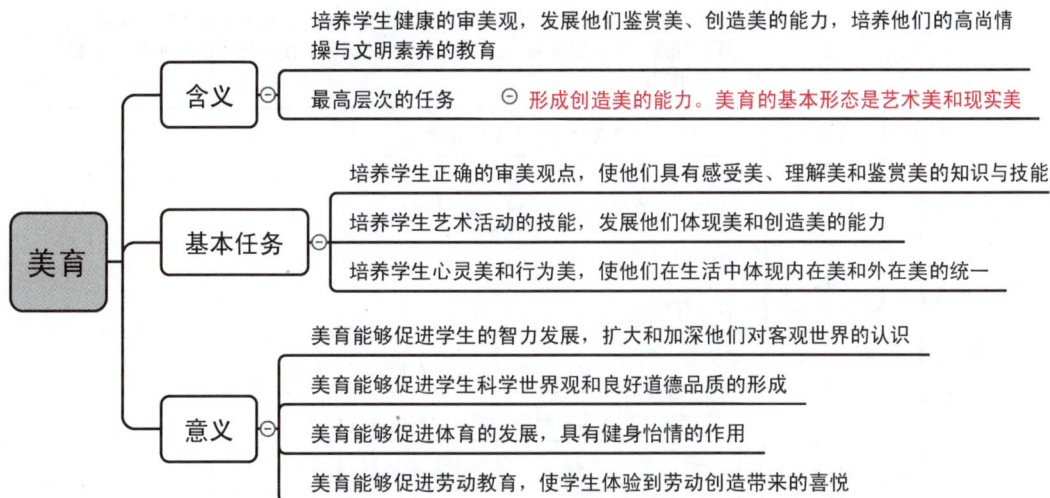

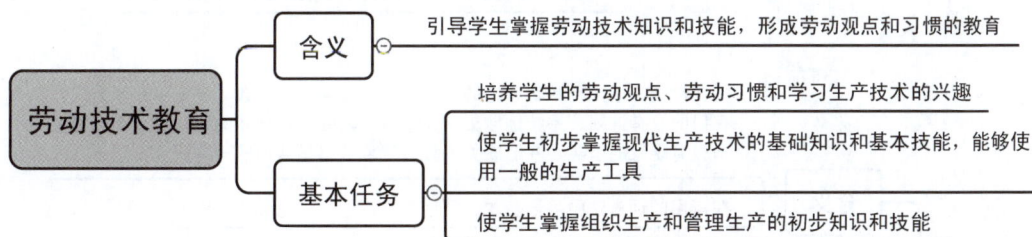

第七节　教育科学研究的方法

核心考点：教育科学研究方法

（2012 下、2012 上）

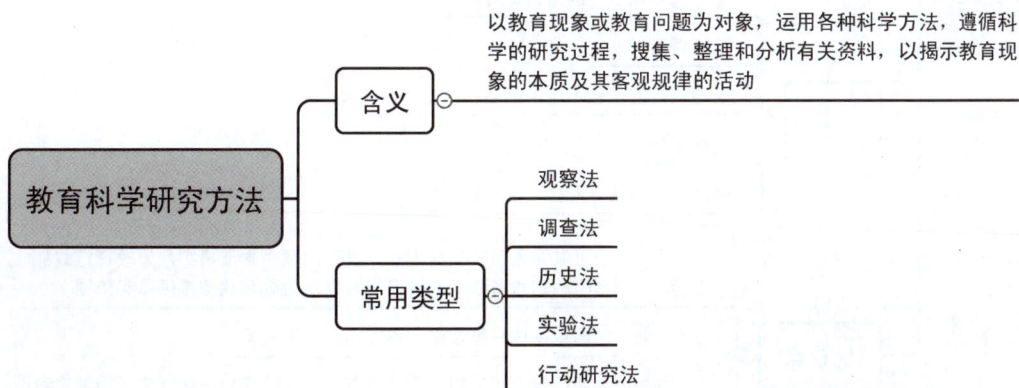

教育科学研究方法

- 含义
  - 以教育现象或教育问题为对象，运用各种科学方法，遵循科学的研究过程，搜集、整理和分析有关资料，以揭示教育现象的本质及其客观规律的活动

- 常用类型
  - 观察法
  - 调查法
  - 历史法
  - 实验法
  - 行动研究法

观察法

- **含义**
  - 研究者按照一定的目的和计划，在自然条件下，对研究对象进行系统的、连续的观察，并做出准确、具体和详尽的记录，以便全面而正确地掌握所要研究的情况的一种方法
  - 是教育科学研究广泛使用的一种方法
- **步骤**
  - 事先做好充分的准备，制订观察计划
  - 按计划进行实际观察
  - 及时整理材料
- **优缺点**
  - 优点
    - 可以在自然状态下获得客观、真实的数据
    - 可以对同一观察对象进行较长时间的跟踪研究
  - 缺点
    - 取样小，教育观察研究法一般限于小样本研究
    - 所获得材料具有一定的表面性
    - 观察缺乏控制，不能说明所观察到的现象的因果关系

调查法

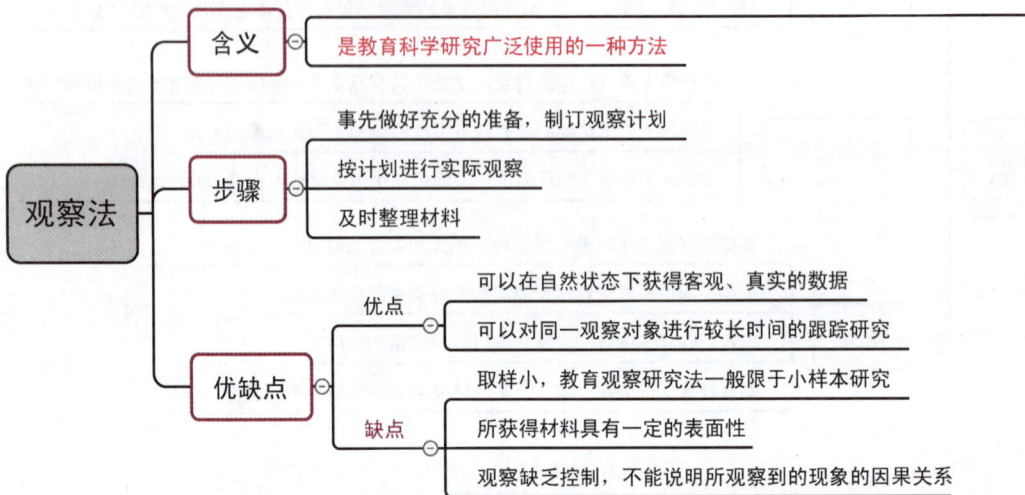

- **含义**
  - 是在科学方法论和教育理论的指导下，通过问卷、访谈、测量等科学方式，有目的、有计划、系统地搜集有关教育问题或教育现状的资料，从而获得关于教育现象的事实，并形成关于教育现象的科学认识的一种研究方法
  - 在常用的调查法中，最基本、使用最广泛的方法是问卷调查
- **分类**
  - 常模调查和比较调查
  - 普遍调查与抽样调查
  - 问卷调查与访谈调查
  - 综合调查与专题调查
  - 重点调查和个案调查
- **步骤**
  - 确定调查课题、选择调查对象
  - 制订调查计划
  - 确定调查方法和手段，编制和选用调查工具
  - 实施调查
  - 整理、分析调查资料，撰写调查报告
- **优缺点**
  - 优点
    - 可以深入了解教育现状，发现问题，弄清事实，为教育行政部门制定教育政策、教育规划以及为教育改革提供事实依据
  - 缺点
    - 调查往往只是表面，不能确定因果关系
    - 调查法比较受制于研究对象，调查的成功往往取决于被调查者的合作态度
    - 调查者的主观倾向、态度可能会影响到被调查者，可靠性和客观性降低

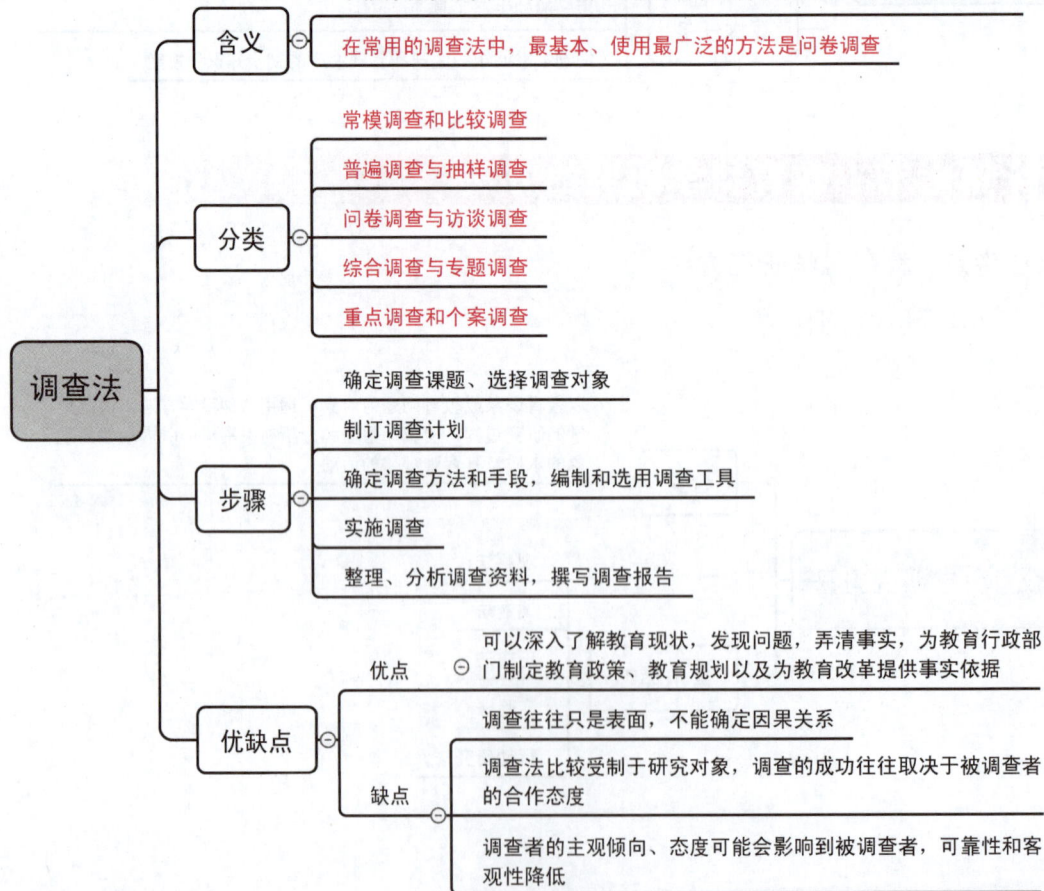

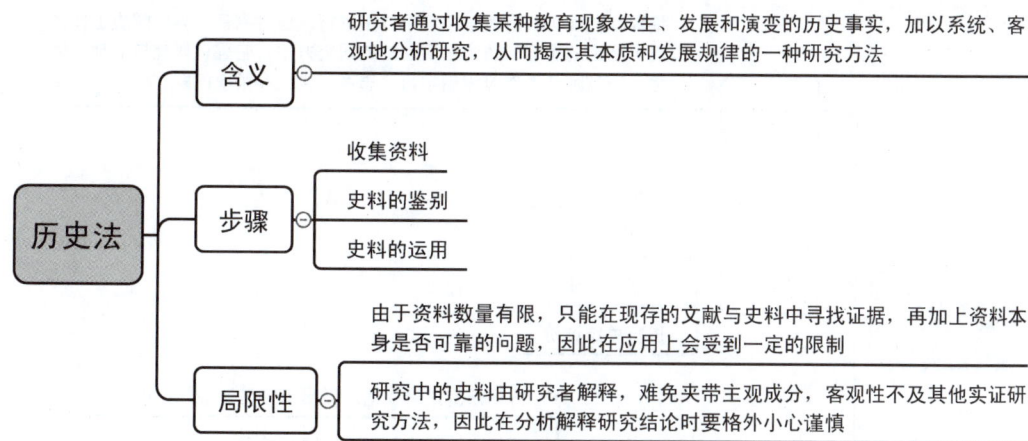

历史法

含义 ○── 研究者通过收集某种教育现象发生、发展和演变的历史事实，加以系统、客观地分析研究，从而揭示其本质和发展规律的一种研究方法

步骤 ○──
- 收集资料
- 史料的鉴别
- 史料的运用

局限性 ○──
- 由于资料数量有限，只能在现存的文献与史料中寻找证据，再加上资料本身是否可靠的问题，因此在应用上会受到一定的限制
- 研究中的史料由研究者解释，难免夹带主观成分，客观性不及其他实证研究方法，因此在分析解释研究结论时要格外小心谨慎

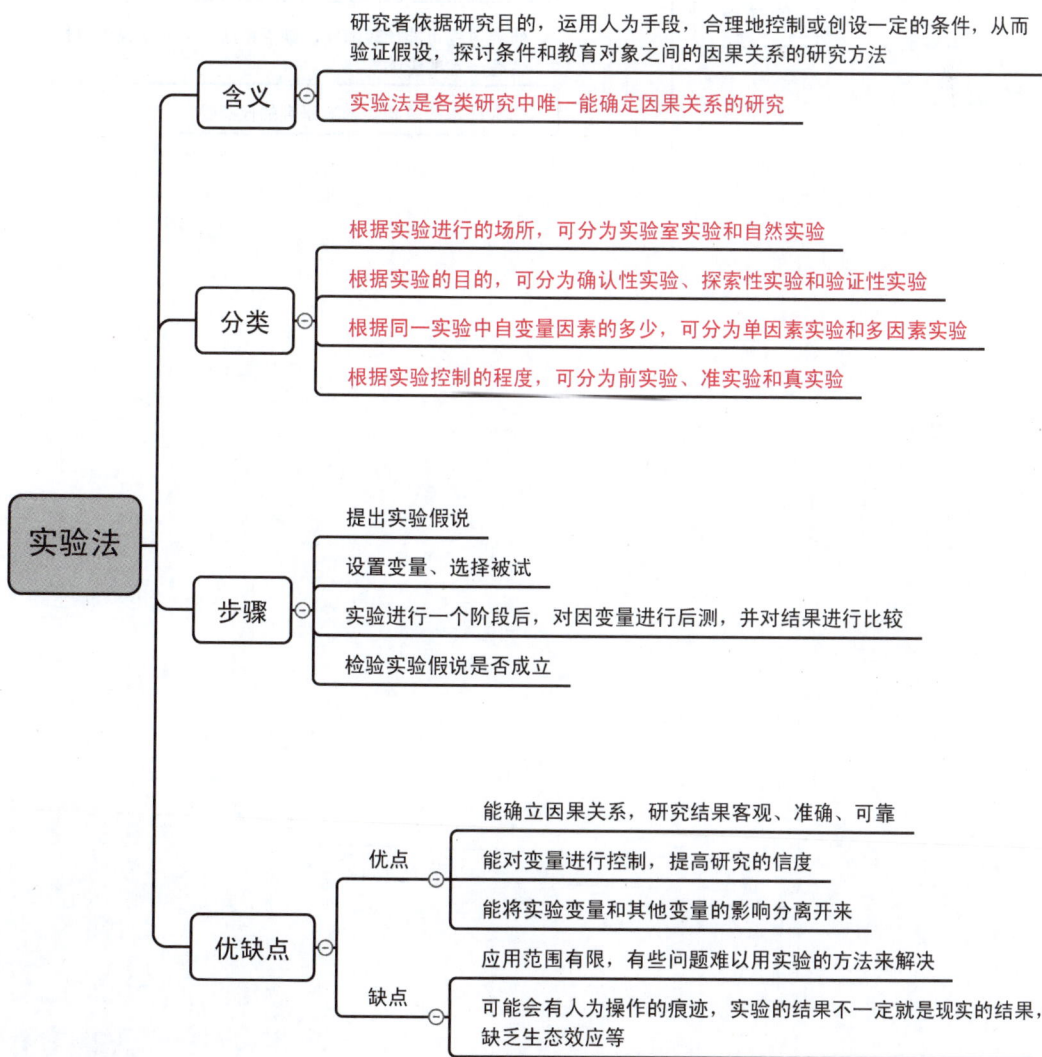

实验法

含义 ○──
- 研究者依据研究目的，运用人为手段，合理地控制或创设一定的条件，从而验证假设，探讨条件和教育对象之间的因果关系的研究方法
- 实验法是各类研究中唯一能确定因果关系的研究

分类 ○──
- 根据实验进行的场所，可分为实验室实验和自然实验
- 根据实验的目的，可分为确认性实验、探索性实验和验证性实验
- 根据同一实验中自变量因素的多少，可分为单因素实验和多因素实验
- 根据实验控制的程度，可分为前实验、准实验和真实验

步骤 ○──
- 提出实验假说
- 设置变量、选择被试
- 实验进行一个阶段后，对因变量进行后测，并对结果进行比较
- 检验实验假说是否成立

优缺点 ○──
- **优点** ○──
  - 能确立因果关系，研究结果客观、准确、可靠
  - 能对变量进行控制，提高研究的信度
  - 能将实验变量和其他变量的影响分离开来
- **缺点** ○──
  - 应用范围有限，有些问题难以用实验的方法来解决
  - 可能会有人为操作的痕迹，实验的结果不一定就是现实的结果，缺乏生态效应等

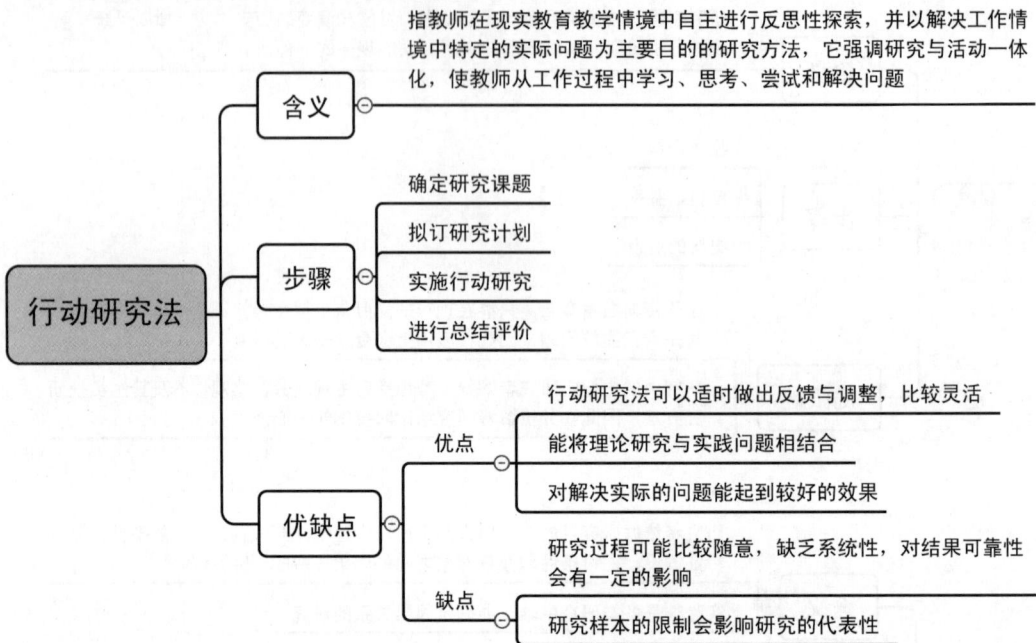

含义　指教师在现实教育教学情境中自主进行反思性探索，并以解决工作情境中特定的实际问题为主要目的的研究方法，它强调研究与活动一体化，使教师从工作过程中学习、思考、尝试和解决问题

行动研究法

步骤
- 确定研究课题
- 拟订研究计划
- 实施行动研究
- 进行总结评价

优缺点

优点
- 行动研究法可以适时做出反馈与调整，比较灵活
- 能将理论研究与实践问题相结合
- 对解决实际的问题能起到较好的效果

缺点
- 研究过程可能比较随意，缺乏系统性，对结果可靠性会有一定的影响
- 研究样本的限制会影响研究的代表性

第二章 课 程

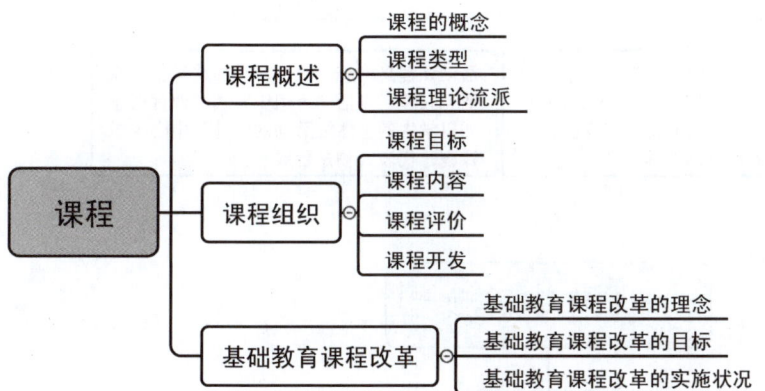

第一节 课程概述

核心考点1：课程概述

（2013下）

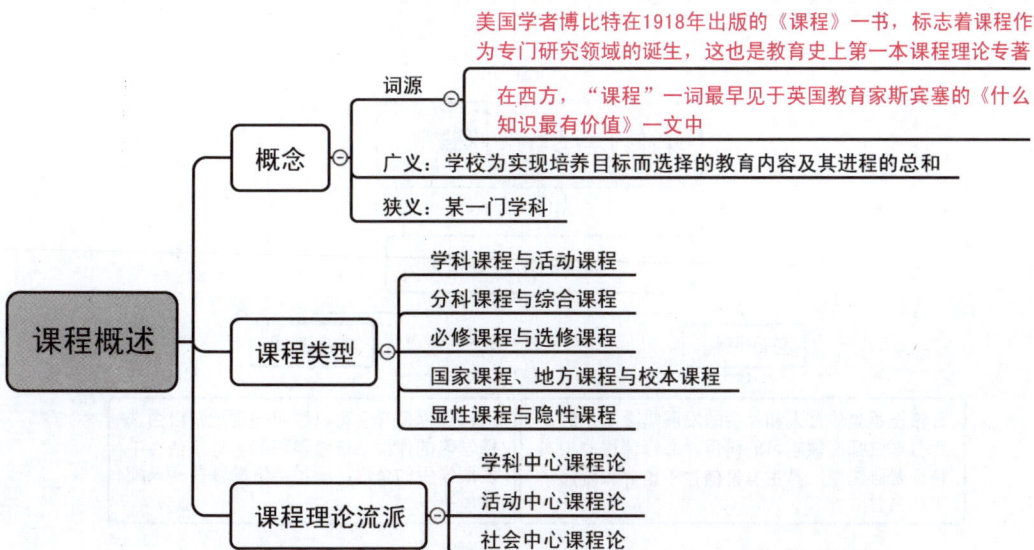

核心考点 2：课程的类型

（2019 下、2019 上、2018 下、2018 上、2017 上、2016 下、2016 上、2015 下、2013 下、2012 上）

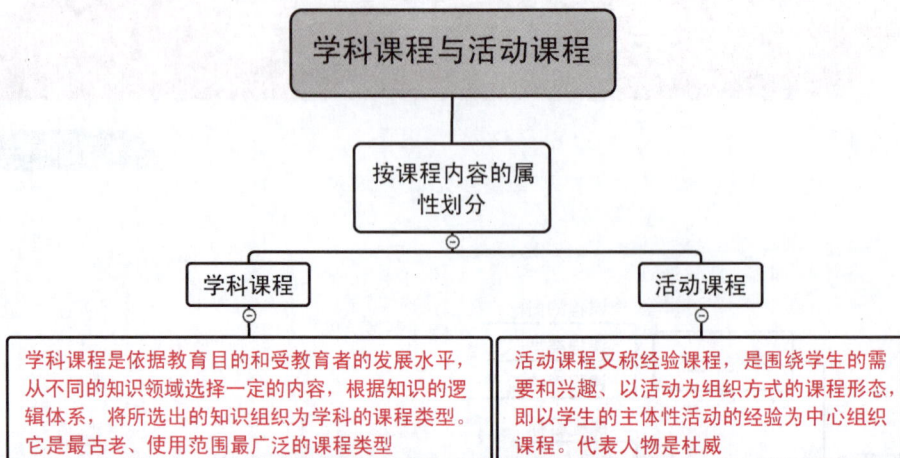

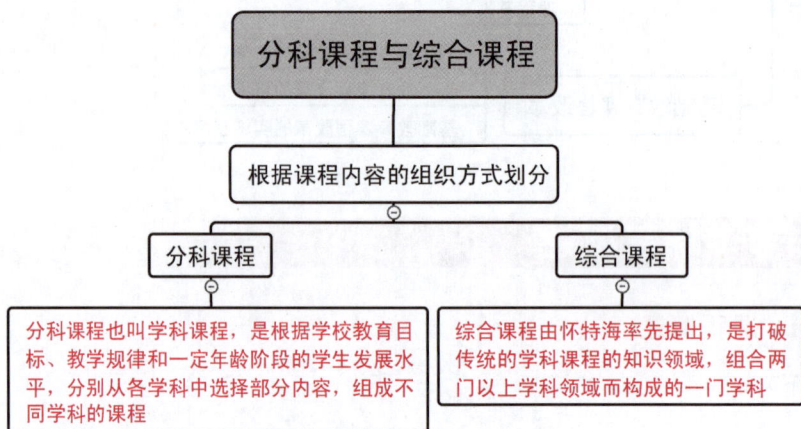

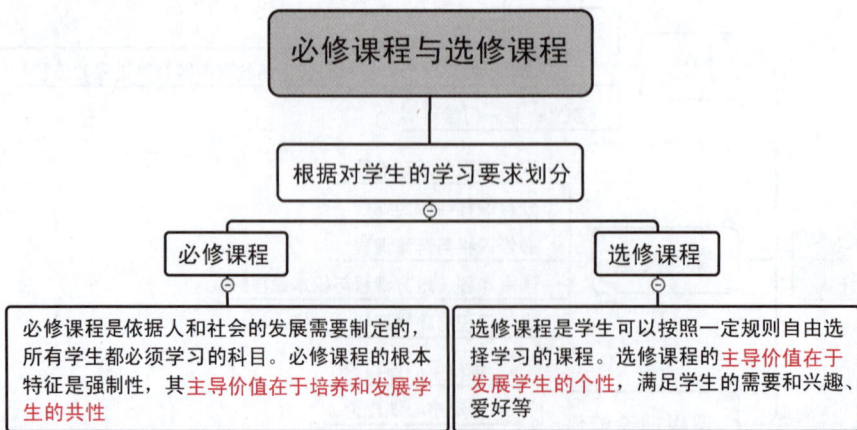

学科课程与活动课程

按课程内容的属性划分

学科课程

学科课程是依据教育目的和受教育者的发展水平，从不同的知识领域选择一定的内容，根据知识的逻辑体系，将所选出的知识组织为学科的课程类型。它是最古老、使用范围最广泛的课程类型

活动课程

活动课程又称经验课程，是围绕学生的需要和兴趣、以活动为组织方式的课程形态，即以学生的主体性活动的经验为中心组织课程。代表人物是杜威

分科课程与综合课程

根据课程内容的组织方式划分

分科课程

分科课程也叫学科课程，是根据学校教育目标、教学规律和一定年龄阶段的学生发展水平，分别从各学科中选择部分内容，组成不同学科的课程

综合课程

综合课程由怀特海率先提出，是打破传统的学科课程的知识领域，组合两门以上学科领域而构成的一门学科

必修课程与选修课程

根据对学生的学习要求划分

必修课程

必修课程是依据人和社会的发展需要制定的，所有学生都必须学习的科目。必修课程的根本特征是强制性，其主导价值在于培养和发展学生的共性

选修课程

选修课程是学生可以按照一定规则自由选择学习的课程。选修课程的主导价值在于发展学生的个性，满足学生的需要和兴趣、爱好等

```
┌─────────────────────────────────┐
│   国家课程、地方课程与校本课程   │
└─────────────────────────────────┘
              │
┌─────────────────────────────────┐
│  根据课程设计、开发和管理的主体划分  │
└──────────────────⊖──────────────┘
```

国家课程	地方课程	校本课程（学校课程）
国家课程是由中央教育行政机构编制和审定的课程，其管理权属于中央级教育机关	地方课程是由省、自治区、直辖市以国家课程为基础，依据本地区的政治、经济、文化等发展需要编订的课程	校本课程是指在实施国家课程和地方课程的前提下，针对学生的兴趣和需要，结合学校的传统和优势以及办学理念，充分利用学校和社区的课程资源，自主开发的课程

```
┌─────────────────────────────┐
│       显性课程与隐性课程      │
└─────────────────────────────┘
              │
┌─────────────────────────────┐
│     根据课程的表现形式划分     │
└──────────────⊖──────────────┘
```

显性课程	隐性课程
显性课程的主要特征是计划性，这是区分显性课程和隐性课程的主要标志	隐性课程又称为潜在课程，是学校情境中以间接的、内隐的方式呈现的课程

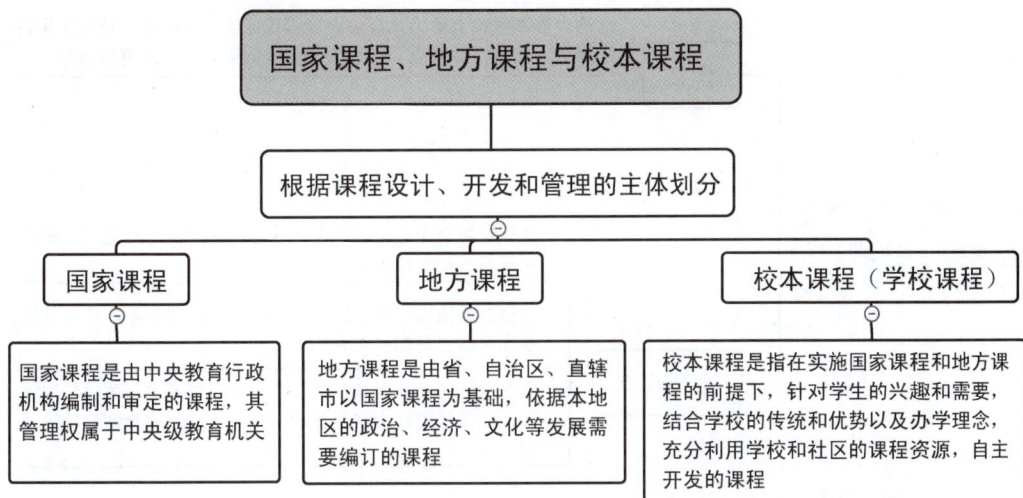

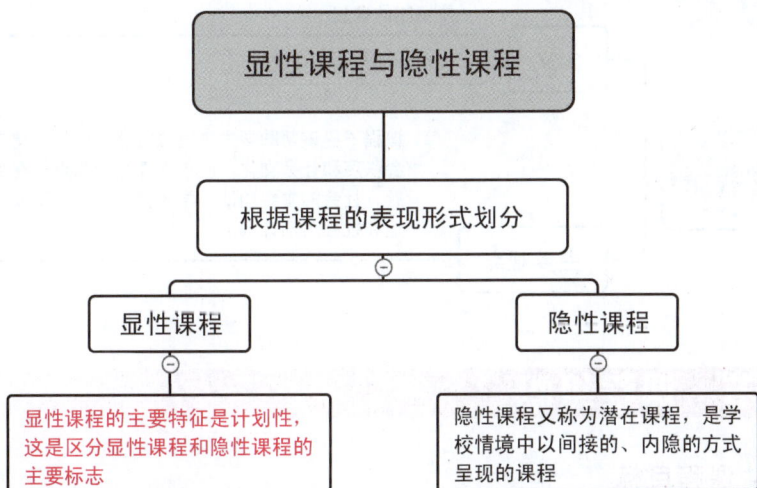

核心考点 3：课程理论流派

（2013 上、2012 下）

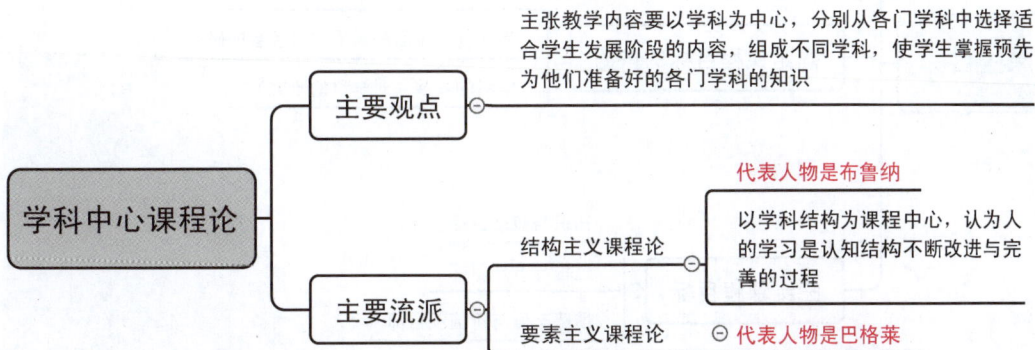

学科中心课程论

- 主要观点 —— 主张教学内容要以学科为中心，分别从各门学科中选择适合学生发展阶段的内容，组成不同学科，使学生掌握预先为他们准备好的各门学科的知识
- 主要流派
  - 结构主义课程论 —— 代表人物是布鲁纳　以学科结构为课程中心，认为人的学习是认知结构不断改进与完善的过程
  - 要素主义课程论 ⊖ 代表人物是巴格莱

活动中心课程论 ── 含义 ── 活动中心课程论又称为儿童中心课程论或经验课程论，具有实用性、综合性、实践性等特点。代表人物是美国实用主义教育家杜威

活动中心课程论 ── 主要观点
- 主张学习就是经验的改造或改组，课程就是对学生经验增长有教育价值的经验
- 主张教育应以儿童实际经验为起点，从做中学，教学必须从学习者已有的经验开始
- 主张课程的组织应从儿童经验出发，要考虑儿童的心理顺序，在教学过程中将儿童的个体经验逐渐提升到教材的逻辑水平

社会中心课程论 ── 含义
- 社会中心课程论又称社会改造主义课程论，是以适应社会的需要编制的课程
- 以布拉梅尔德为代表

社会中心课程论 ── 主要观点 ── 课程不应该帮助学生去适应社会，而是要建立一种新的社会秩序和社会文化。应该把课程的重点放在当代社会的问题、社会的主要功能、学生关心的社会现象，以及社会改造和社会活动计划上

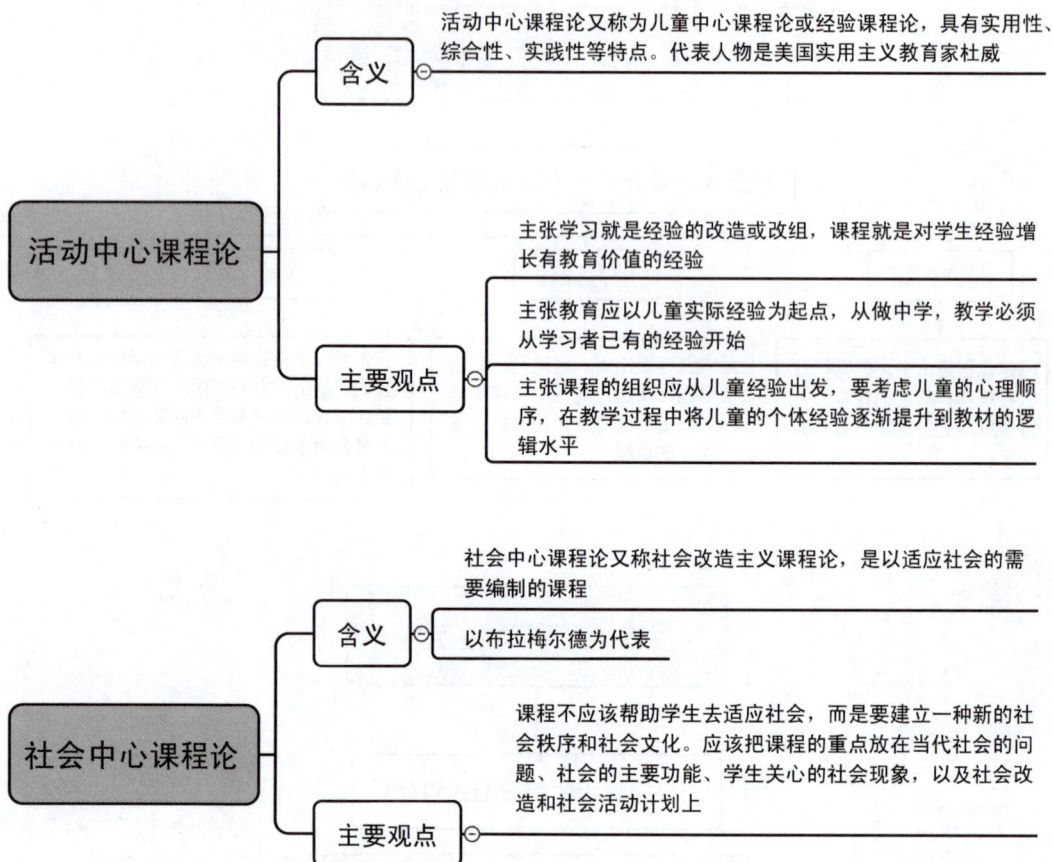

第二节　课程组织

核心考点 1：课程目标

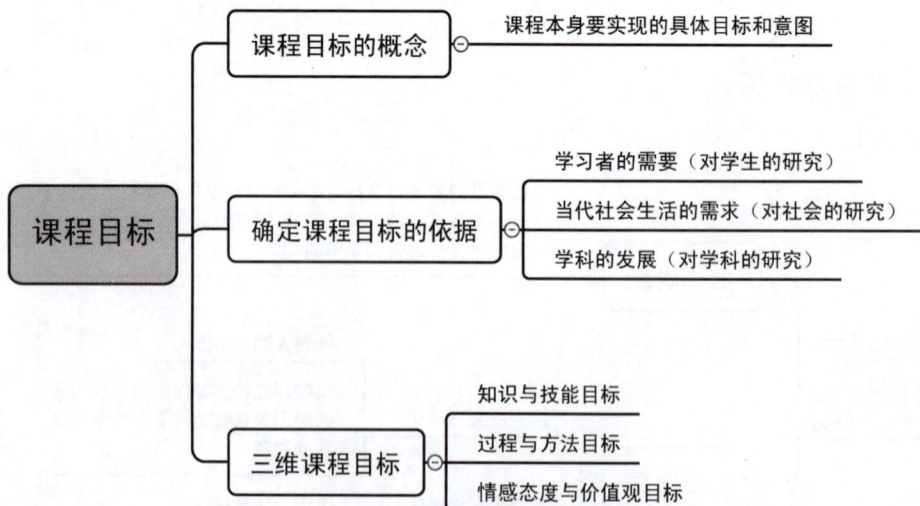

课程目标 ── 课程目标的概念 ── 课程本身要实现的具体目标和意图

课程目标 ── 确定课程目标的依据
- 学习者的需要（对学生的研究）
- 当代社会生活的需求（对社会的研究）
- 学科的发展（对学科的研究）

课程目标 ── 三维课程目标
- 知识与技能目标
- 过程与方法目标
- 情感态度与价值观目标

核心考点 2：课程内容

（2019 下、2017 下、2017 上、2015 下、2014 下、2014 上）

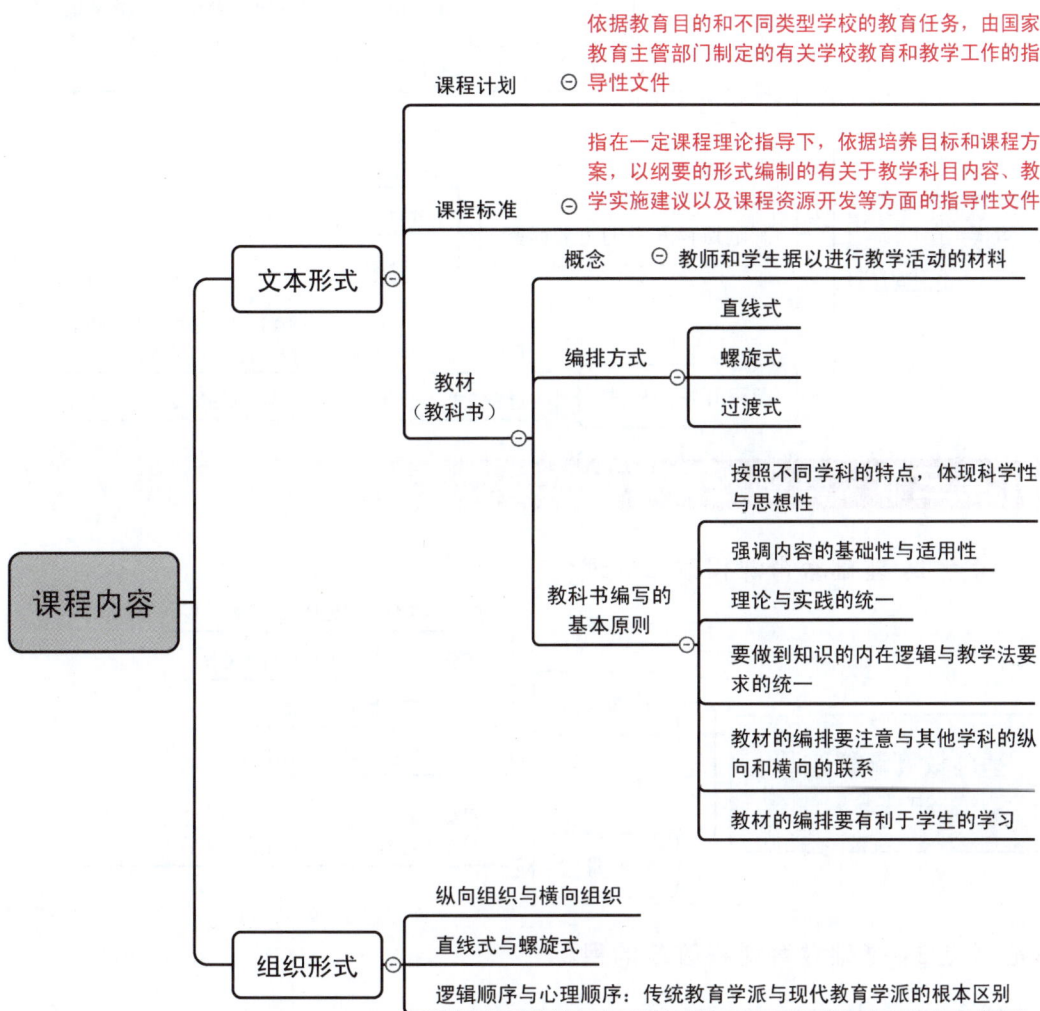

课程内容

- 文本形式
  - 课程计划 ⊖ 依据教育目的和不同类型学校的教育任务，由国家教育主管部门制定的有关学校教育和教学工作的指导性文件
  - 课程标准 ⊖ 指在一定课程理论指导下，依据培养目标和课程方案，以纲要的形式编制的有关于教学科目内容、教学实施建议以及课程资源开发等方面的指导性文件
  - 教材（教科书）
    - 概念 ⊖ 教师和学生据以进行教学活动的材料
    - 编排方式
      - 直线式
      - 螺旋式
      - 过渡式
    - 教科书编写的基本原则
      - 按照不同学科的特点，体现科学性与思想性
      - 强调内容的基础性与适用性
      - 理论与实践的统一
      - 要做到知识的内在逻辑与教学法要求的统一
      - 教材的编排要注意与其他学科的纵向和横向的联系
      - 教材的编排要有利于学生的学习
- 组织形式
  - 纵向组织与横向组织
  - 直线式与螺旋式
  - 逻辑顺序与心理顺序：传统教育学派与现代教育学派的根本区别

核心考点 3：课程评价

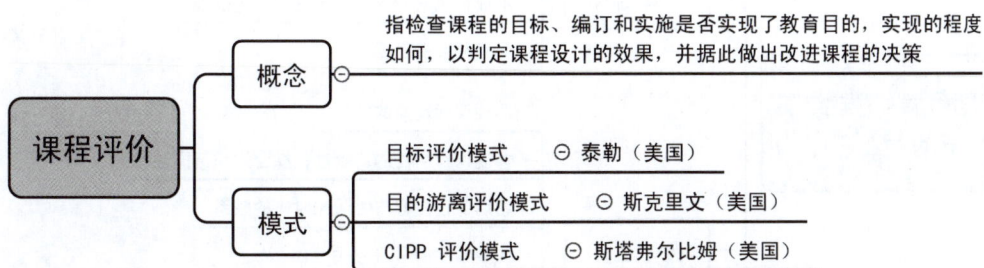

课程评价

- 概念 ⊖ 指检查课程的目标、编订和实施是否实现了教育目的，实现的程度如何，以判定课程设计的效果，并据此做出改进课程的决策
- 模式
  - 目标评价模式 ⊖ 泰勒（美国）
  - 目的游离评价模式 ⊖ 斯克里文（美国）
  - CIPP 评价模式 ⊖ 斯塔弗尔比姆（美国）

核心考点 4：课程开发

（2013 上）

课程开发
- 概念 —○ 通过社会和学习者需求分析，确定课程目标，再根据这一目标选择某一个学科的教学内容和相关教学活动，进行计划、组织、实施、评价、修订，以最终达到课程目标的整个工作过程
- 影响课程开发的主要因素
  - 学生
  - 社会
  - 学科特征
- 课程开发的模式
  - 目标模式 —⊖ 代表：美国课程论专家泰勒在1949年出版的《课程与教学的基本原理》
  - 过程模式 —⊖ 代表人物：英国课程论专家斯腾豪斯

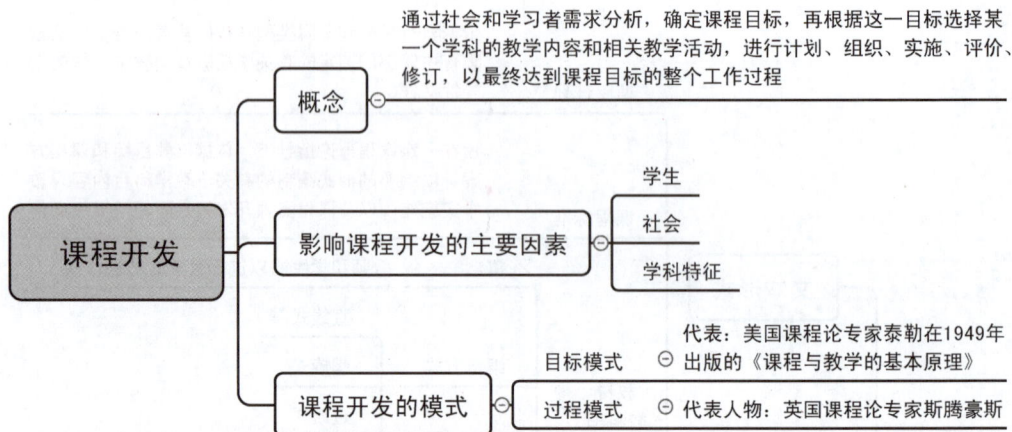

第三节　基础教育课程改革

核心考点 1：基础教育课程改革的理念

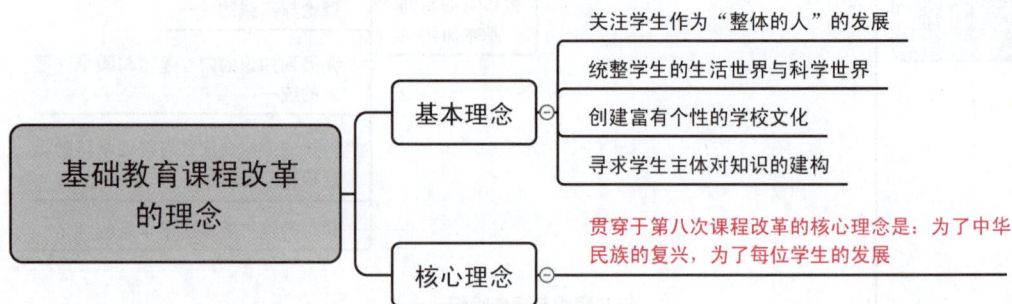

基础教育课程改革的理念
- 基本理念
  - 关注学生作为"整体的人"的发展
  - 统整学生的生活世界与科学世界
  - 创建富有个性的学校文化
  - 寻求学生主体对知识的建构
- 核心理念 —○ 贯穿于第八次课程改革的核心理念是：为了中华民族的复兴，为了每位学生的发展

核心考点 2：基础教育课程改革的目标

（2017 上、2015 上）

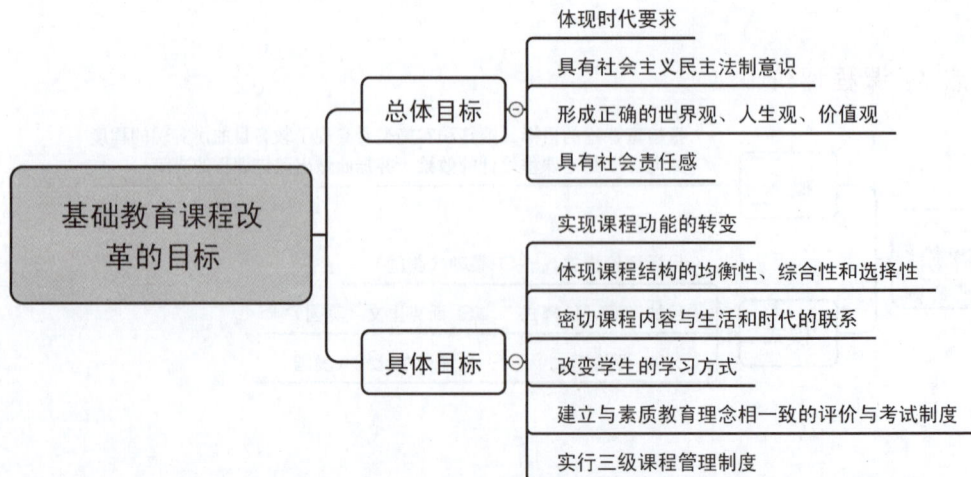

基础教育课程改革的目标
- 总体目标
  - 体现时代要求
  - 具有社会主义民主法制意识
  - 形成正确的世界观、人生观、价值观
  - 具有社会责任感
- 具体目标
  - 实现课程功能的转变
  - 体现课程结构的均衡性、综合性和选择性
  - 密切课程内容与生活和时代的联系
  - 改变学生的学习方式
  - 建立与素质教育理念相一致的评价与考试制度
  - 实行三级课程管理制度

核心考点 3：基础教育课程改革的实施状况

（2019 上、2017 下、2015 下、2015 下、2014 下、2014 上）

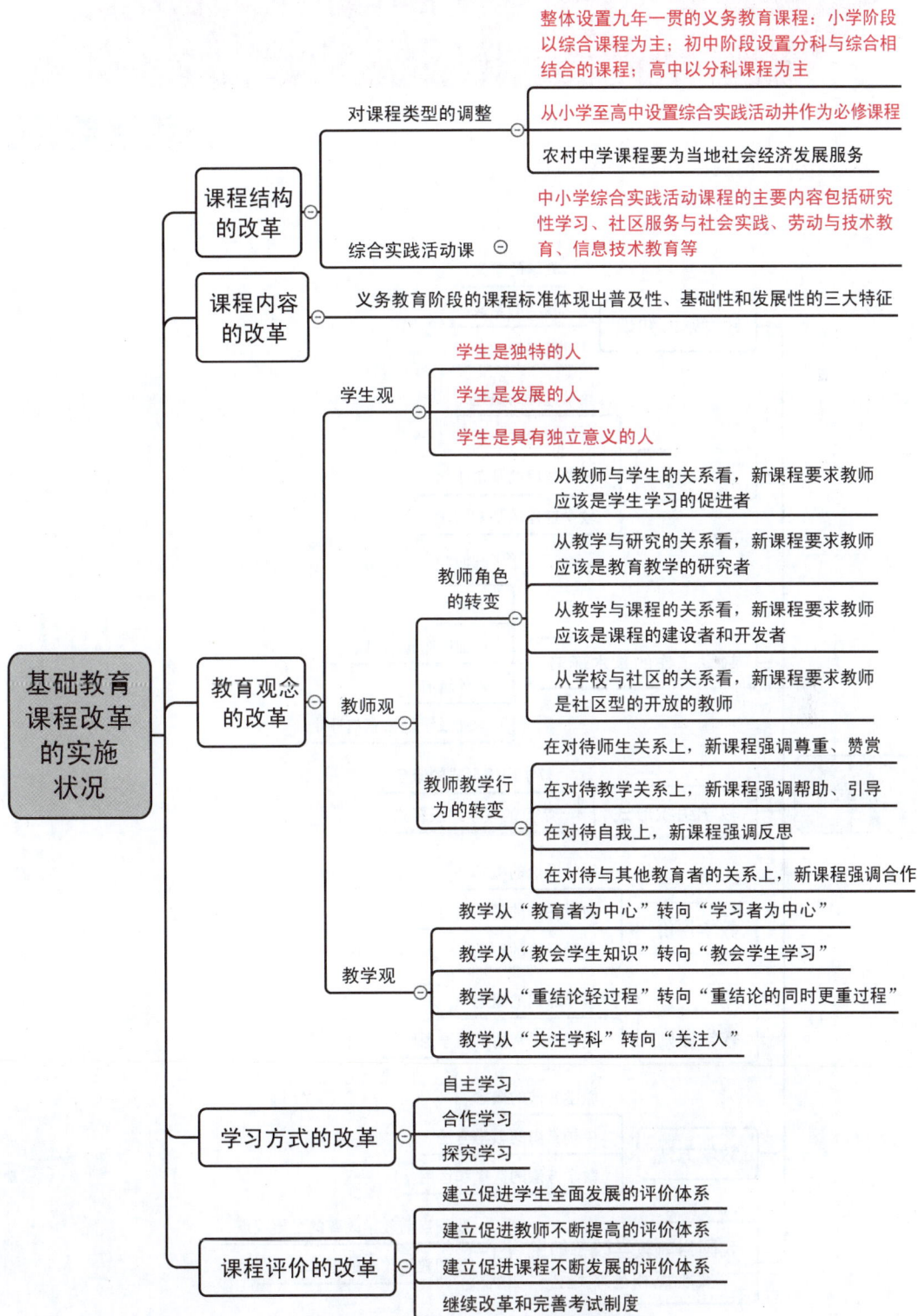

基础教育课程改革的实施状况
- 课程结构的改革
  - 对课程类型的调整
    - 整体设置九年一贯的义务教育课程：小学阶段以综合课程为主；初中阶段设置分科与综合相结合的课程；高中以分科课程为主
    - 从小学至高中设置综合实践活动并作为必修课程
    - 农村中学课程要为当地社会经济发展服务
  - 综合实践活动课
    - 中小学综合实践活动课程的主要内容包括研究性学习、社区服务与社会实践、劳动与技术教育、信息技术教育等
- 课程内容的改革
  - 义务教育阶段的课程标准体现出普及性、基础性和发展性的三大特征
- 教育观念的改革
  - 学生观
    - 学生是独特的人
    - 学生是发展的人
    - 学生是具有独立意义的人
  - 教师观
    - 教师角色的转变
      - 从教师与学生的关系看，新课程要求教师应该是学生学习的促进者
      - 从教学与研究的关系看，新课程要求教师应该是教育教学的研究者
      - 从教学与课程的关系看，新课程要求教师应该是课程的建设者和开发者
      - 从学校与社区的关系看，新课程要求教师是社区型的开放的教师
    - 教师教学行为的转变
      - 在对待师生关系上，新课程强调尊重、赞赏
      - 在对待教学关系上，新课程强调帮助、引导
      - 在对待自我上，新课程强调反思
      - 在对待与其他教育者的关系上，新课程强调合作
  - 教学观
    - 教学从"教育者为中心"转向"学习者为中心"
    - 教学从"教会学生知识"转向"教会学生学习"
    - 教学从"重结论轻过程"转向"重结论的同时更重过程"
    - 教学从"关注学科"转向"关注人"
- 学习方式的改革
  - 自主学习
  - 合作学习
  - 探究学习
- 课程评价的改革
  - 建立促进学生全面发展的评价体系
  - 建立促进教师不断提高的评价体系
  - 建立促进课程不断发展的评价体系
  - 继续改革和完善考试制度

第三章 教 学

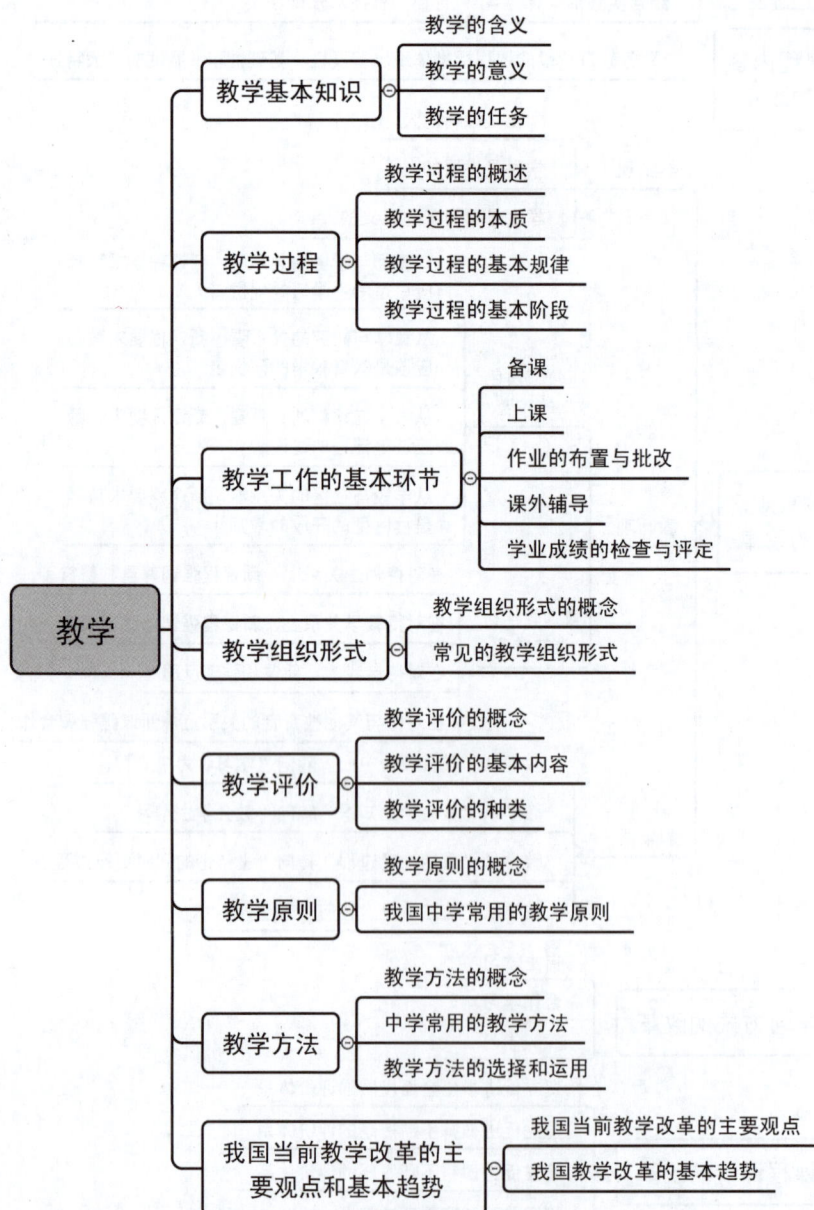

- 教学
  - 教学基本知识
    - 教学的含义
    - 教学的意义
    - 教学的任务
  - 教学过程
    - 教学过程的概述
    - 教学过程的本质
    - 教学过程的基本规律
    - 教学过程的基本阶段
  - 教学工作的基本环节
    - 备课
    - 上课
    - 作业的布置与批改
    - 课外辅导
    - 学业成绩的检查与评定
  - 教学组织形式
    - 教学组织形式的概念
    - 常见的教学组织形式
  - 教学评价
    - 教学评价的概念
    - 教学评价的基本内容
    - 教学评价的种类
  - 教学原则
    - 教学原则的概念
    - 我国中学常用的教学原则
  - 教学方法
    - 教学方法的概念
    - 中学常用的教学方法
    - 教学方法的选择和运用
  - 我国当前教学改革的主要观点和基本趋势
    - 我国当前教学改革的主要观点
    - 我国教学改革的基本趋势

第一节　教学基本知识

核心考点：教学的含义、意义、任务

（2019 下、2013 上）

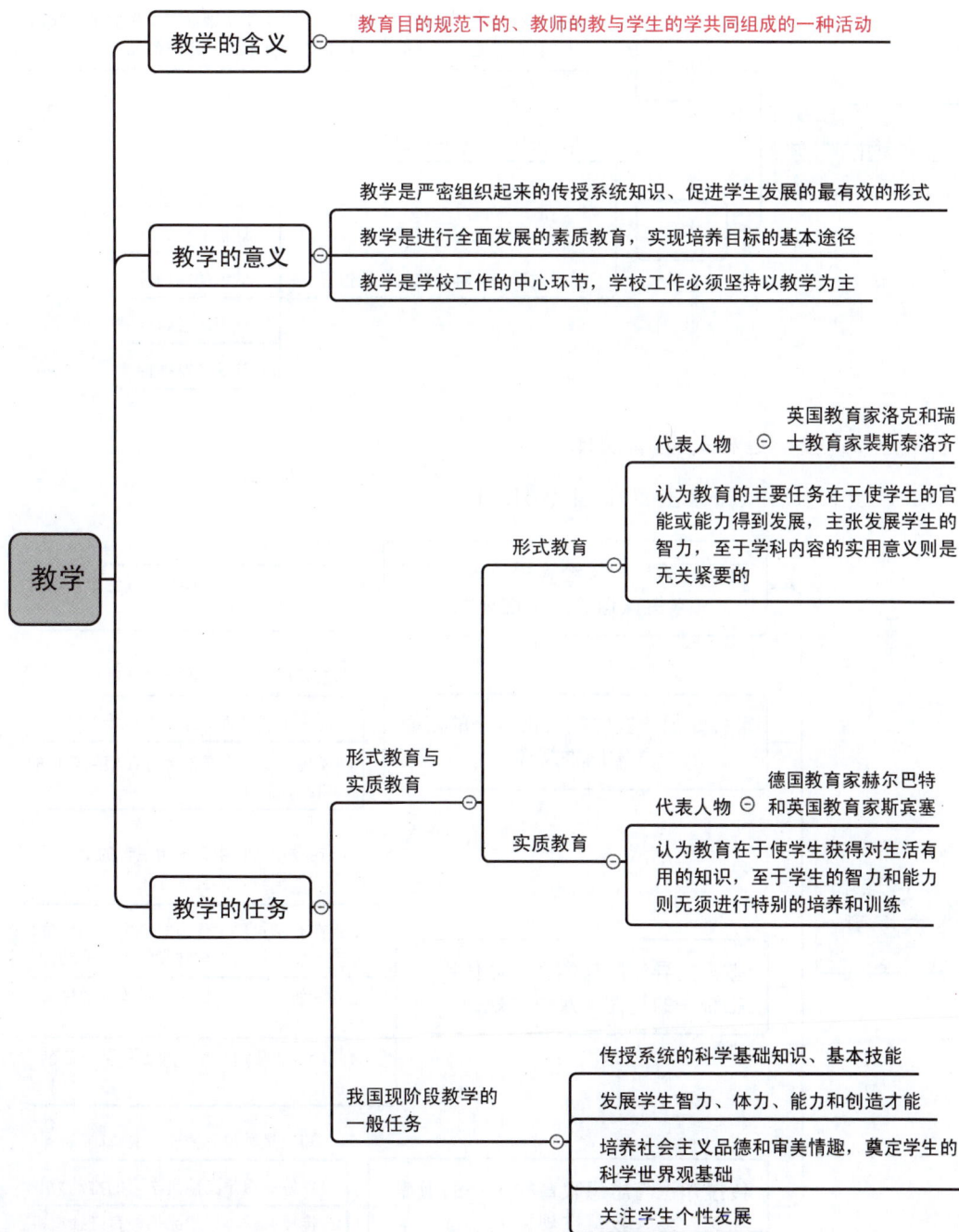

教学

- 教学的含义 —— 教育目的规范下的、教师的教与学生的学共同组成的一种活动

- 教学的意义
  - 教学是严密组织起来的传授系统知识、促进学生发展的最有效的形式
  - 教学是进行全面发展的素质教育，实现培养目标的基本途径
  - 教学是学校工作的中心环节，学校工作必须坚持以教学为主

- 教学的任务
  - 形式教育与实质教育
    - 形式教育
      - 代表人物 —— 英国教育家洛克和瑞士教育家裴斯泰洛齐
      - 认为教育的主要任务在于使学生的官能或能力得到发展，主张发展学生的智力，至于学科内容的实用意义则是无关紧要的
    - 实质教育
      - 代表人物 —— 德国教育家赫尔巴特和英国教育家斯宾塞
      - 认为教育在于使学生获得对生活有用的知识，至于学生的智力和能力则无须进行特别的培养和训练
  - 我国现阶段教学的一般任务
    - 传授系统的科学基础知识、基本技能
    - 发展学生智力、体力、能力和创造才能
    - 培养社会主义品德和审美情趣，奠定学生的科学世界观基础
    - 关注学生个性发展

第二节　教学过程

核心考点 1：教学过程的概述

（2017 下、2014 下）

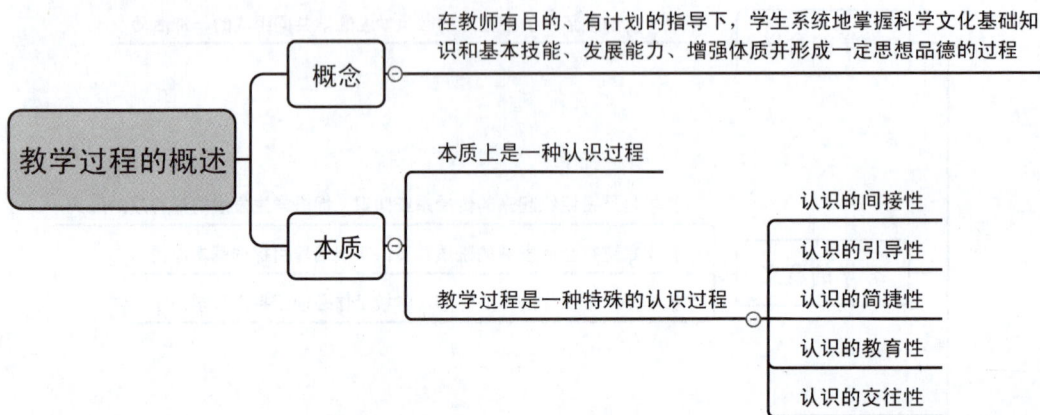

```
                        ┌─ 概念 ──○─ 在教师有目的、有计划的指导下，学生系统地掌握科学文化基础知
                        │          识和基本技能、发展能力、增强体质并形成一定思想品德的过程
  教学过程的概述 ──┤
                        │          ┌─ 本质上是一种认识过程
                        └─ 本质 ──○─┤
                                   │                        ┌─ 认识的间接性
                                   │                        ├─ 认识的引导性
                                   └─ 教学过程是一种特殊的认识过程 ─○─┤─ 认识的简捷性
                                                            ├─ 认识的教育性
                                                            └─ 认识的交往性
```

核心考点 2：教学过程的基本规律

（2019 上、2017 下、2017 上、2015 上、2012 上）

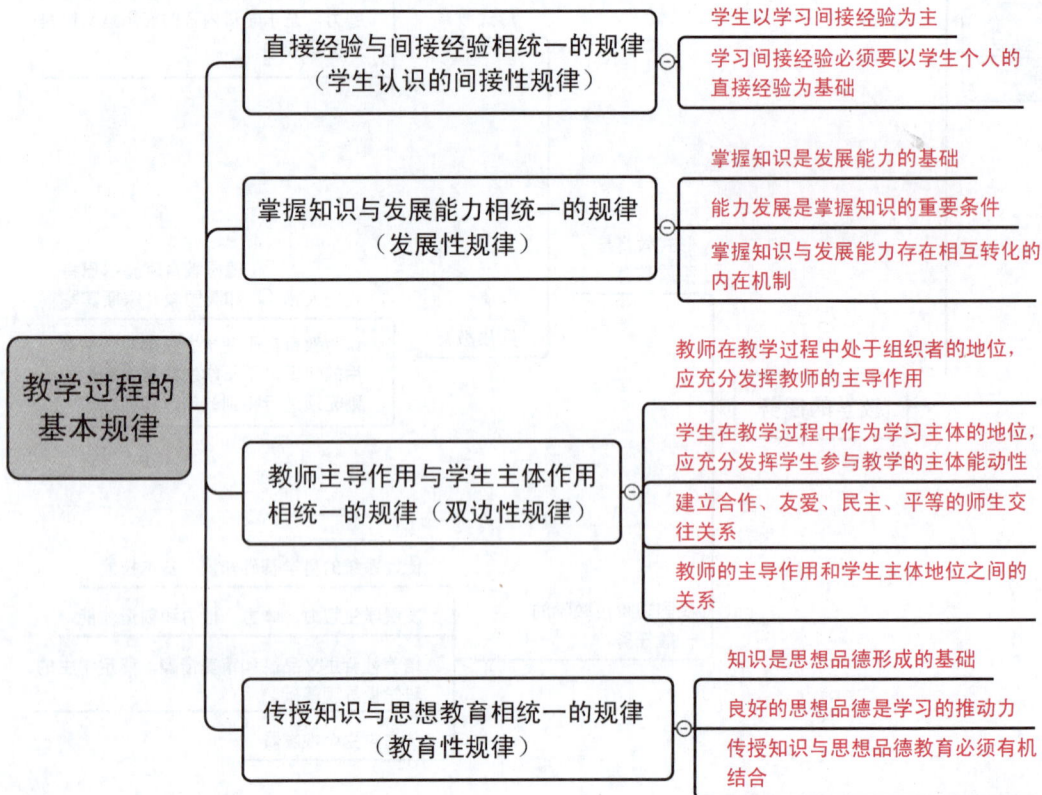

```
                   ┌─ 直接经验与间接经验相统一的规律 ──○─┬─ 学生以学习间接经验为主
                   │   （学生认识的间接性规律）          └─ 学习间接经验必须要以学生个人的
                   │                                      直接经验为基础
                   │
                   │                                   ┌─ 掌握知识是发展能力的基础
                   ├─ 掌握知识与发展能力相统一的规律 ──○─┼─ 能力发展是掌握知识的重要条件
                   │   （发展性规律）                   └─ 掌握知识与发展能力存在相互转化的
                   │                                      内在机制
  教学过程的
  基本规律 ──────┤                                   ┌─ 教师在教学过程中处于组织者的地位，
                   │                                   │   应充分发挥教师的主导作用
                   │                                   ├─ 学生在教学过程中作为学习主体的地位，
                   ├─ 教师主导作用与学生主体作用 ──○─┤   应充分发挥学生参与教学的主体能动性
                   │   相统一的规律（双边性规律）       ├─ 建立合作、友爱、民主、平等的师生交
                   │                                   │   往关系
                   │                                   └─ 教师的主导作用和学生主体地位之间的
                   │                                      关系
                   │
                   │                                   ┌─ 知识是思想品德形成的基础
                   └─ 传授知识与思想教育相统一的规律 ──○─┼─ 良好的思想品德是学习的推动力
                       （教育性规律）                   └─ 传授知识与思想品德教育必须有机
                                                          结合
```

核心考点 3：教学过程的基本阶段

（2015 上）

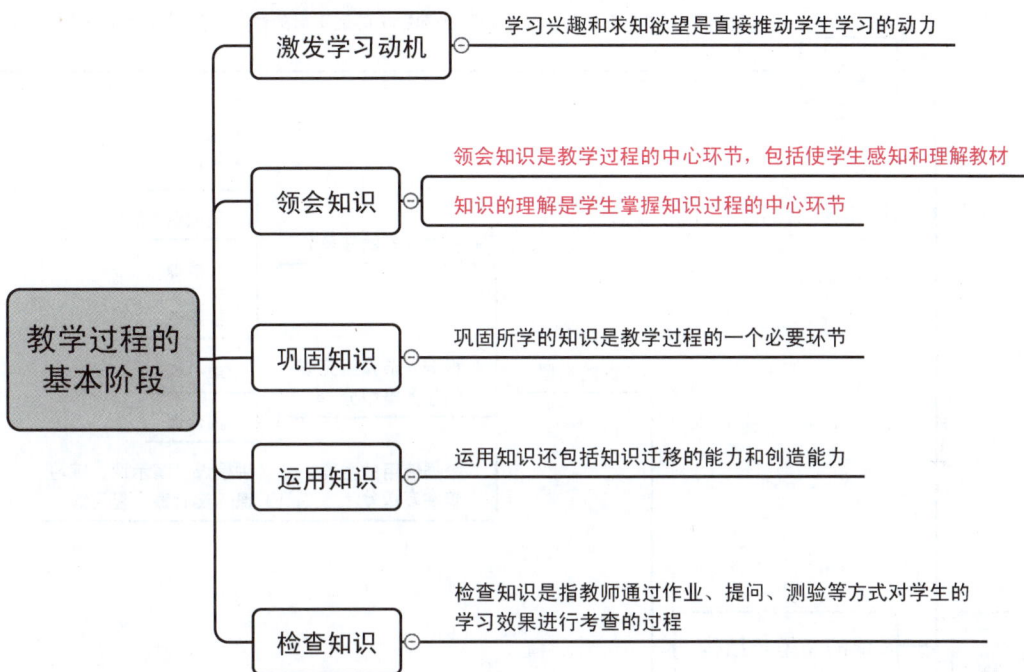

激发学习动机 —— 学习兴趣和求知欲望是直接推动学生学习的动力

领会知识 —— 领会知识是教学过程的中心环节，包括使学生感知和理解教材
知识的理解是学生掌握知识过程的中心环节

巩固知识 —— 巩固所学的知识是教学过程的一个必要环节

运用知识 —— 运用知识还包括知识迁移的能力和创造能力

检查知识 —— 检查知识是指教师通过作业、提问、测验等方式对学生的学习效果进行考查的过程

第三节　教学工作的基本环节

核心考点 1：备课

（2015 下）

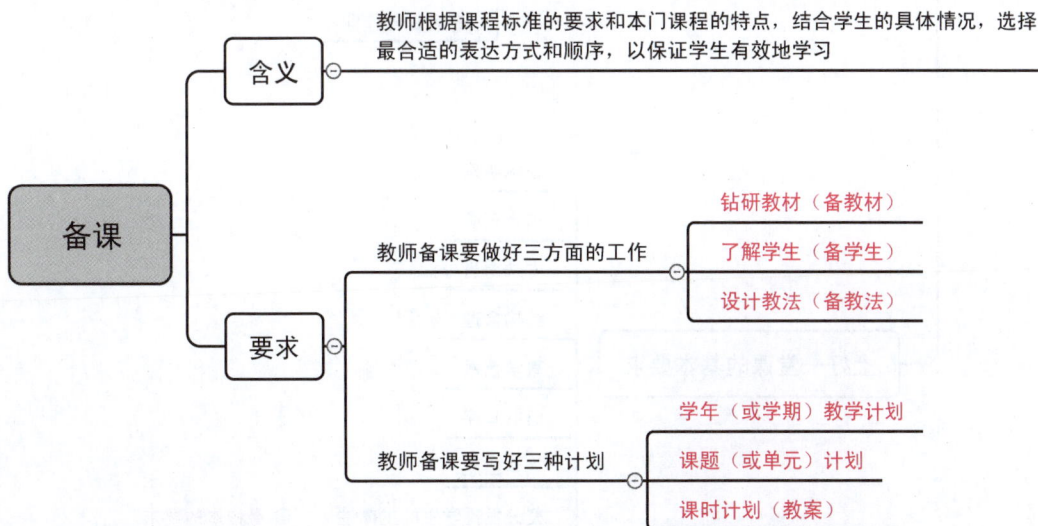

含义 —— 教师根据课程标准的要求和本门课程的特点，结合学生的具体情况，选择最合适的表达方式和顺序，以保证学生有效地学习

要求 —— 教师备课要做好三方面的工作 —— 钻研教材（备教材）
了解学生（备学生）
设计教法（备教法）

教师备课要写好三种计划 —— 学年（或学期）教学计划
课题（或单元）计划
课时计划（教案）

核心考点 2：上课

（2019 下、2017 上）

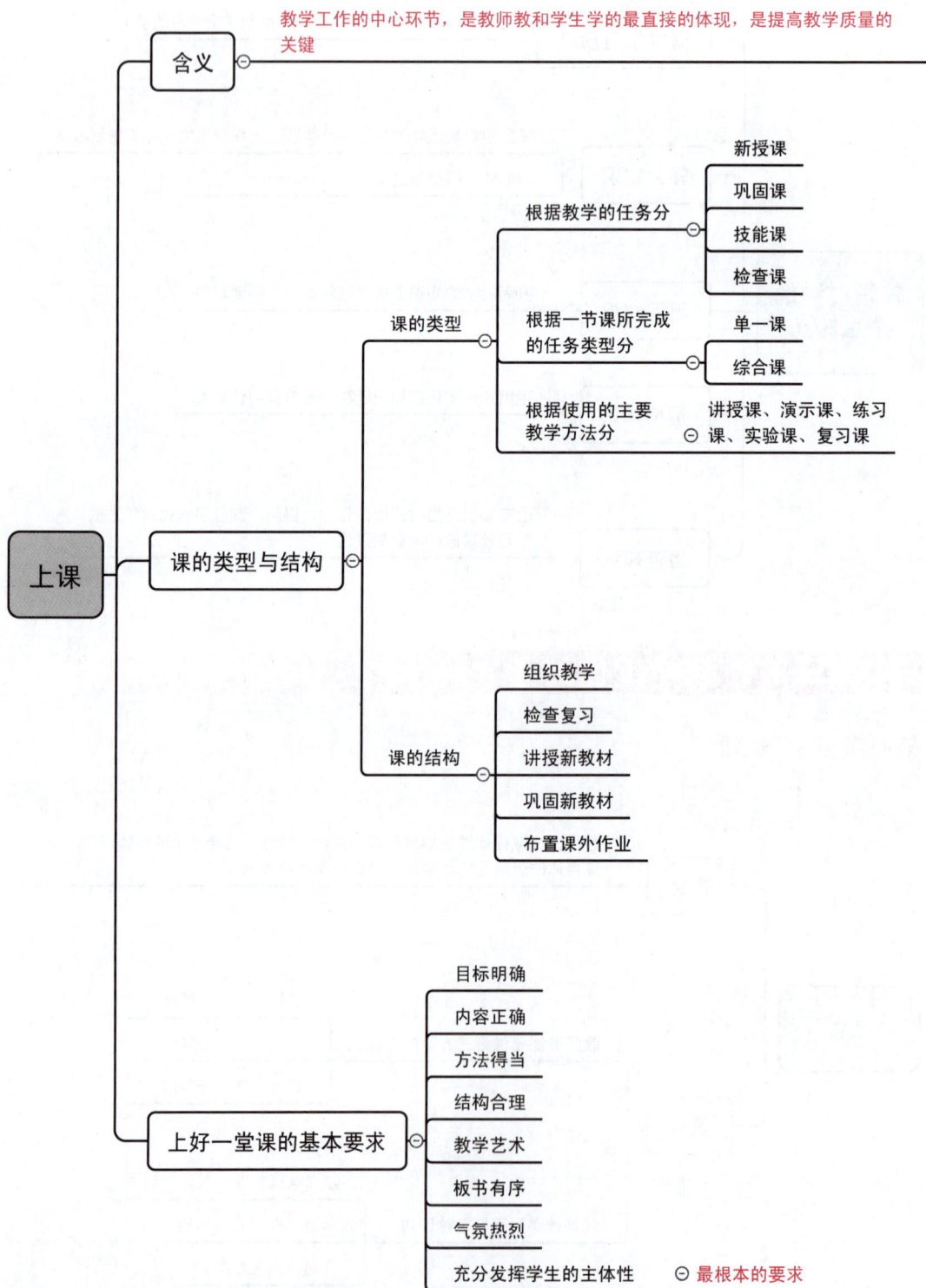

上课

- 含义 —— 教学工作的中心环节，是教师教和学生学的最直接的体现，是提高教学质量的关键

- 课的类型与结构
  - 课的类型
    - 根据教学的任务分
      - 新授课
      - 巩固课
      - 技能课
      - 检查课
    - 根据一节课所完成的任务类型分
      - 单一课
      - 综合课
    - 根据使用的主要教学方法分 —— 讲授课、演示课、练习课、实验课、复习课
  - 课的结构
    - 组织教学
    - 检查复习
    - 讲授新教材
    - 巩固新教材
    - 布置课外作业

- 上好一堂课的基本要求
  - 目标明确
  - 内容正确
  - 方法得当
  - 结构合理
  - 教学艺术
  - 板书有序
  - 气氛热烈
  - 充分发挥学生的主体性 —— 最根本的要求

核心考点 3：作业的布置与批改

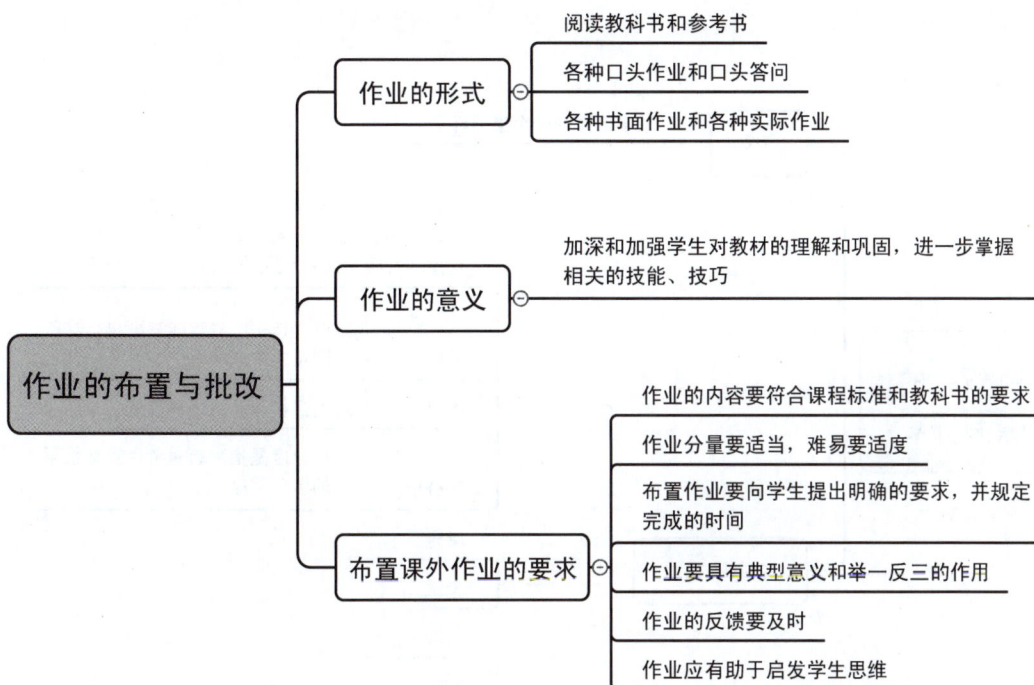

作业的布置与批改
- 作业的形式
  - 阅读教科书和参考书
  - 各种口头作业和口头答问
  - 各种书面作业和各种实际作业
- 作业的意义
  - 加深和加强学生对教材的理解和巩固，进一步掌握相关的技能、技巧
- 布置课外作业的要求
  - 作业的内容要符合课程标准和教科书的要求
  - 作业分量要适当，难易要适度
  - 布置作业要向学生提出明确的要求，并规定完成的时间
  - 作业要具有典型意义和举一反三的作用
  - 作业的反馈要及时
  - 作业应有助于启发学生思维

核心考点 4：课外辅导

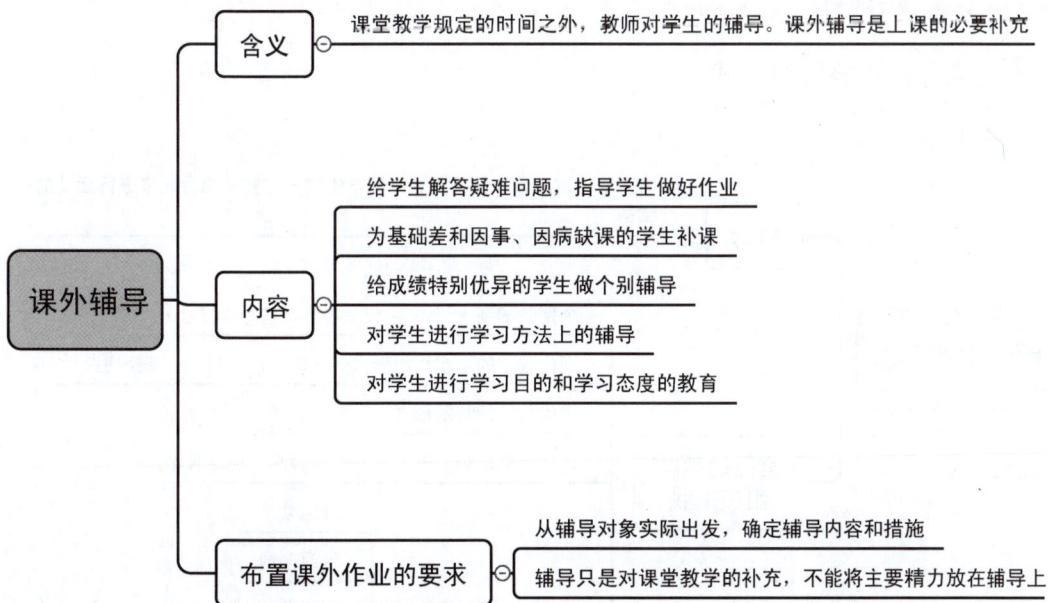

课外辅导
- 含义
  - 课堂教学规定的时间之外，教师对学生的辅导。课外辅导是上课的必要补充
- 内容
  - 给学生解答疑难问题，指导学生做好作业
  - 为基础差和因事、因病缺课的学生补课
  - 给成绩特别优异的学生做个别辅导
  - 对学生进行学习方法上的辅导
  - 对学生进行学习目的和学习态度的教育
- 布置课外作业的要求
  - 从辅导对象实际出发，确定辅导内容和措施
  - 辅导只是对课堂教学的补充，不能将主要精力放在辅导上

核心考点 5：学业成绩的检查与评定

（2014 上）

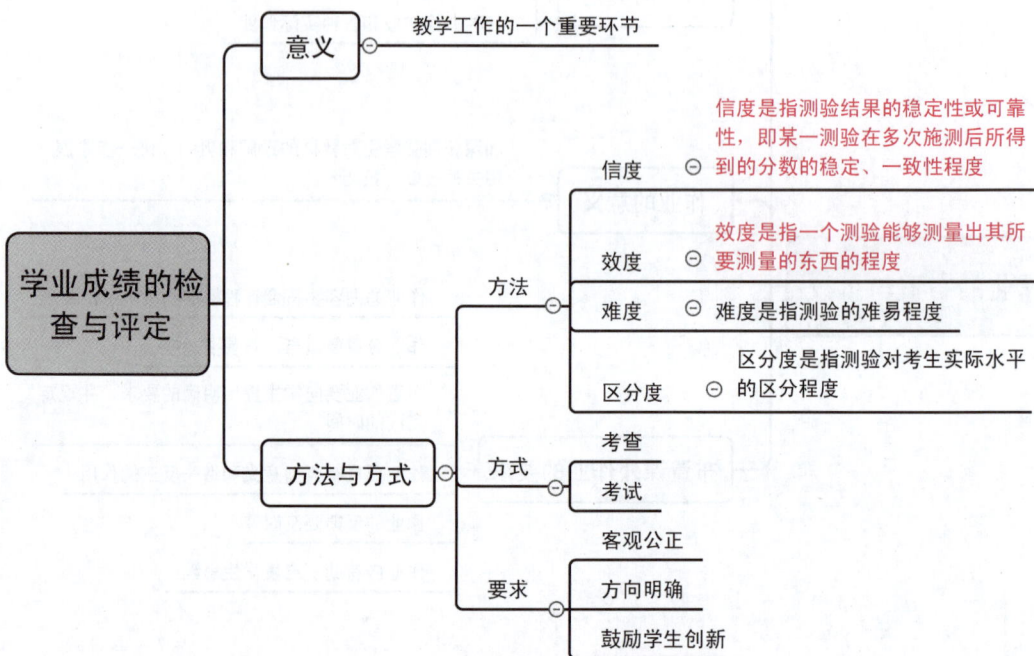

第四节　教学组织形式

核心考点 1：教学组织形式

（2013 下）

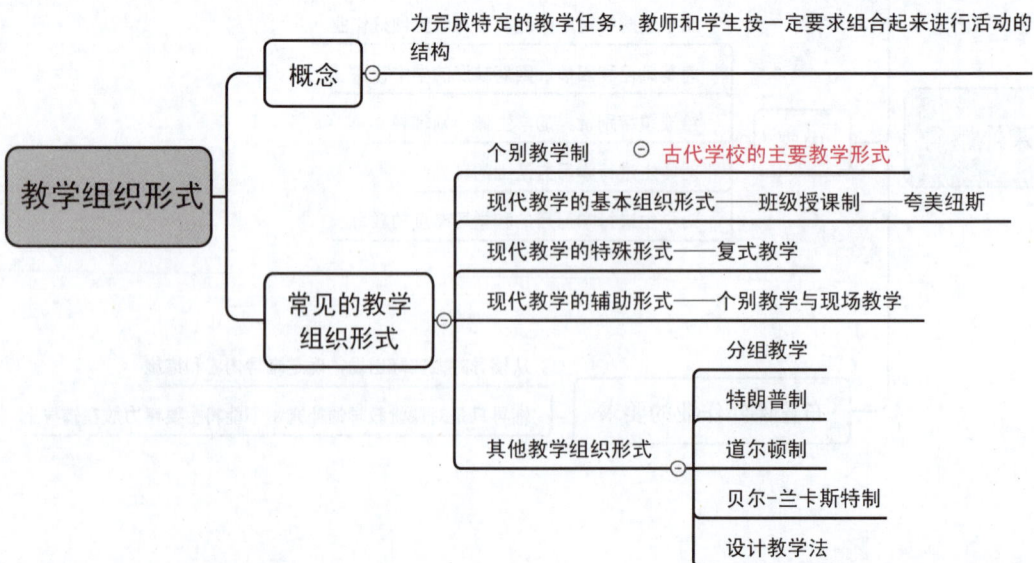

核心考点 2：班级授课制

概念 —— 通常称为课堂教学，是把学生按年龄和文化程度编成有固定人数的班级，由教师根据教学计划中统一规定的课程内容和教学时数，按照学校的课程表进行教学的一种组织形式，它是我国目前学校教学的基本组织形式

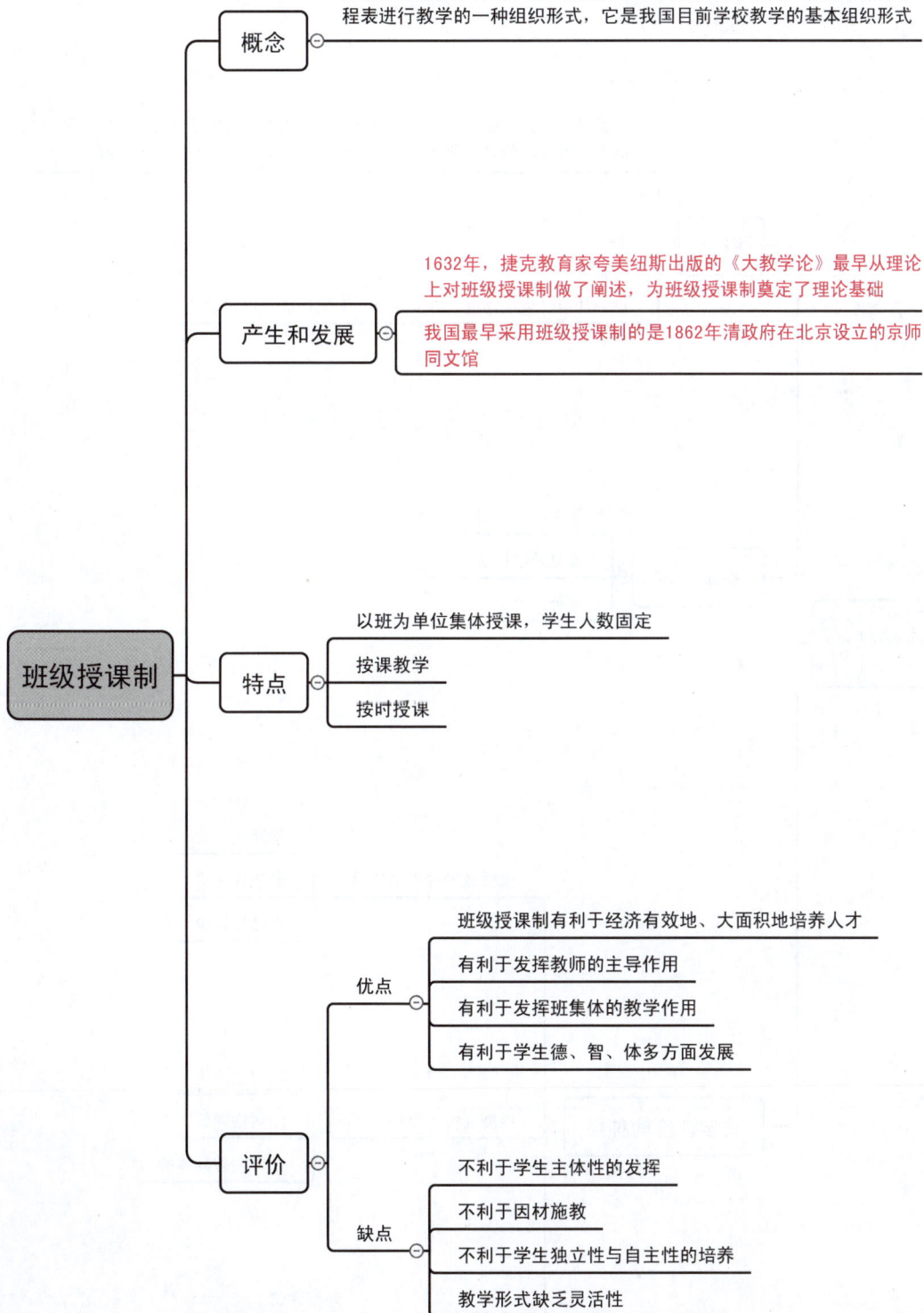

班级授课制

产生和发展
- 1632年，捷克教育家夸美纽斯出版的《大教学论》最早从理论上对班级授课制做了阐述，为班级授课制奠定了理论基础
- 我国最早采用班级授课制的是1862年清政府在北京设立的京师同文馆

特点
- 以班为单位集体授课，学生人数固定
- 按课教学
- 按时授课

评价

优点
- 班级授课制有利于经济有效地、大面积地培养人才
- 有利于发挥教师的主导作用
- 有利于发挥班集体的教学作用
- 有利于学生德、智、体多方面发展

缺点
- 不利于学生主体性的发挥
- 不利于因材施教
- 不利于学生独立性与自主性的培养
- 教学形式缺乏灵活性

第五节　教学评价

核心考点 1：教学评价

（2019 下）

教学评价

- 概念
  - 以教学目标为依据，通过一定的标准和手段，对教学活动及其结果给予价值上的判断，即对教学活动及其结果进行测量、分析和评定的过程
  - 诊断功能、反馈功能、导向功能、激励功能、鉴定功能

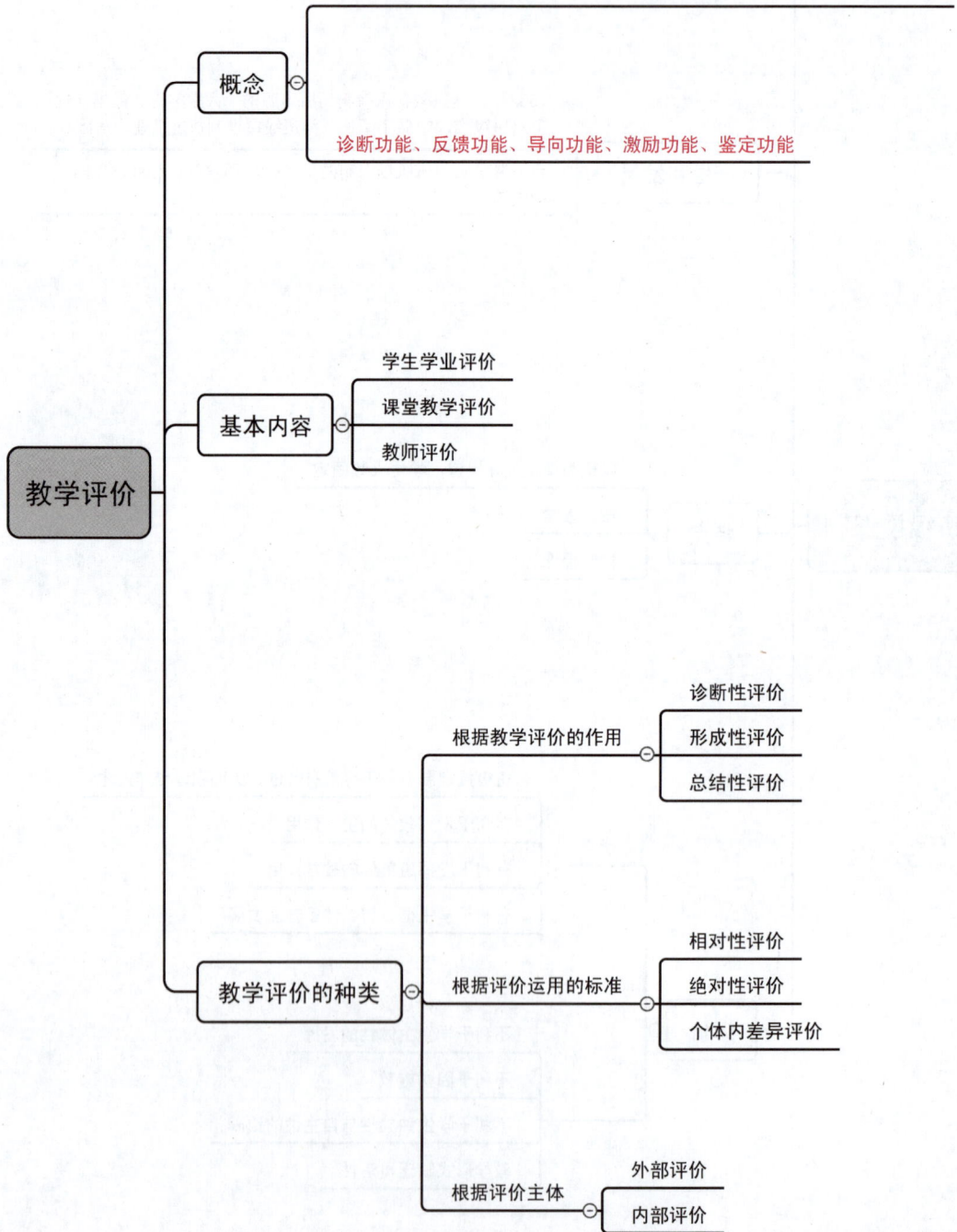

- 基本内容
  - 学生学业评价
  - 课堂教学评价
  - 教师评价

- 教学评价的种类
  - 根据教学评价的作用
    - 诊断性评价
    - 形成性评价
    - 总结性评价
  - 根据评价运用的标准
    - 相对性评价
    - 绝对性评价
    - 个体内差异评价
  - 根据评价主体
    - 外部评价
    - 内部评价

核心考点 2：教学评价的种类

（2018 下、2016 下、2016 上）

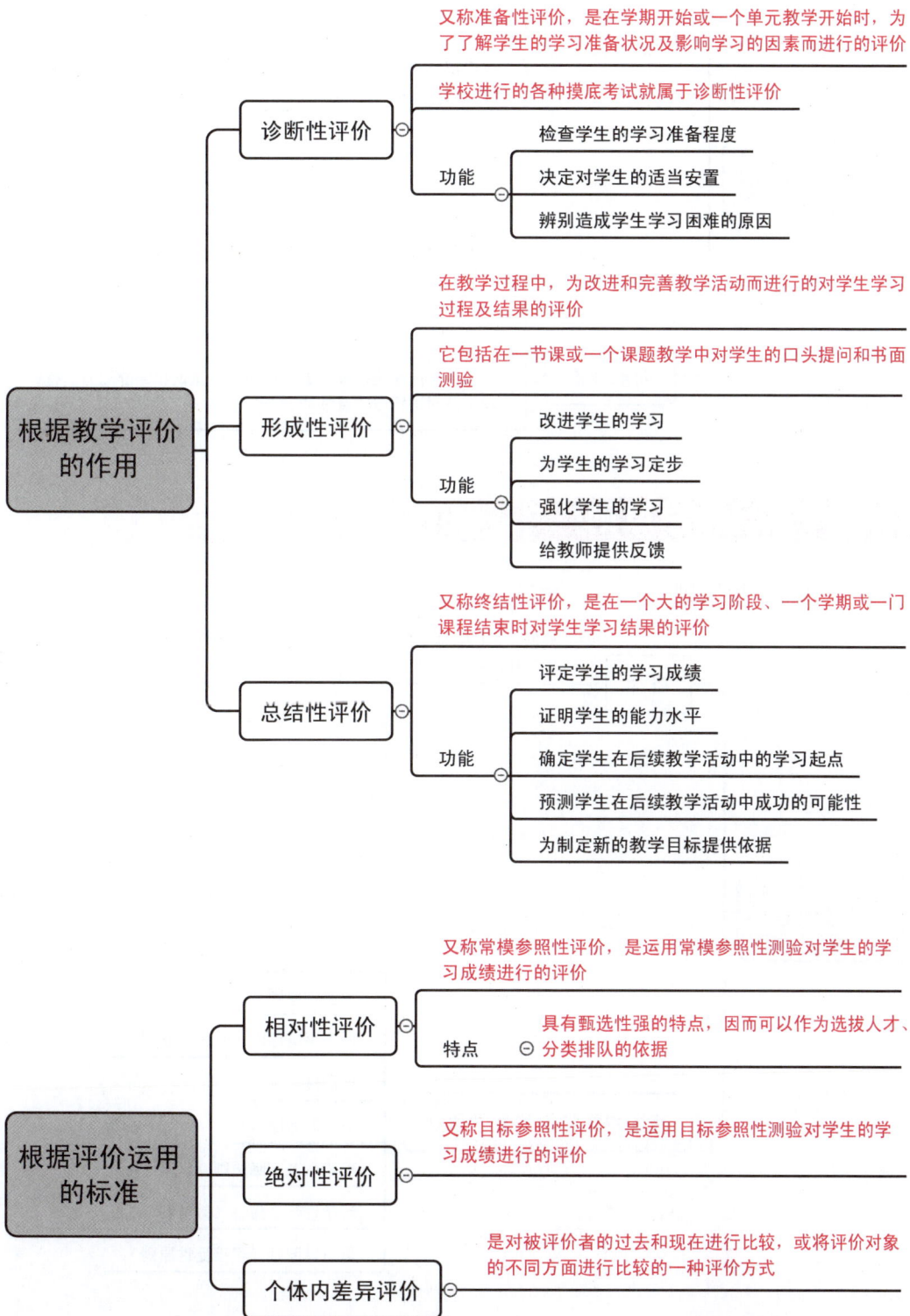

根据教学评价的作用

- **诊断性评价**
  - 又称准备性评价，是在学期开始或一个单元教学开始时，为了了解学生的学习准备状况及影响学习的因素而进行的评价
  - 学校进行的各种摸底考试就属于诊断性评价
  - 功能
    - 检查学生的学习准备程度
    - 决定对学生的适当安置
    - 辨别造成学生学习困难的原因

- **形成性评价**
  - 在教学过程中，为改进和完善教学活动而进行的对学生学习过程及结果的评价
  - 它包括在一节课或一个课题教学中对学生的口头提问和书面测验
  - 功能
    - 改进学生的学习
    - 为学生的学习定步
    - 强化学生的学习
    - 给教师提供反馈

- **总结性评价**
  - 又称终结性评价，是在一个大的学习阶段、一个学期或一门课程结束时对学生学习结果的评价
  - 功能
    - 评定学生的学习成绩
    - 证明学生的能力水平
    - 确定学生在后续教学活动中的学习起点
    - 预测学生在后续教学活动中成功的可能性
    - 为制定新的教学目标提供依据

根据评价运用的标准

- **相对性评价**
  - 又称常模参照性评价，是运用常模参照性测验对学生的学习成绩进行的评价
  - 特点
    - 具有甄选性强的特点，因而可以作为选拔人才、分类排队的依据

- **绝对性评价**
  - 又称目标参照性评价，是运用目标参照性测验对学生的学习成绩进行的评价

- **个体内差异评价**
  - 是对被评价者的过去和现在进行比较，或将评价对象的不同方面进行比较的一种评价方式

根据评价的主体
- 外部评价
  - 是被评价者之外的专业人员对评价对象进行明显的（看得见的、众所周知的）统计分析或文字描述的评价
  - 与内部评价相比，外部评价更为客观真实，更容易看到成绩与问题所在
- 内部评价
  - 也就是自我评价，是指由课程设计者或使用者自己实施的评价
  - 内部评价能增强被评价者的自我评价意识和评价能力，有利于及时进行自我反馈和调节

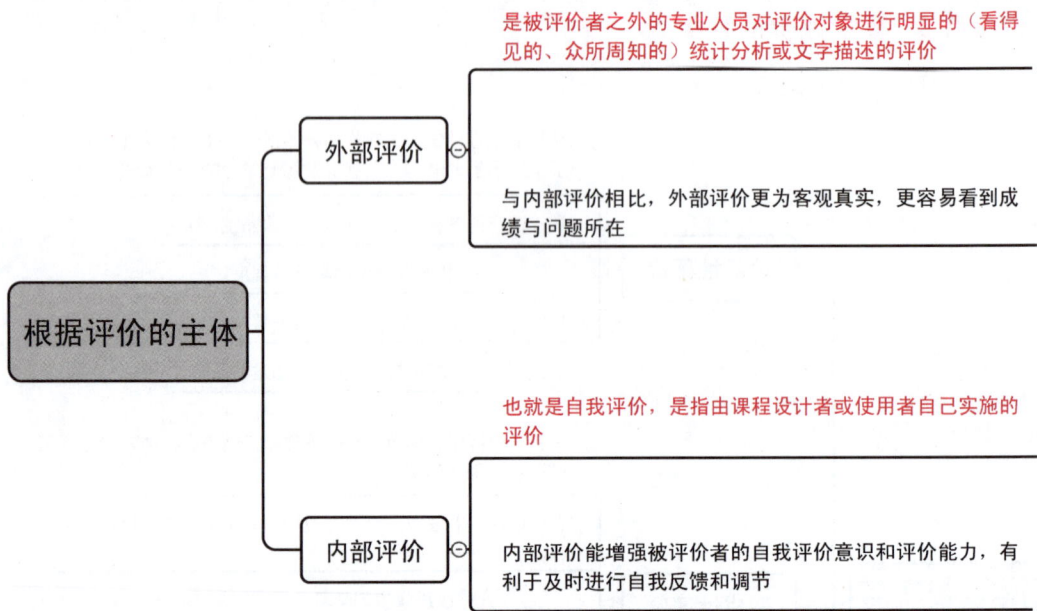

第六节　教学原则

核心考点 1：教学原则

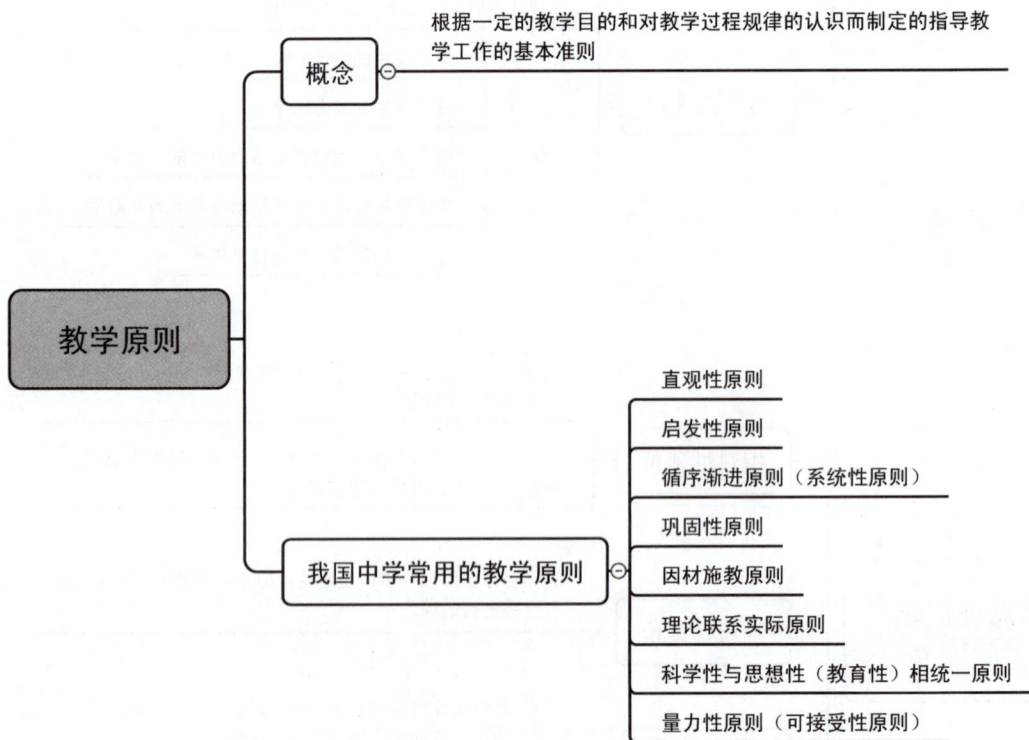

教学原则
- 概念
  - 根据一定的教学目的和对教学过程规律的认识而制定的指导教学工作的基本准则
- 我国中学常用的教学原则
  - 直观性原则
  - 启发性原则
  - 循序渐进原则（系统性原则）
  - 巩固性原则
  - 因材施教原则
  - 理论联系实际原则
  - 科学性与思想性（教育性）相统一原则
  - 量力性原则（可接受性原则）

核心考点 2：我国中学常用的教学原则

（2018 下、2016 上、2015 下、2014 下、2014 上、2013 下、2013 上、2012 下）

直观性原则

- **基本含义**　直观性原则指在教学中，教师要引导学生直接感知事物、模型或通过形象语言描绘教学对象，使学生获得丰富的感性认识。这一原则的提出是由学生的年龄特征所决定的

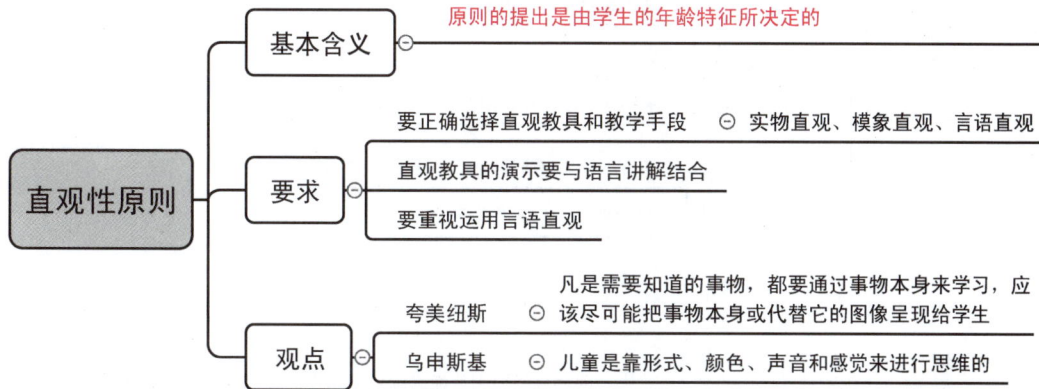

- **要求**
  - 要正确选择直观教具和教学手段　⊖　实物直观、模象直观、言语直观
  - 直观教具的演示要与语言讲解结合
  - 要重视运用言语直观

- **观点**
  - 夸美纽斯　⊖　凡是需要知道的事物，都要通过事物本身来学习，应该尽可能把事物本身或代替它的图像呈现给学生
  - 乌申斯基　⊖　儿童是靠形式、颜色、声音和感觉来进行思维的

启发性原则

- **基本含义**　启发性原则是指在教学中，教师要承认学生是学习的主体，注意调动他们的学习主动性，引导学生独立思考，积极探索、生动活泼地学习，自觉地掌握科学知识和提高分析问题、解决问题的能力

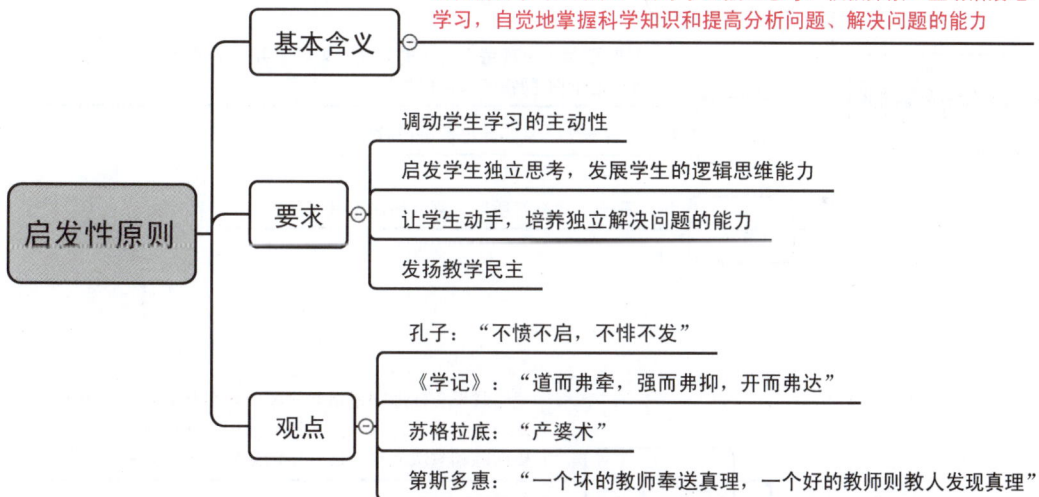

- **要求**
  - 调动学生学习的主动性
  - 启发学生独立思考，发展学生的逻辑思维能力
  - 让学生动手，培养独立解决问题的能力
  - 发扬教学民主

- **观点**
  - 孔子："不愤不启，不悱不发"
  - 《学记》："道而弗牵，强而弗抑，开而弗达"
  - 苏格拉底："产婆术"
  - 第斯多惠："一个坏的教师奉送真理，一个好的教师则教人发现真理"

循序渐进原则（系统性原则）

- **基本含义**　循序渐进原则是指教学要按照学科的逻辑系统和学生认识发展的顺序进行，使学生系统地掌握基础知识、基本技能，形成严密的逻辑思维能力

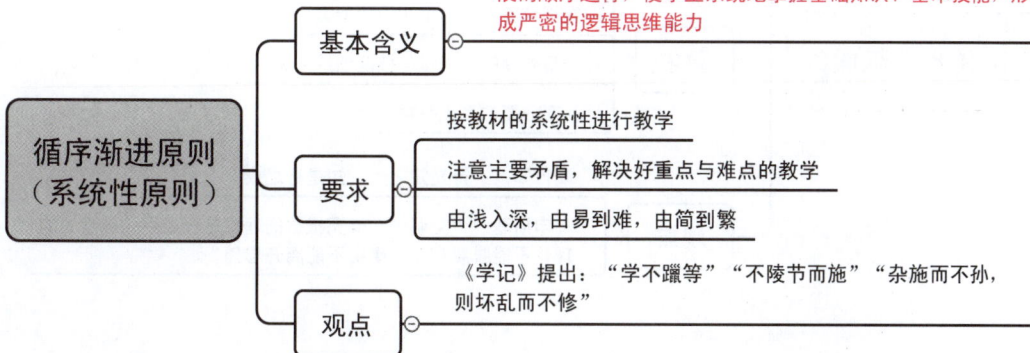

- **要求**
  - 按教材的系统性进行教学
  - 注意主要矛盾，解决好重点与难点的教学
  - 由浅入深，由易到难，由简到繁

- **观点**
  - 《学记》提出："学不躐等""不陵节而施""杂施而不孙，则坏乱而不修"

巩固性原则

基本含义
巩固性原则是指教学要引导学生在理解的基础上牢固地掌握知识和技能，使他们长久地保持在学生的记忆中，能根据需要迅速再现出来，以利于知识技能的运用

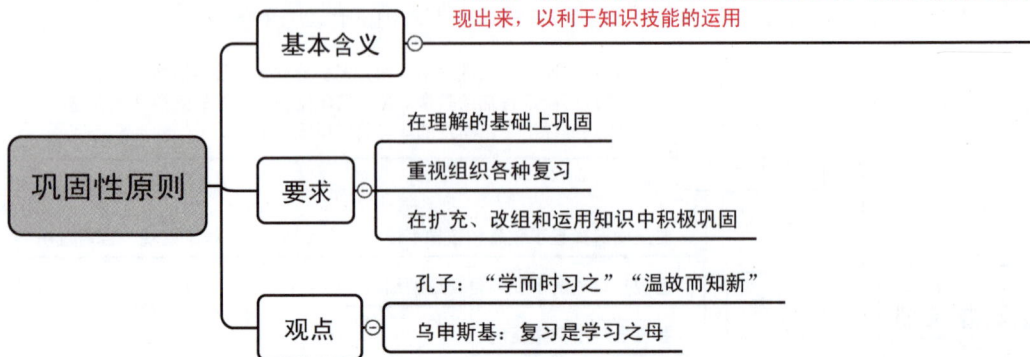

要求
- 在理解的基础上巩固
- 重视组织各种复习
- 在扩充、改组和运用知识中积极巩固

观点
- 孔子："学而时习之""温故而知新"
- 乌申斯基：复习是学习之母

因材施教原则

基本含义
因材施教原则是指教师要从学生的实际情况、个别差异出发，有的放矢地进行有差别的教学，使每个学生都能扬长避短，获得最佳的发展

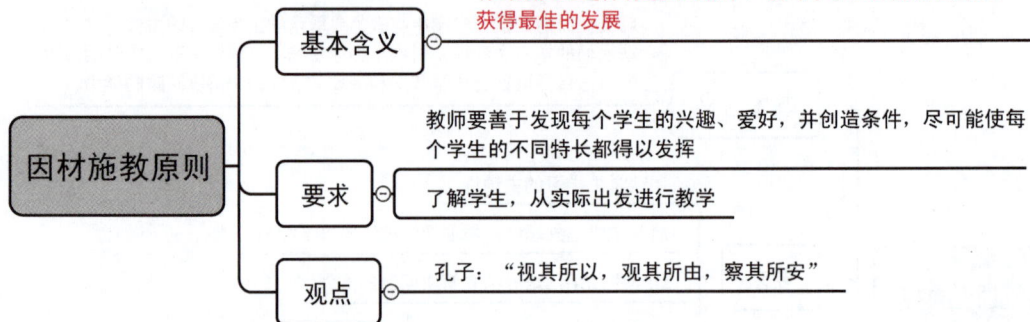

要求
- 教师要善于发现每个学生的兴趣、爱好，并创造条件，尽可能使每个学生的不同特长都得以发挥
- 了解学生，从实际出发进行教学

观点
- 孔子："视其所以，观其所由，察其所安"

理论联系实际原则

基本含义
理论联系实际原则是指教学要以学习基础知识为主导，从理论与实际的联系上去理解知识，注意运用知识去分析问题和解决问题，达到学懂会用、学以致用

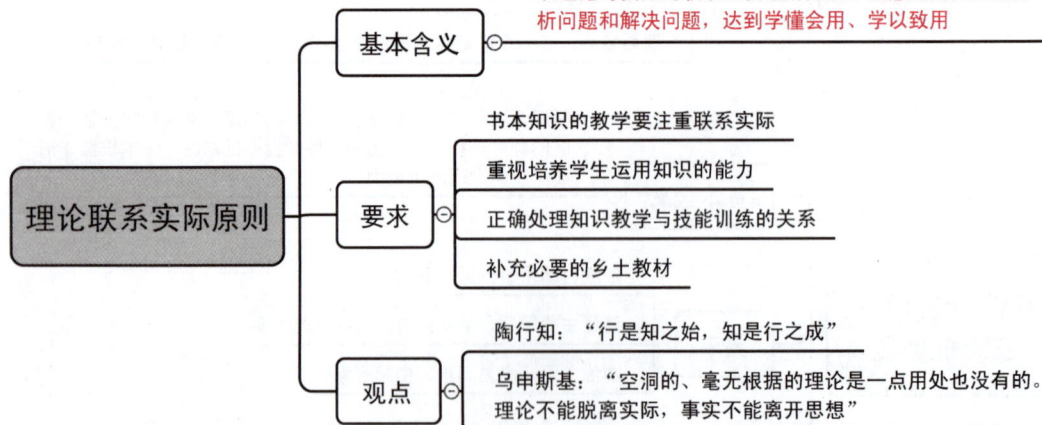

要求
- 书本知识的教学要注重联系实际
- 重视培养学生运用知识的能力
- 正确处理知识教学与技能训练的关系
- 补充必要的乡土教材

观点
- 陶行知："行是知之始，知是行之成"
- 乌申斯基："空洞的、毫无根据的理论是一点用处也没有的。理论不能脱离实际，事实不能离开思想"

科学性与思想性（教育性）相统一原则
- 基本含义 ○ 科学性与思想性相统一原则是指教学过程中，教师在引导学生学习科学文化知识的同时，结合科学文化知识的教学对学生进行社会主义品德和正确人生观、科学世界观的教育。这一原则的实质是要求在教学活动中把教书和育人有机地结合起来
- 要求
  - ○ 确保教学的科学性，即所教授的知识应准确无误
  - ○ 教师要根据教材特点对学生进行思想品德教育
  - ○ 教师通过教学活动和教学过程的各个方面对学生进行思想品德教育
  - ○ 教师要不断提高自己的业务能力和思想水平
- 观点 ○ 赫尔巴特：教育性原则

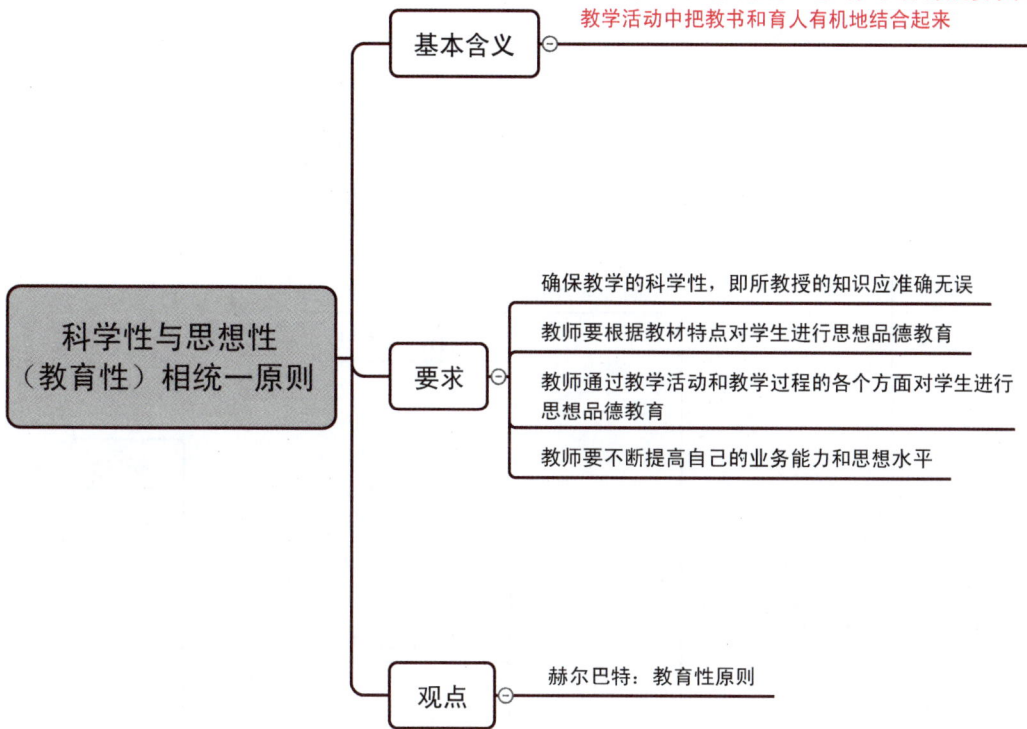

量力性原则（可接受性原则）
- 基本含义 ○ 量力性原则也叫可接受性原则，是指教学的内容、方法和进度要适合学生的身心发展，是他们能够接受的，但又要有一定的难度，需要他们经过努力才能掌握，以促进学生的身心发展
- 要求
  - ○ 了解学生的发展水平，从实际出发进行教学
  - ○ 充分考虑学生认识发展的时代特点
- 观点 ○ 墨子："夫智者必量其力所能至而从事焉"

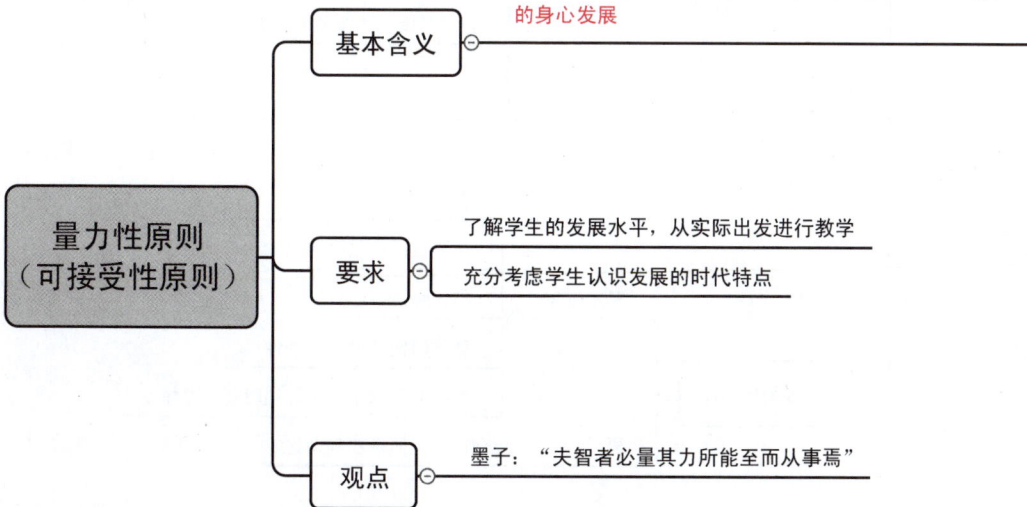

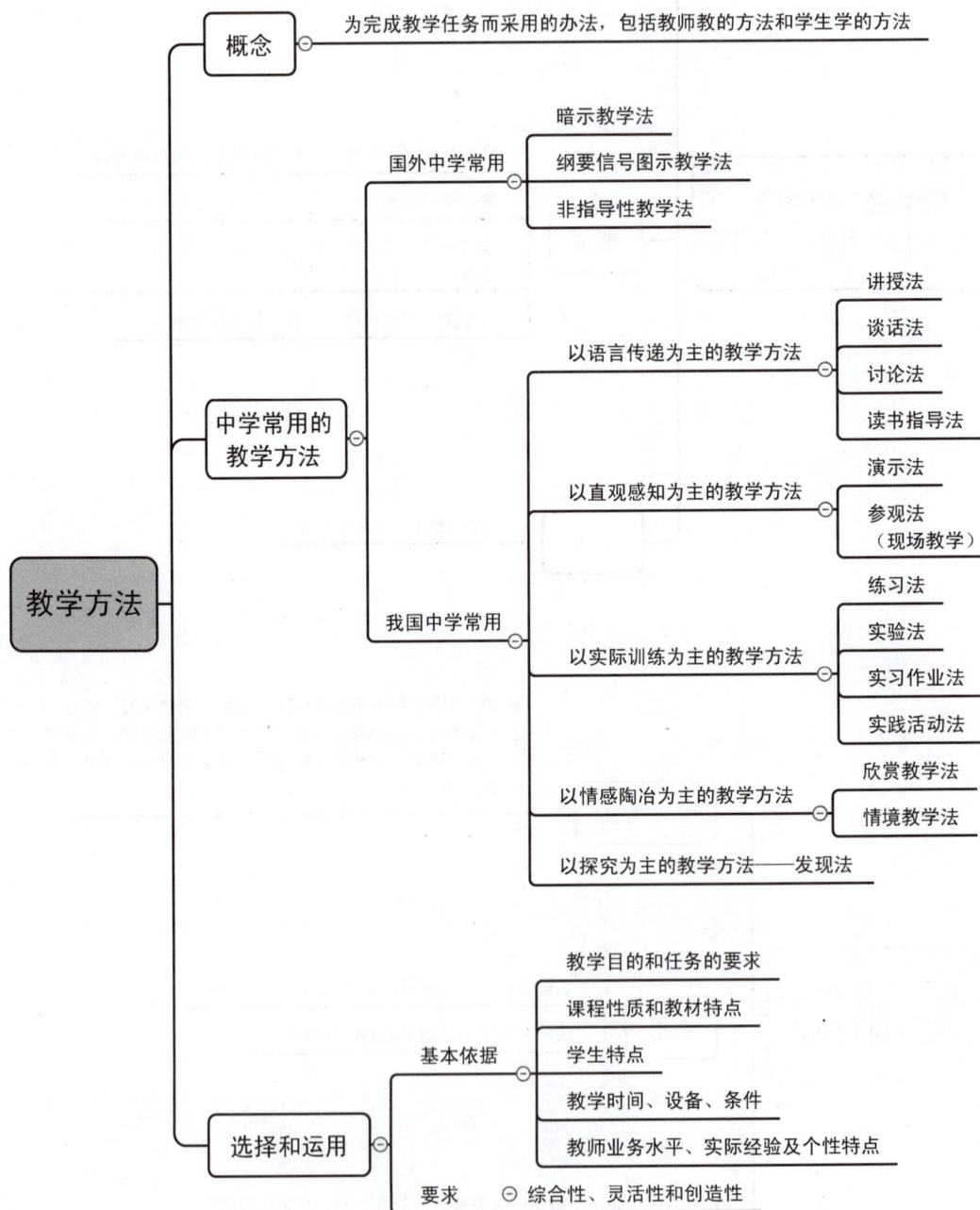

第七节　教学方法

核心考点 1：教学方法

（2012 下）

教学方法
- 概念 —— 为完成教学任务而采用的办法，包括教师教的方法和学生学的方法
- 中学常用的教学方法
  - 国外中学常用
    - 暗示教学法
    - 纲要信号图示教学法
    - 非指导性教学法
  - 我国中学常用
    - 以语言传递为主的教学方法
      - 讲授法
      - 谈话法
      - 讨论法
      - 读书指导法
    - 以直观感知为主的教学方法
      - 演示法
      - 参观法（现场教学）
    - 以实际训练为主的教学方法
      - 练习法
      - 实验法
      - 实习作业法
      - 实践活动法
    - 以情感陶冶为主的教学方法
      - 欣赏教学法
      - 情境教学法
    - 以探究为主的教学方法——发现法
- 选择和运用
  - 基本依据
    - 教学目的和任务的要求
    - 课程性质和教材特点
    - 学生特点
    - 教学时间、设备、条件
    - 教师业务水平、实际经验及个性特点
  - 要求 —— 综合性、灵活性和创造性

核心考点 2：我国常用的教学方法

（2017 上、2016 下、2015 下、2013 上）

以语言传递为主的教学方法

- **讲授法**
  - 概念：教师通过口头语言系统连贯地向学生传授科学文化知识、思想理念，并促进他们的智能与品德发展的方法
  - 优缺点
    - 优点：教师容易控制教学进程，能够使学生在较短时间内获得大量系统的科学知识
    - 缺点：运用不好就会变成注入式教学
  - 基本要求
    - 讲授内容要科学性、系统性、思想性
    - 讲授要讲究讲授的策略与方式，要重点突出，系统完整
    - 讲究语言艺术。语言要清晰、准确；讲授的音量、语速要适度，注意语调的抑扬顿挫
    - 要组织学生听讲

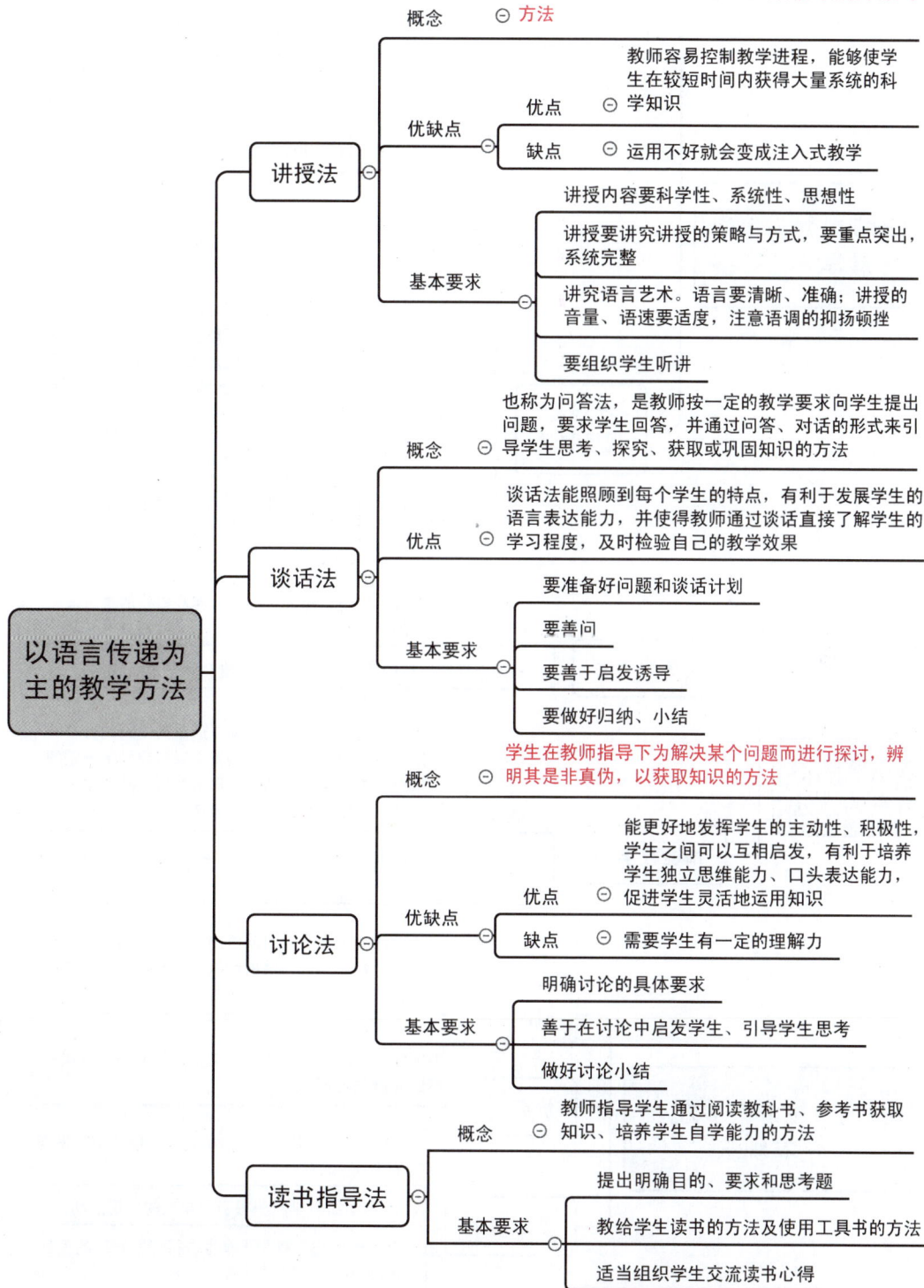

- **谈话法**
  - 概念：也称为问答法，是教师按一定的教学要求向学生提出问题，要求学生回答，并通过问答、对话的形式来引导学生思考、探究、获取或巩固知识的方法
  - 优点：谈话法能照顾到每个学生的特点，有利于发展学生的语言表达能力，并使得教师通过谈话直接了解学生的学习程度，及时检验自己的教学效果
  - 基本要求
    - 要准备好问题和谈话计划
    - 要善问
    - 要善于启发诱导
    - 要做好归纳、小结

- **讨论法**
  - 概念：学生在教师指导下为解决某个问题而进行探讨，辨明其是非真伪，以获取知识的方法
  - 优缺点
    - 优点：能更好地发挥学生的主动性、积极性，学生之间可以互相启发，有利于培养学生独立思维能力、口头表达能力，促进学生灵活地运用知识
    - 缺点：需要学生有一定的理解力
  - 基本要求
    - 明确讨论的具体要求
    - 善于在讨论中启发学生、引导学生思考
    - 做好讨论小结

- **读书指导法**
  - 概念：教师指导学生通过阅读教科书、参考书获取知识、培养学生自学能力的方法
  - 基本要求
    - 提出明确目的、要求和思考题
    - 教给学生读书的方法及使用工具书的方法
    - 适当组织学生交流读书心得

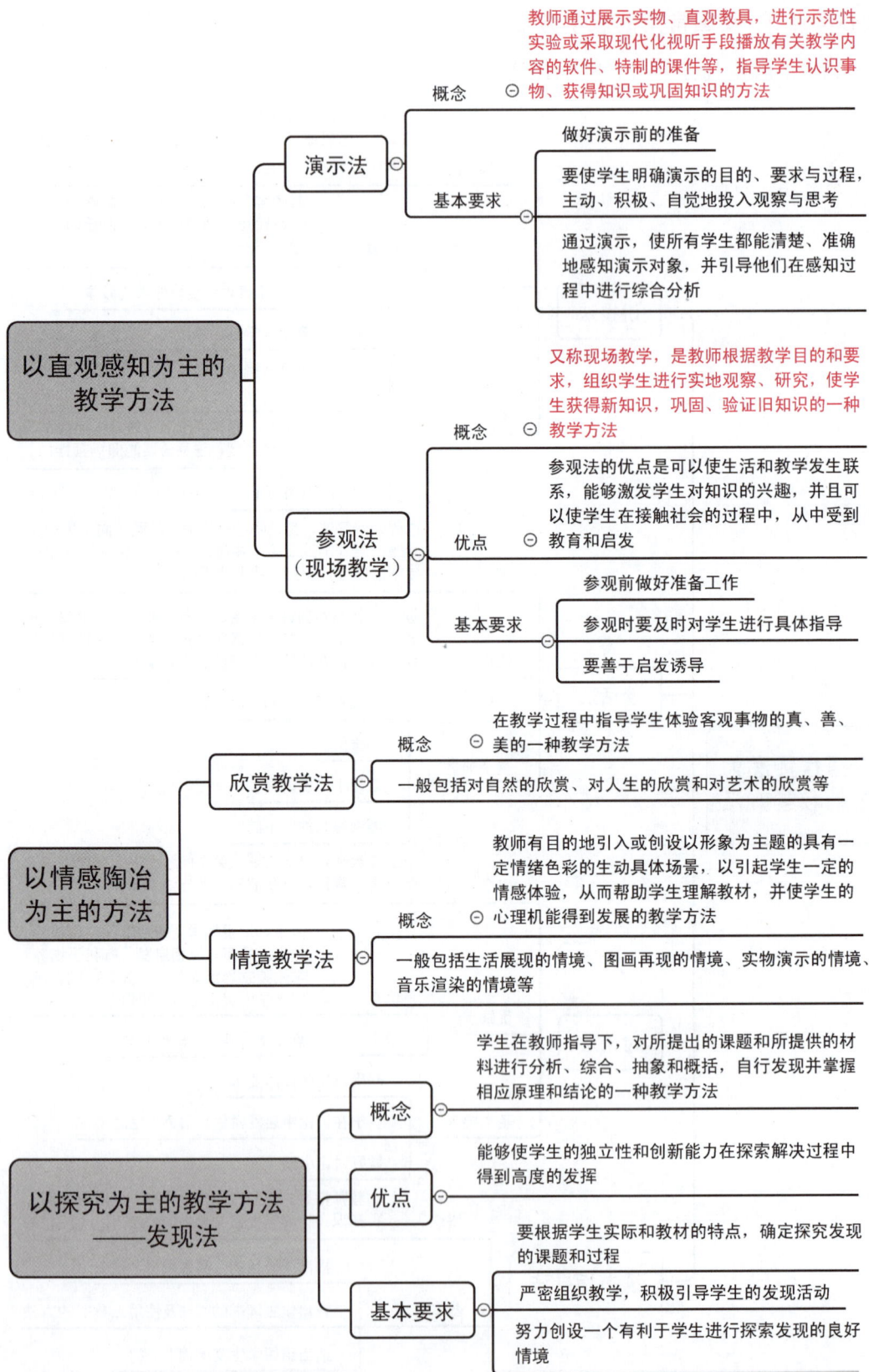

以直观感知为主的教学方法

演示法

概念 ⊖ 教师通过展示实物、直观教具，进行示范性实验或采取现代化视听手段播放有关教学内容的软件、特制的课件等，指导学生认识事物、获得知识或巩固知识的方法

基本要求
- 做好演示前的准备
- 要使学生明确演示的目的、要求与过程，主动、积极、自觉地投入观察与思考
- 通过演示，使所有学生都能清楚、准确地感知演示对象，并引导他们在感知过程中进行综合分析

参观法（现场教学）

概念 ⊖ 又称现场教学，是教师根据教学目的和要求，组织学生进行实地观察、研究，使学生获得新知识，巩固、验证旧知识的一种教学方法

优点 ⊖ 参观法的优点是可以使生活和教学发生联系，能够激发学生对知识的兴趣，并且可以使学生在接触社会的过程中，从中受到教育和启发

基本要求
- 参观前做好准备工作
- 参观时要及时对学生进行具体指导
- 要善于启发诱导

以情感陶冶为主的方法

欣赏教学法

概念 ⊖ 在教学过程中指导学生体验客观事物的真、善、美的一种教学方法

一般包括对自然的欣赏、对人生的欣赏和对艺术的欣赏等

情境教学法

概念 ⊖ 教师有目的地引入或创设以形象为主题的具有一定情绪色彩的生动具体场景，以引起学生一定的情感体验，从而帮助学生理解教材，并使学生的心理机能得到发展的教学方法

一般包括生活展现的情境、图画再现的情境、实物演示的情境、音乐渲染的情境等

以探究为主的教学方法——发现法

概念 学生在教师指导下，对所提出的课题和所提供的材料进行分析、综合、抽象和概括，自行发现并掌握相应原理和结论的一种教学方法

优点 能够使学生的独立性和创新能力在探索解决过程中得到高度的发挥

基本要求
- 要根据学生实际和教材的特点，确定探究发现的课题和过程
- 严密组织教学，积极引导学生的发现活动
- 努力创设一个有利于学生进行探索发现的良好情境

练习法
- 概念 ⊖ 学生在教师指导下运用知识去反复完成一定的操作，或解决某类作业与习题，以加深理解并形成技能、技巧的方法
- 优点 ⊖ 可以有效地发展学生的各种技能、技巧，对培养学生的意志品质有重要作用
- 基本要求
  - 使学生明确练习的目的与要求
  - 练习的题目要注意学生基础知识的积累以及基本技能的提高
  - 要教给学生正确的练习方法，并及时对学生的练习进行检查和反馈
  - 练习过程中要注意培养学生自我检查的能力和习惯

以实际训练为主的教学方法

实验法
- 概念 ⊖ 学生在教师的指导下，利用一定的仪器设备进行独立作业，通过条件控制引起实验对象的某些变化，从观察这些变化中获得知识和技能的方法
- 优点 ⊖ 有助于学生理论联系实际，掌握知识，掌握实验操作技能，而且还能培养学生对科学实验的兴趣和求实精神，有利于培养学生的动手能力和科学、严谨的学习态度
- 基本要求
  - 做好实验前的准备
  - 明确实验的目的、要求与做法
  - 注意实验过程中的指导
  - 要求学生独立操作，做好实验小结

实习作业法
- 概念 ⊖ 教师根据教学大纲的要求，组织学生在校内外一定的场地，运用已有知识进行实际操作或其他社会实践活动，以获得一定的知识、技能、技巧的方法
- 优点 ⊖ 有利于理论与实践相结合，对培养学生运用书本知识从事实际工作的能力有重要意义
- 基本要求
  - 实习前，学生要在教师指导下，有目的、有计划、有组织地进行
  - 实习中，教师要加强指导
  - 实习结束后，教师要指导学生写出实习报告，评定实习成绩

实践活动法 ⊖ 让学生参加社会实践活动，培养学生解决实际问题的能力和多方面实践能力的教学方法

核心考点 3：教学方法的选择和运用

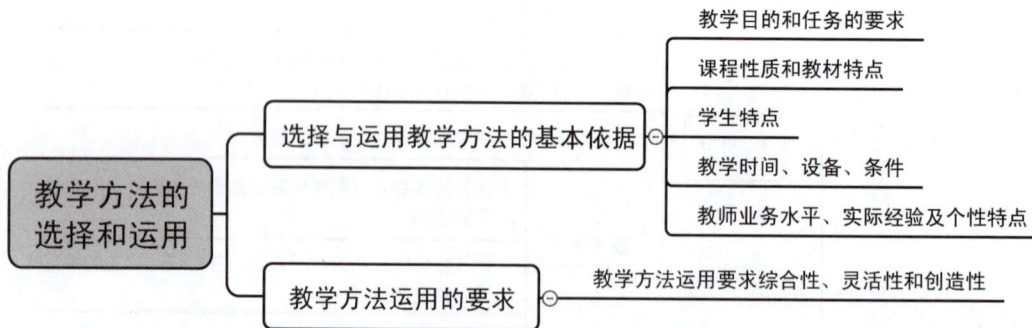

```
                                    ┌── 教学目的和任务的要求
                                    │
                                    ├── 课程性质和教材特点
              ┌─ 选择与运用教学方法的基本依据 ─┼── 学生特点
              │                     │
教学方法的 ─┤                     ├── 教学时间、设备、条件
选择和运用   │                     │
              │                     └── 教师业务水平、实际经验及个性特点
              │
              └─ 教学方法运用的要求 ──── 教学方法运用要求综合性、灵活性和创造性
```

第八节　我国当前教学改革的主要观点和基本趋势

核心考点：我国当前教学改革的主要观点和基本趋势

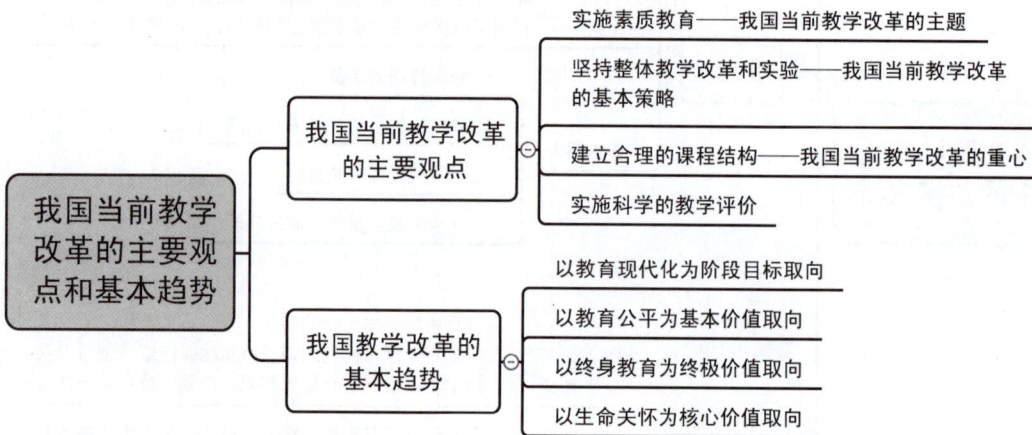

```
                                        ┌── 实施素质教育——我国当前教学改革的主题
                                        │
                                        ├── 坚持整体教学改革和实验——我国当前教学改革
                      ┌─ 我国当前教学改革 ─┤   的基本策略
                      │   的主要观点      │
                      │                  ├── 建立合理的课程结构——我国当前教学改革的重心
                      │                  │
我国当前教学 ─────┤                  └── 实施科学的教学评价
改革的主要观      │
点和基本趋势      │                  ┌── 以教育现代化为阶段目标取向
                      │                  │
                      └─ 我国教学改革的 ──┼── 以教育公平为基本价值取向
                          基本趋势        │
                                        ├── 以终身教育为终极价值取向
                                        │
                                        └── 以生命关怀为核心价值取向
```

第四章　中学生学习心理

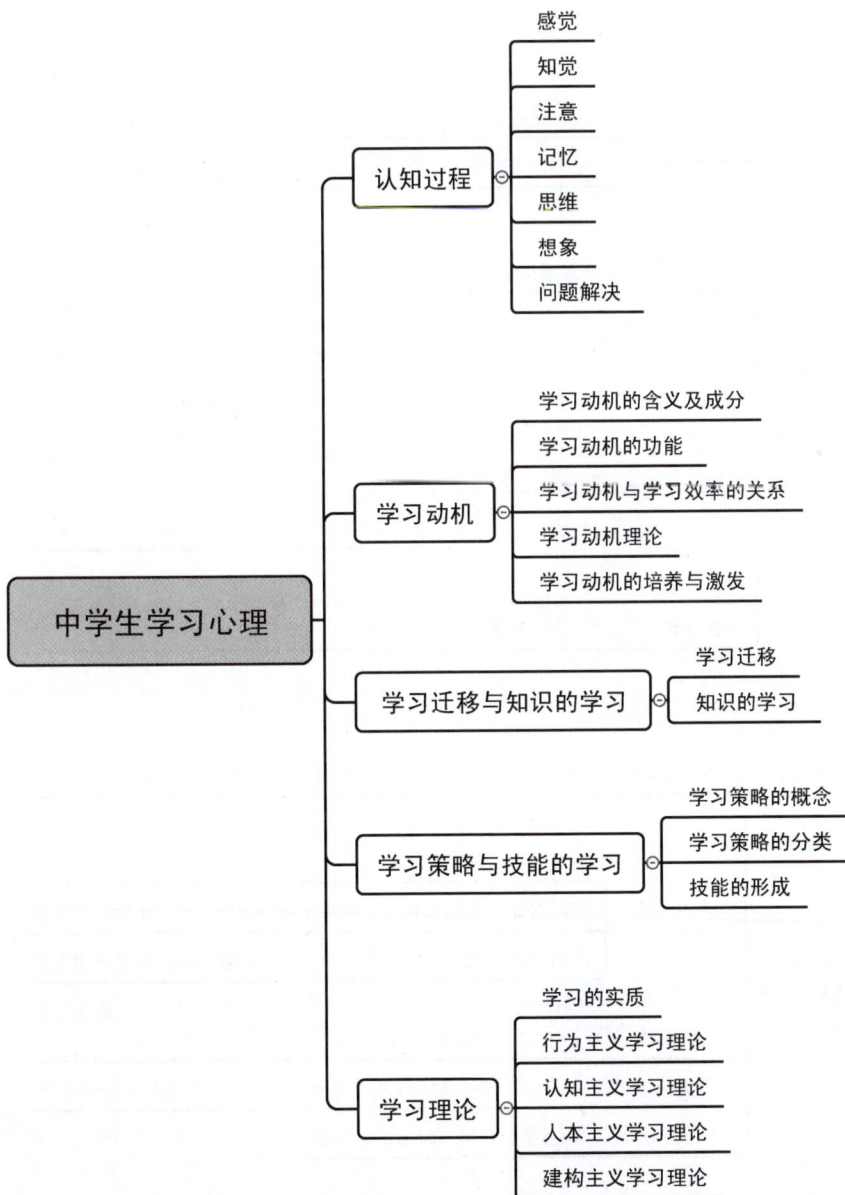

- 中学生学习心理
  - 认知过程
    - 感觉
    - 知觉
    - 注意
    - 记忆
    - 思维
    - 想象
    - 问题解决
  - 学习动机
    - 学习动机的含义及成分
    - 学习动机的功能
    - 学习动机与学习效率的关系
    - 学习动机理论
    - 学习动机的培养与激发
  - 学习迁移与知识的学习
    - 学习迁移
    - 知识的学习
  - 学习策略与技能的学习
    - 学习策略的概念
    - 学习策略的分类
    - 技能的形成
  - 学习理论
    - 学习的实质
    - 行为主义学习理论
    - 认知主义学习理论
    - 人本主义学习理论
    - 建构主义学习理论

第一节　认知过程

核心考点 1：感觉

（2018 上、2015 上、2014 上）

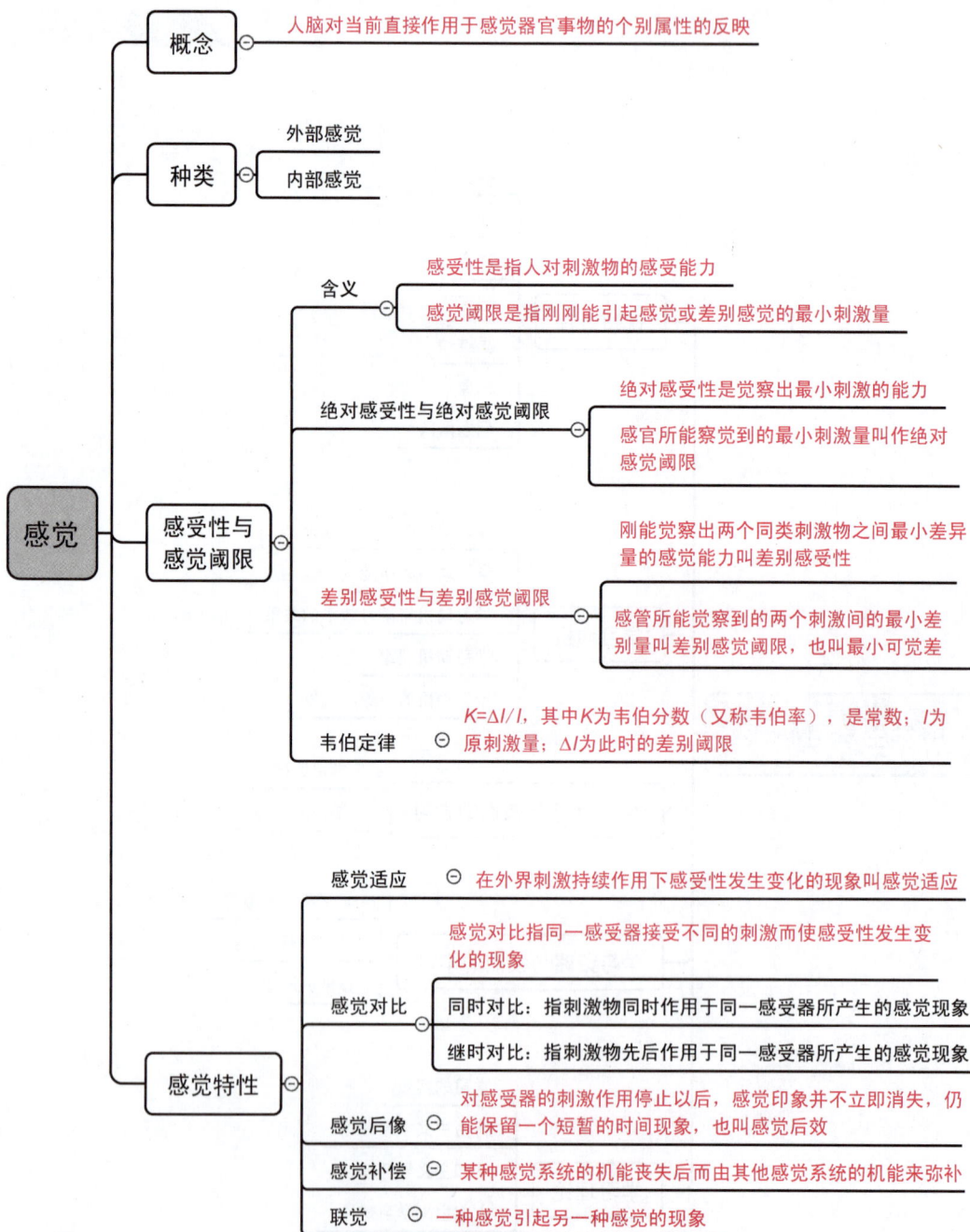

感觉

- **概念** ⊖ 人脑对当前直接作用于感觉器官事物的个别属性的反映

- **种类** ⊖
  - 外部感觉
  - 内部感觉

- **感受性与感觉阈限**
  - **含义**
    - 感受性是指人对刺激物的感受能力
    - 感觉阈限是指刚刚能引起感觉或差别感觉的最小刺激量
  - **绝对感受性与绝对感觉阈限**
    - 绝对感受性是觉察出最小刺激的能力
    - 感官所能察觉到的最小刺激量叫作绝对感觉阈限
  - **差别感受性与差别感觉阈限**
    - 刚能觉察出两个同类刺激物之间最小差异量的感觉能力叫差别感受性
    - 感管所能觉察到的两个刺激间的最小差别量叫差别感觉阈限，也叫最小可觉差
  - **韦伯定律** ⊖ $K=\Delta I/I$，其中 K 为韦伯分数（又称韦伯率），是常数；I 为原刺激量；ΔI 为此时的差别阈限

- **感觉特性** ⊖
  - **感觉适应** ⊖ 在外界刺激持续作用下感受性发生变化的现象叫感觉适应
  - **感觉对比**
    - 感觉对比指同一感受器接受不同的刺激而使感受性发生变化的现象
    - 同时对比：指刺激物同时作用于同一感受器所产生的感觉现象
    - 继时对比：指刺激物先后作用于同一感受器所产生的感觉现象
  - **感觉后像** ⊖ 对感受器的刺激作用停止以后，感觉印象并不立即消失，仍能保留一个短暂的时间现象，也叫感觉后效
  - **感觉补偿** ⊖ 某种感觉系统的机能丧失后而由其他感觉系统的机能来弥补
  - **联觉** ⊖ 一种感觉引起另一种感觉的现象

核心考点 2：知觉

（2019 上、2017 下、2012 下）

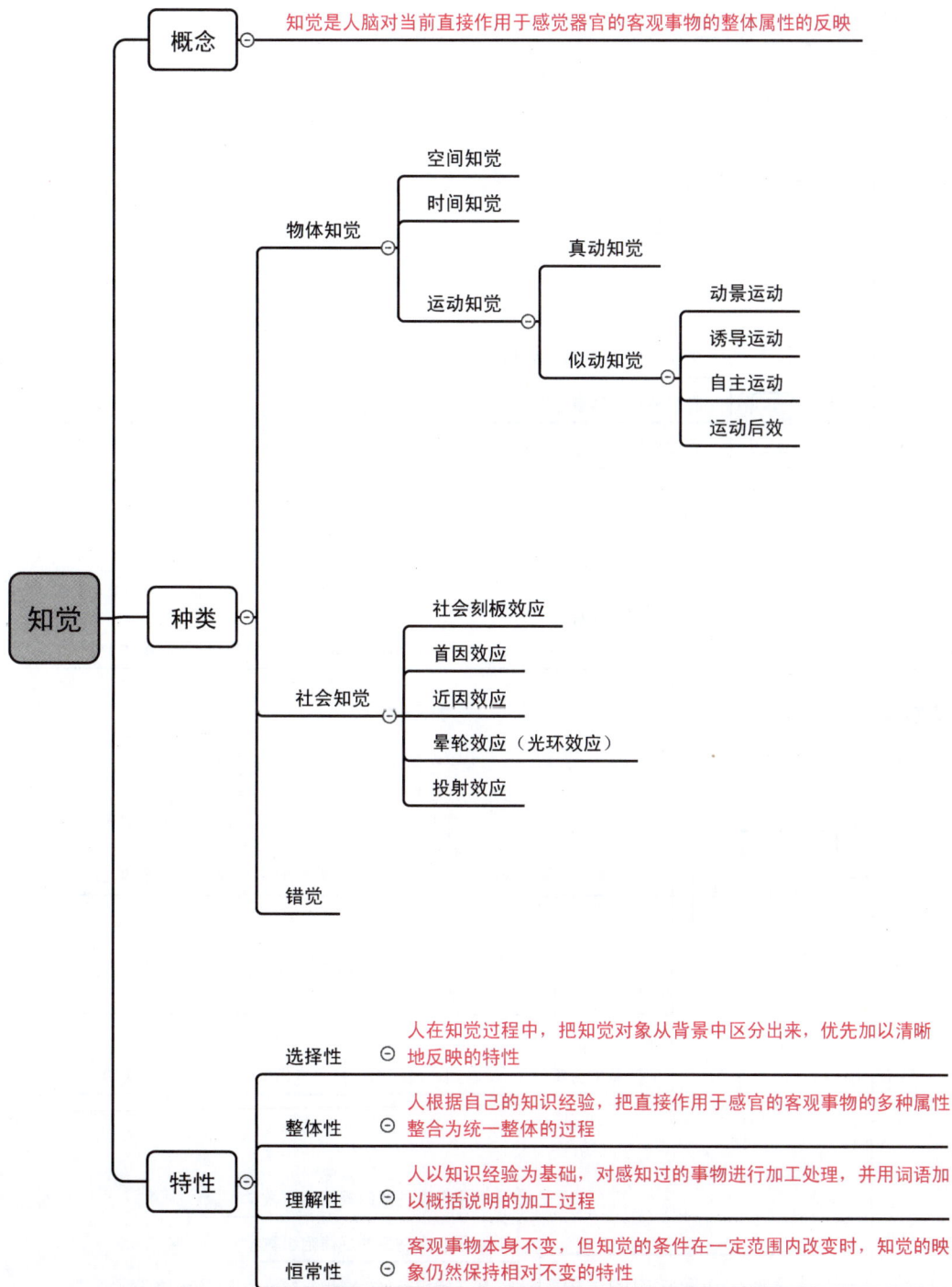

概念 —— 知觉是人脑对当前直接作用于感觉器官的客观事物的整体属性的反映

知觉

种类
- 物体知觉
  - 空间知觉
  - 时间知觉
  - 运动知觉
    - 真动知觉
    - 似动知觉
      - 动景运动
      - 诱导运动
      - 自主运动
      - 运动后效
- 社会知觉
  - 社会刻板效应
  - 首因效应
  - 近因效应
  - 晕轮效应（光环效应）
  - 投射效应
- 错觉

特性
- 选择性 —— 人在知觉过程中，把知觉对象从背景中区分出来，优先加以清晰地反映的特性
- 整体性 —— 人根据自己的知识经验，把直接作用于感官的客观事物的多种属性整合为统一整体的过程
- 理解性 —— 人以知识经验为基础，对感知过的事物进行加工处理，并用词语加以概括说明的加工过程
- 恒常性 —— 客观事物本身不变，但知觉的条件在一定范围内改变时，知觉的映象仍然保持相对不变的特性

核心考点 3：注意

（2019 下、2019 上、2017 下、2016 上、2014 下、2014 上、2012 下、2012 上）

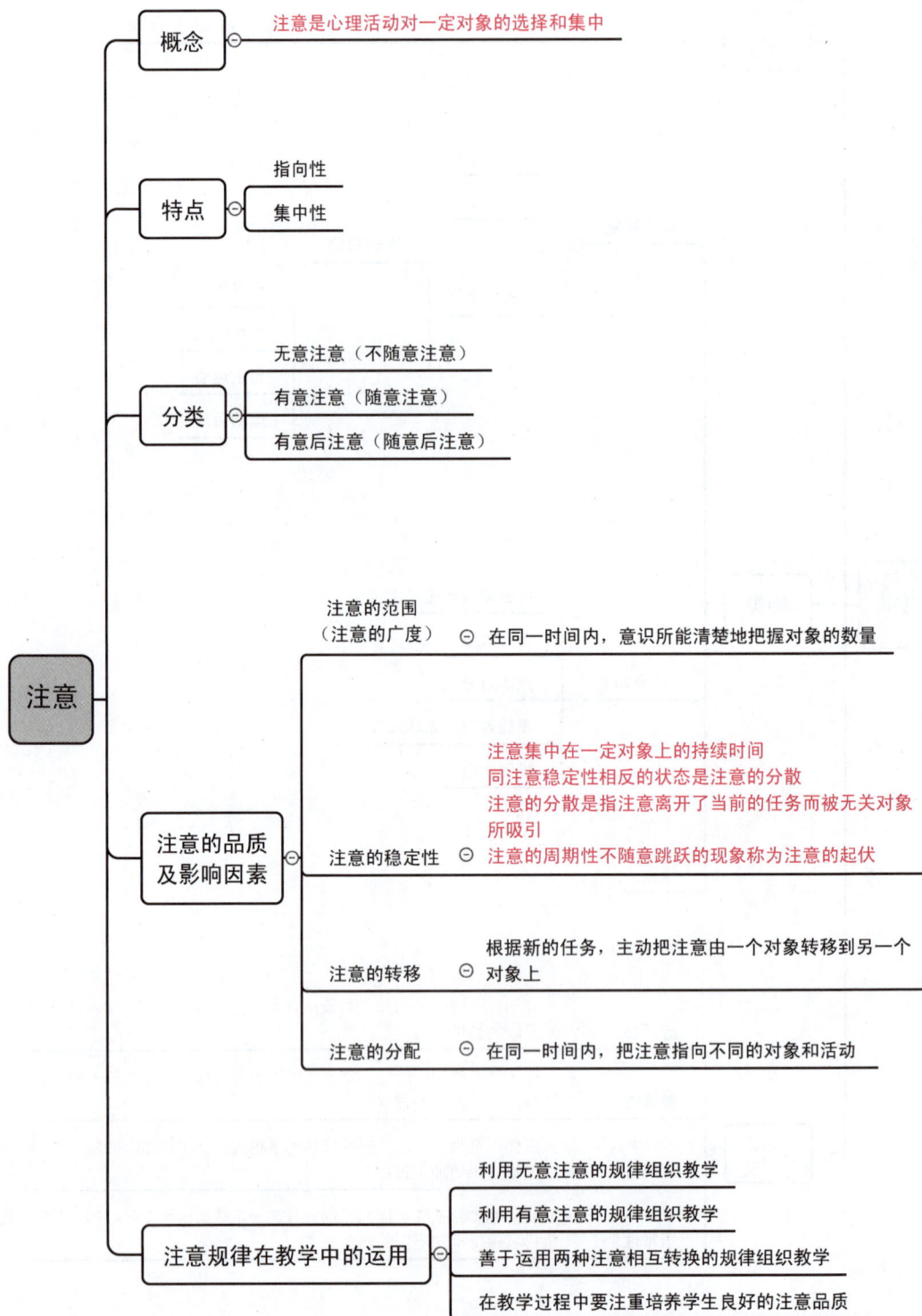

注意

- 概念 —— 注意是心理活动对一定对象的选择和集中

- 特点
  - 指向性
  - 集中性

- 分类
  - 无意注意（不随意注意）
  - 有意注意（随意注意）
  - 有意后注意（随意后注意）

- 注意的品质及影响因素
  - 注意的范围（注意的广度）—— 在同一时间内，意识所能清楚地把握对象的数量
  - 注意的稳定性 —— 注意集中在一定对象上的持续时间
    同注意稳定性相反的状态是注意的分散
    注意的分散是指注意离开了当前的任务而被无关对象所吸引
    注意的周期性不随意跳跃的现象称为注意的起伏
  - 注意的转移 —— 根据新的任务，主动把注意由一个对象转移到另一个对象上
  - 注意的分配 —— 在同一时间内，把注意指向不同的对象和活动

- 注意规律在教学中的运用
  - 利用无意注意的规律组织教学
  - 利用有意注意的规律组织教学
  - 善于运用两种注意相互转换的规律组织教学
  - 在教学过程中要注重培养学生良好的注意品质

核心考点4：记忆

（2019下、2019上、2017下、2017上、2016下、2015下、2015上、2014上、2013下、2013上）

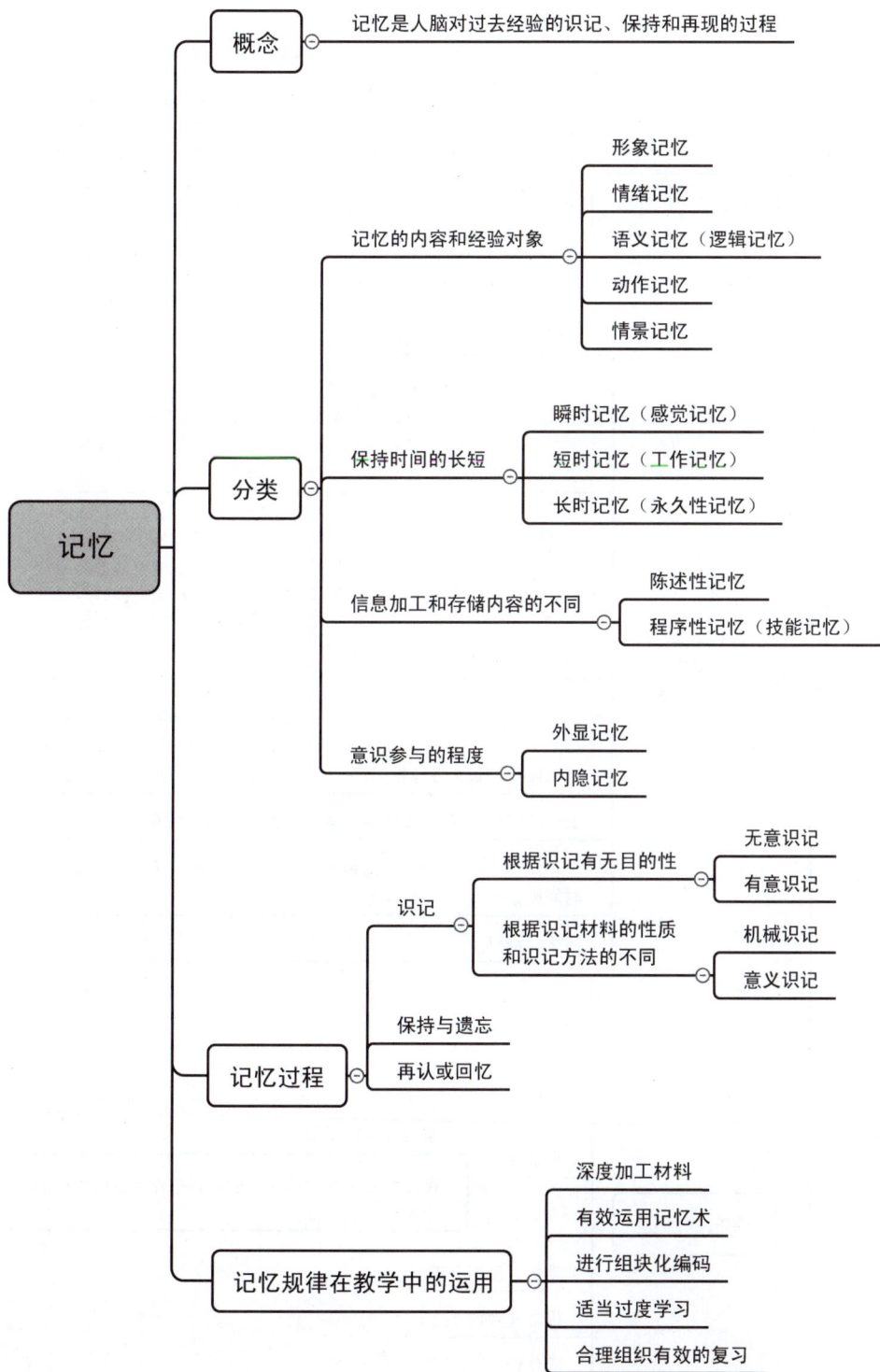

```
记忆 ┬─ 概念 ── 记忆是人脑对过去经验的识记、保持和再现的过程
     │
     ├─ 分类 ┬─ 记忆的内容和经验对象 ┬─ 形象记忆
     │       │                      ├─ 情绪记忆
     │       │                      ├─ 语义记忆（逻辑记忆）
     │       │                      ├─ 动作记忆
     │       │                      └─ 情景记忆
     │       │
     │       ├─ 保持时间的长短 ┬─ 瞬时记忆（感觉记忆）
     │       │                 ├─ 短时记忆（工作记忆）
     │       │                 └─ 长时记忆（永久性记忆）
     │       │
     │       ├─ 信息加工和存储内容的不同 ┬─ 陈述性记忆
     │       │                          └─ 程序性记忆（技能记忆）
     │       │
     │       └─ 意识参与的程度 ┬─ 外显记忆
     │                         └─ 内隐记忆
     │
     ├─ 记忆过程 ┬─ 识记 ┬─ 根据识记有无目的性 ┬─ 无意识记
     │           │       │                     └─ 有意识记
     │           │       │
     │           │       └─ 根据识记材料的性质 ┬─ 机械识记
     │           │         和识记方法的不同    └─ 意义识记
     │           │
     │           ├─ 保持与遗忘
     │           └─ 再认或回忆
     │
     └─ 记忆规律在教学中的运用 ┬─ 深度加工材料
                              ├─ 有效运用记忆术
                              ├─ 进行组块化编码
                              ├─ 适当过度学习
                              └─ 合理组织有效的复习
```

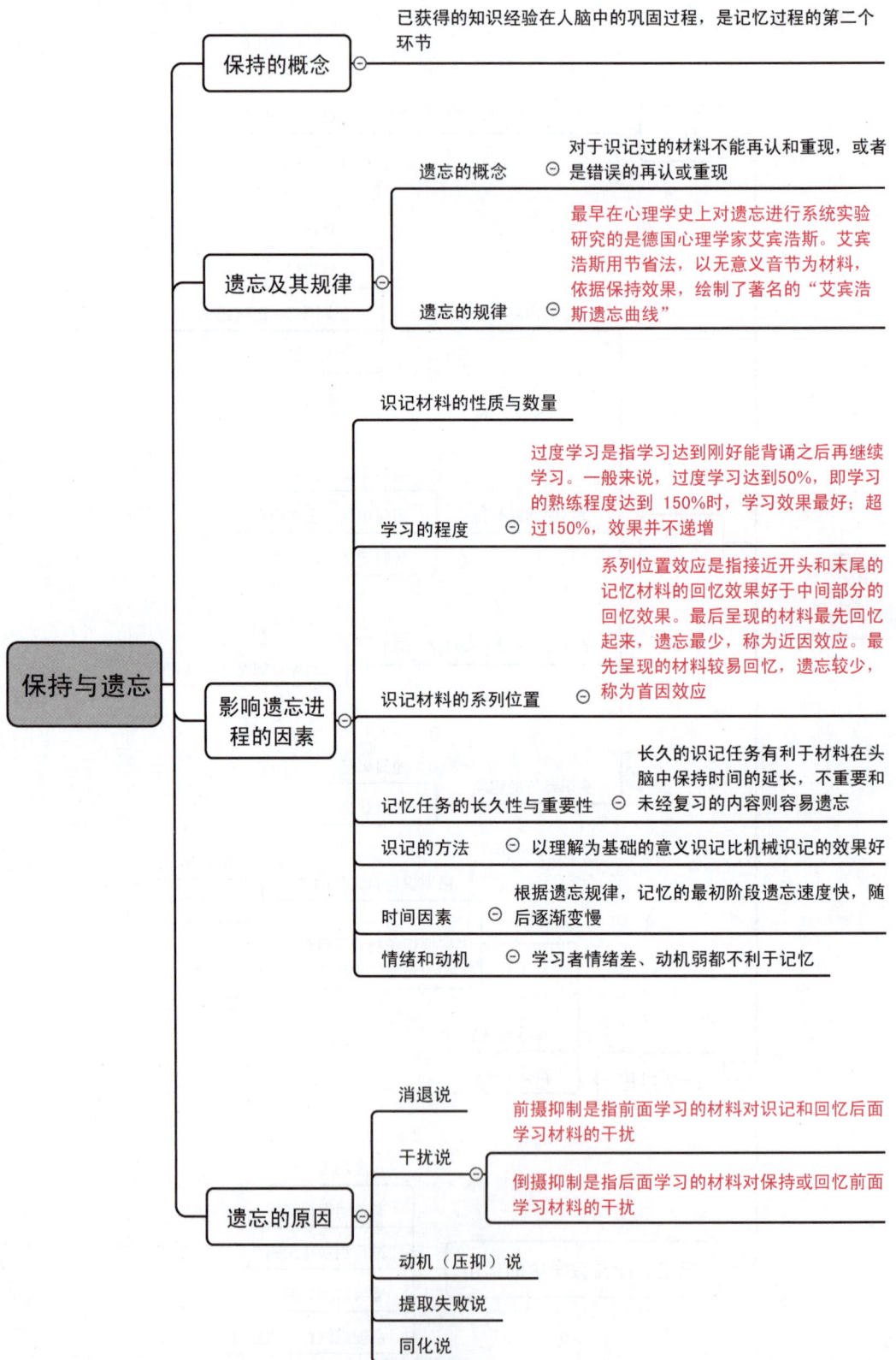

保持的概念 ⊖ 已获得的知识经验在人脑中的巩固过程，是记忆过程的第二个环节

遗忘及其规律
- 遗忘的概念 ⊖ 对于识记过的材料不能再认和重现，或者是错误的再认或重现
- 遗忘的规律 ⊖ 最早在心理学史上对遗忘进行系统实验研究的是德国心理学家艾宾浩斯。艾宾浩斯用节省法，以无意义音节为材料，依据保持效果，绘制了著名的"艾宾浩斯遗忘曲线"

保持与遗忘

影响遗忘进程的因素
- 识记材料的性质与数量
- 学习的程度 ⊖ 过度学习是指学习达到刚好能背诵之后再继续学习。一般来说，过度学习达到50%，即学习的熟练程度达到 150%时，学习效果最好；超过150%，效果并不递增
- 识记材料的系列位置 ⊖ 系列位置效应是指接近开头和末尾的记忆材料的回忆效果好于中间部分的回忆效果。最后呈现的材料最先回忆起来，遗忘最少，称为近因效应。最先呈现的材料较易回忆，遗忘较少，称为首因效应
- 记忆任务的长久性与重要性 ⊖ 长久的识记任务有利于材料在头脑中保持时间的延长，不重要和未经复习的内容则容易遗忘
- 识记的方法 ⊖ 以理解为基础的意义识记比机械识记的效果好
- 时间因素 ⊖ 根据遗忘规律，记忆的最初阶段遗忘速度快，随后逐渐变慢
- 情绪和动机 ⊖ 学习者情绪差、动机弱都不利于记忆

遗忘的原因
- 消退说
- 干扰说 ⊖ 前摄抑制是指前面学习的材料对识记和回忆后面学习材料的干扰 / 倒摄抑制是指后面学习的材料对保持或回忆前面学习材料的干扰
- 动机（压抑）说
- 提取失败说
- 同化说

核心考点 5：思维

（2019 上、2018 下、2016 上）

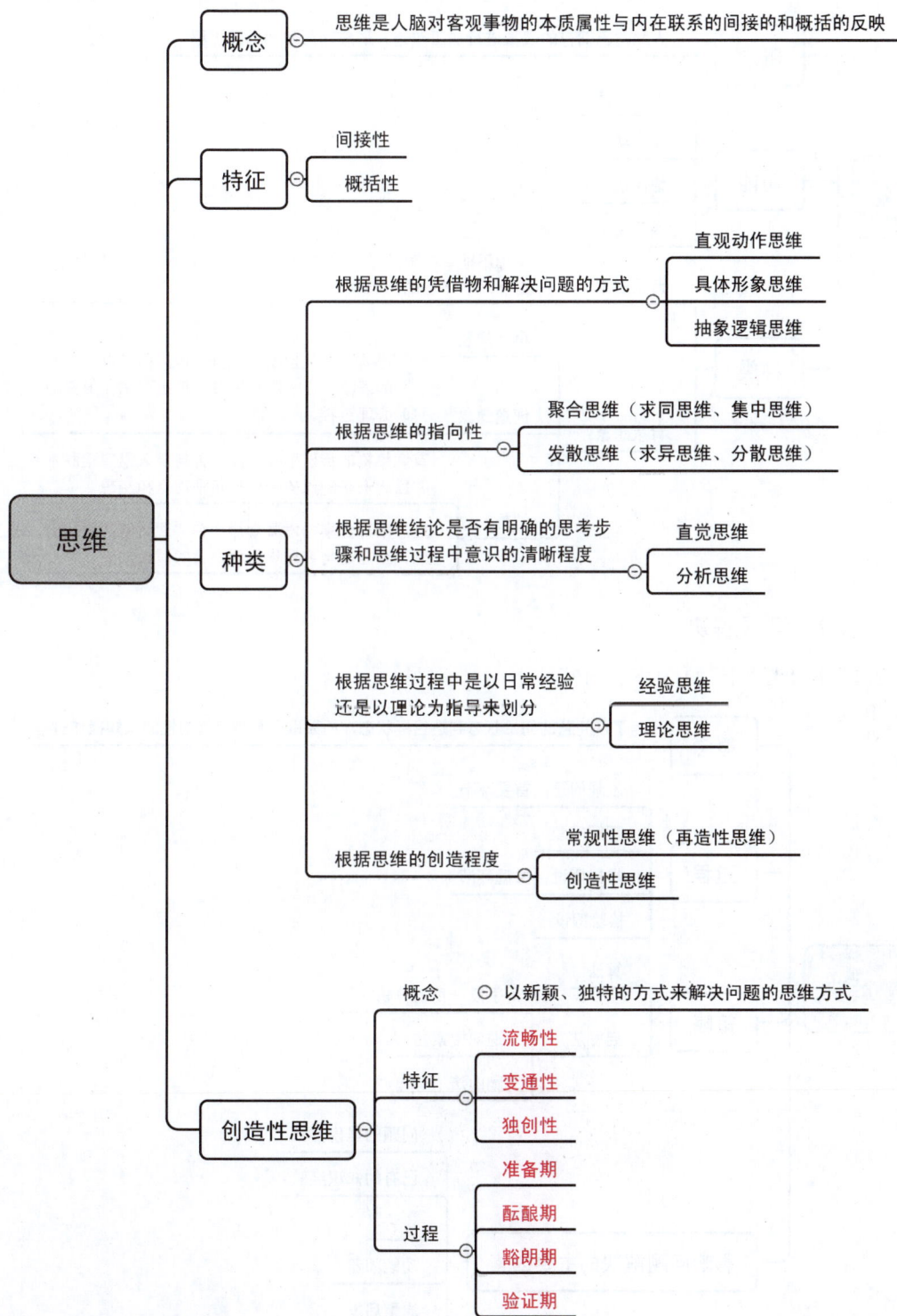

思维

- 概念 ———— 思维是人脑对客观事物的本质属性与内在联系的间接的和概括的反映
- 特征
  - 间接性
  - 概括性
- 种类
  - 根据思维的凭借物和解决问题的方式
    - 直观动作思维
    - 具体形象思维
    - 抽象逻辑思维
  - 根据思维的指向性
    - 聚合思维（求同思维、集中思维）
    - 发散思维（求异思维、分散思维）
  - 根据思维结论是否有明确的思考步骤和思维过程中意识的清晰程度
    - 直觉思维
    - 分析思维
  - 根据思维过程中是以日常经验还是以理论为指导来划分
    - 经验思维
    - 理论思维
  - 根据思维的创造程度
    - 常规性思维（再造性思维）
    - 创造性思维
- 创造性思维
  - 概念 ⊖ 以新颖、独特的方式来解决问题的思维方式
  - 特征
    - 流畅性
    - 变通性
    - 独创性
  - 过程
    - 准备期
    - 酝酿期
    - 豁朗期
    - 验证期

核心考点 6：想象

（2013 上）

想象
- 概念 —— 人脑对已储存的表象进行加工改造，形成新形象的心理过程
- 功能
  - 预见功能
  - 补充功能
  - 替代功能
  - 调节功能
- 种类
  - 无意想象 —— 又称不随意想象，是指没有预定目的的，在一定刺激作用下，自然而然产生的想象
  - 有意想象
    - 再造想象
    - 创造想象 —— 根据一定的目的、任务，运用自己以往积累的表象，在头脑中独立创造出事物新形象的心理过程
    - 幻想 —— 有意想象的特殊形式，是一种与个人愿望相联系并指向未来的想象。幻想包括理想和空想
      - 理想指符合事物发展规律、有实现可能的积极幻想。空想是与客观事实相违背的消极幻想

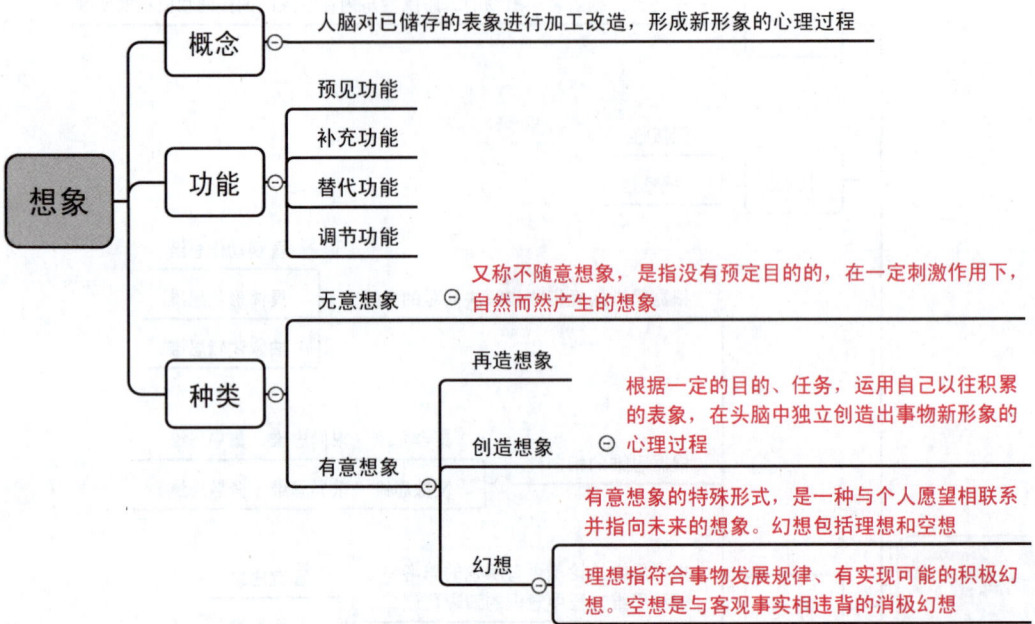

核心考点 7：问题解决

（2019 下、2016 上、2014 下、2013 下）

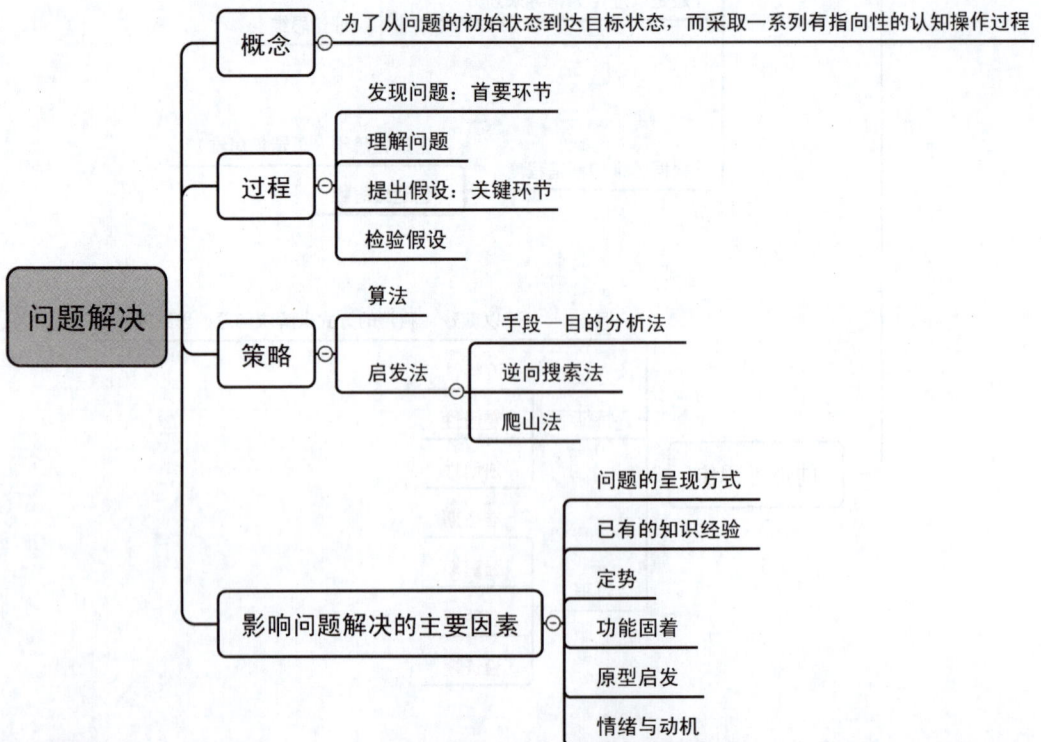

问题解决
- 概念 —— 为了从问题的初始状态到达目标状态，而采取一系列有指向性的认知操作过程
- 过程
  - 发现问题：首要环节
  - 理解问题
  - 提出假设：关键环节
  - 检验假设
- 策略
  - 算法
  - 启发法
    - 手段—目的分析法
    - 逆向搜索法
    - 爬山法
- 影响问题解决的主要因素
  - 问题的呈现方式
  - 已有的知识经验
  - 定势
  - 功能固着
  - 原型启发
  - 情绪与动机

第二节　学习动机

核心考点 1：学习动机

（2019 下、2019 上、2018 上、2015 上、2014 上、2013 下）

学习动机
- 含义及成分
  - 含义 ⊖ 激发个体进行学习活动、维持已引起的学习活动，并使个体的学习活动朝向一定的学习目标的一种心理倾向或内部动力
  - 成分
    - 学习需要与内驱力
    - 学习期待与诱因
- 功能
  - 激发功能
  - 指向功能
  - 维持和调节功能
- 分类
  - 动机产生的诱因来源
    - 内部动机
    - 外部动机
  - 学习动机内容的社会意义
    - 高尚动机
    - 低级动机
  - 动机行为与目标的远近关系
    - 远景性动机
    - 近景性动机
  - 学习动机与学习活动的关系
    - 直接动机
    - 间接动机
  - 奥苏伯尔成就动机
    - 认知内驱力
    - 自我提高内驱力
    - 附属内驱力
- 学习动机与学习效率的关系
  - 倒U型曲线关系

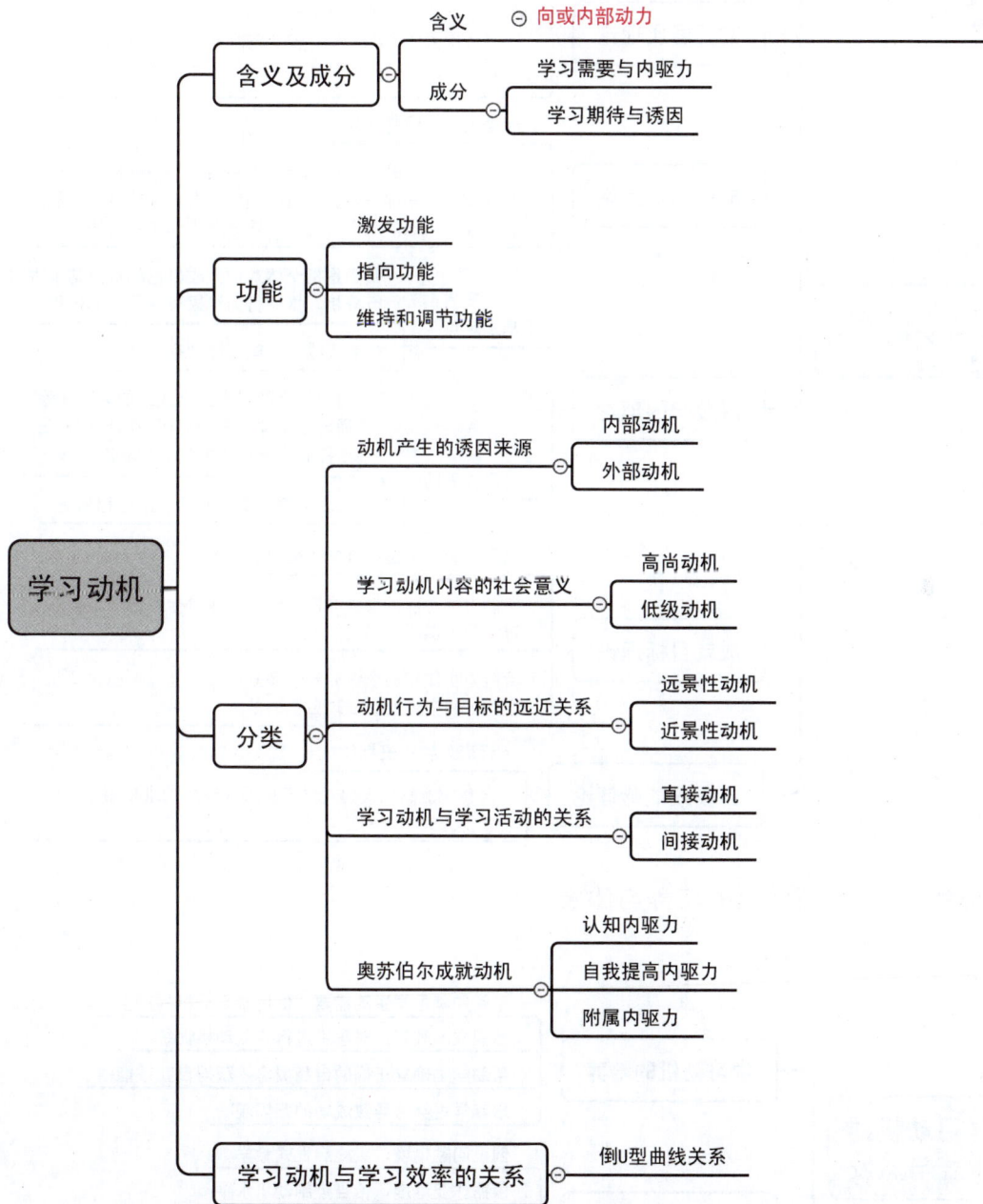

核心考点 2：学习动机理论

（2019 下、2016 下、2016 上、2013 下、2012 下）

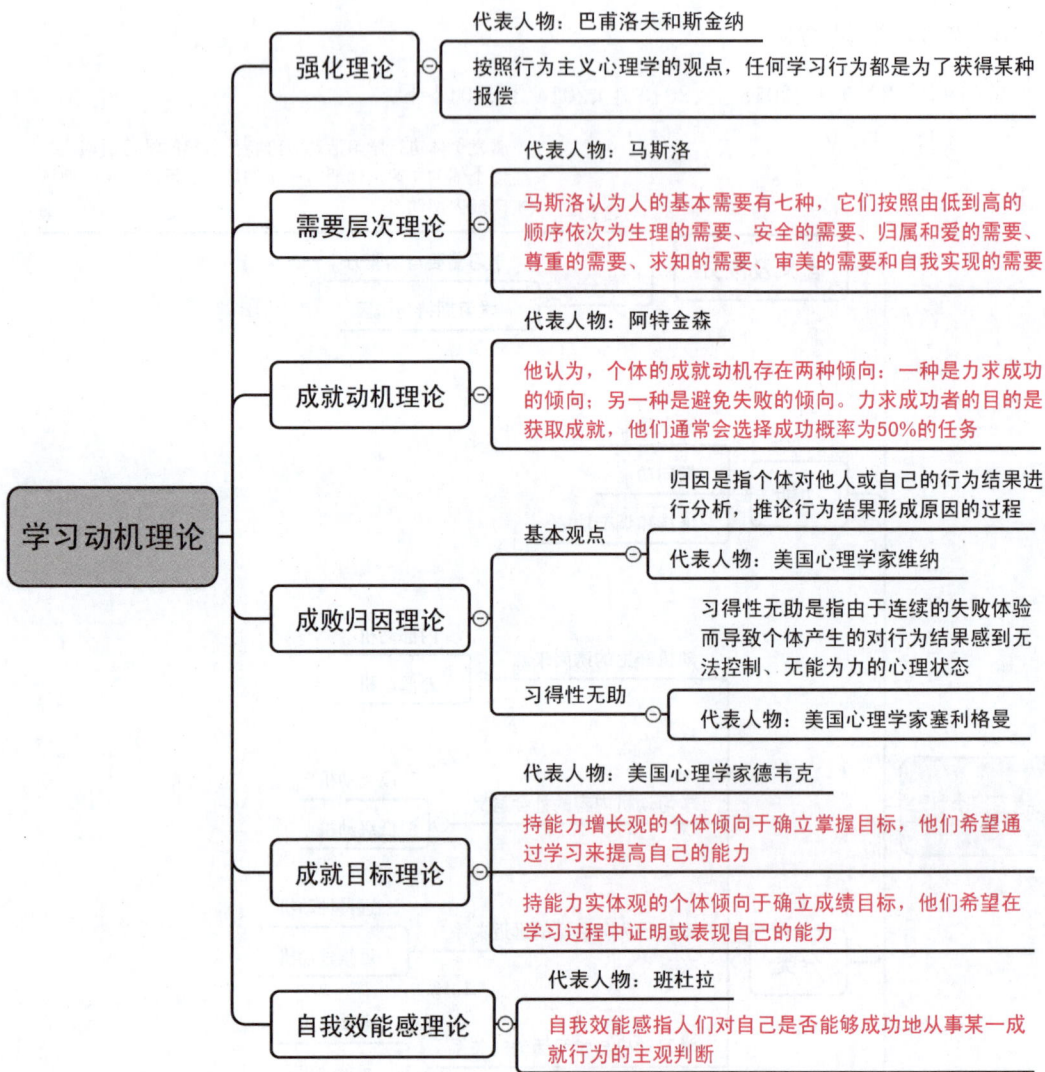

学习动机理论

- **强化理论**
  - 代表人物：巴甫洛夫和斯金纳
  - 按照行为主义心理学的观点，任何学习行为都是为了获得某种报偿

- **需要层次理论**
  - 代表人物：马斯洛
  - 马斯洛认为人的基本需要有七种，它们按照由低到高的顺序依次为生理的需要、安全的需要、归属和爱的需要、尊重的需要、求知的需要、审美的需要和自我实现的需要

- **成就动机理论**
  - 代表人物：阿特金森
  - 他认为，个体的成就动机存在两种倾向：一种是力求成功的倾向；另一种是避免失败的倾向。力求成功者的目的是获取成就，他们通常会选择成功概率为50%的任务

- **成败归因理论**
  - 基本观点
    - 归因是指个体对他人或自己的行为结果进行分析，推论行为结果形成原因的过程
    - 代表人物：美国心理学家维纳
  - 习得性无助
    - 习得性无助是指由于连续的失败体验而导致个体产生的对行为结果感到无法控制、无能为力的心理状态
    - 代表人物：美国心理学家塞利格曼

- **成就目标理论**
  - 代表人物：美国心理学家德韦克
  - 持能力增长观的个体倾向于确立掌握目标，他们希望通过学习来提高自己的能力
  - 持能力实体观的个体倾向于确立成绩目标，他们希望在学习过程中证明或表现自己的能力

- **自我效能感理论**
  - 代表人物：班杜拉
  - 自我效能感指人们对自己是否能够成功地从事某一成就行为的主观判断

核心考点 3：学习动机的培养与激发

（2014 上、2012 下）

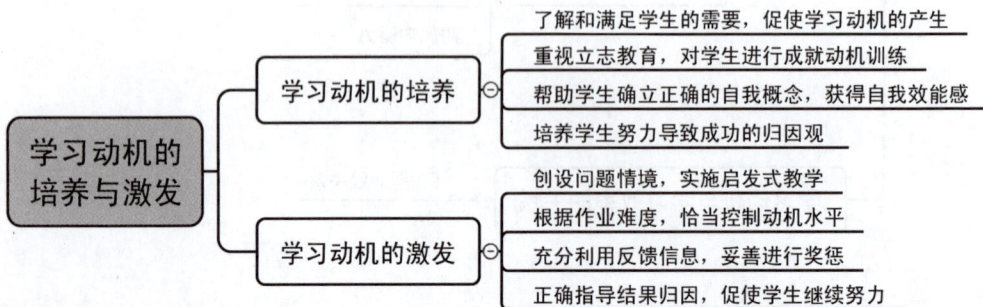

学习动机的培养与激发

- **学习动机的培养**
  - 了解和满足学生的需要，促使学习动机的产生
  - 重视立志教育，对学生进行成就动机训练
  - 帮助学生确立正确的自我概念，获得自我效能感
  - 培养学生努力导致成功的归因观

- **学习动机的激发**
  - 创设问题情境，实施启发式教学
  - 根据作业难度，恰当控制动机水平
  - 充分利用反馈信息，妥善进行奖惩
  - 正确指导结果归因，促使学生继续努力

第三节　学习迁移与知识的学习

核心考点 1：学习迁移

（2018 上、2017 上、2015 下、2015 上）

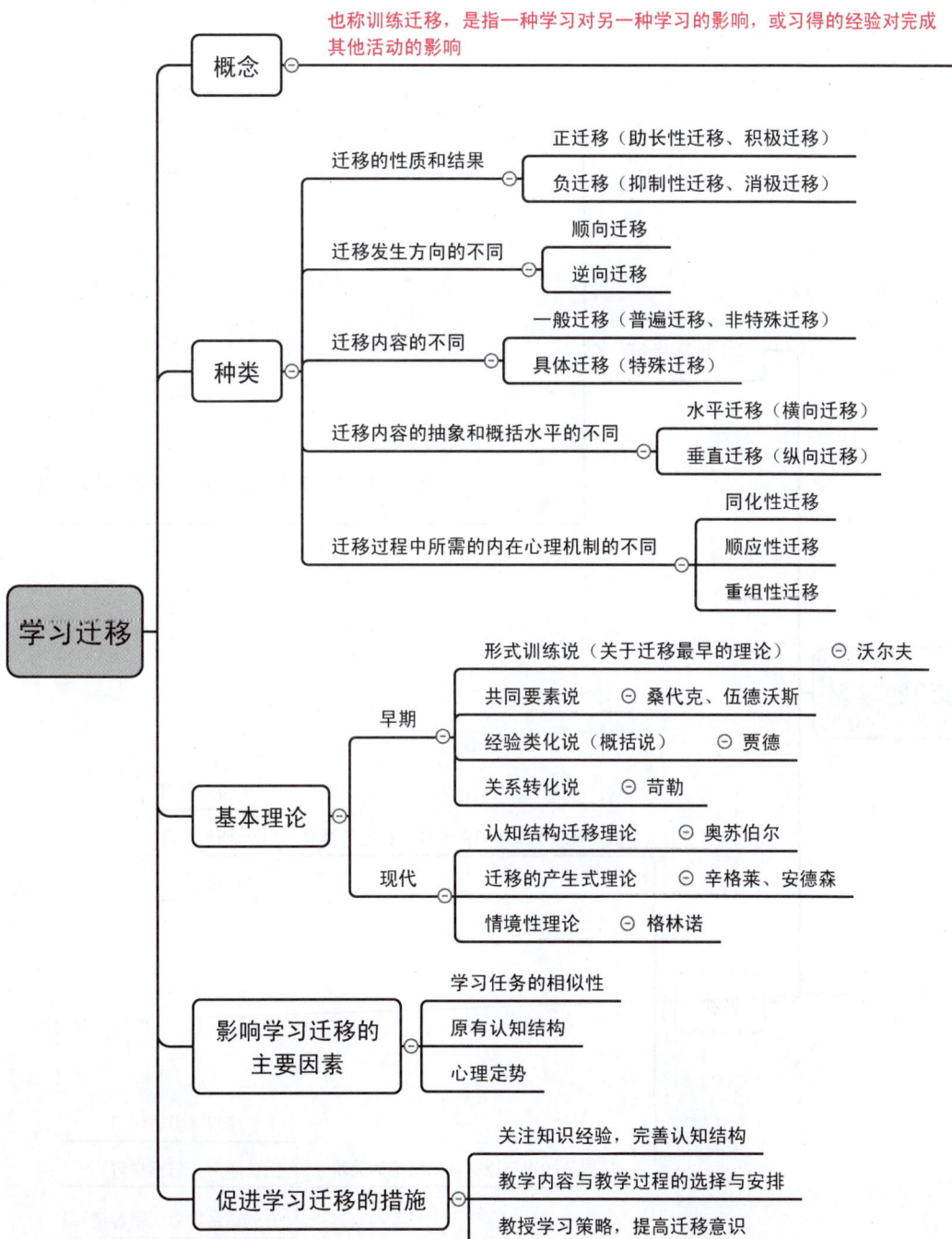

学习迁移

- 概念 —— 也称训练迁移，是指一种学习对另一种学习的影响，或习得的经验对完成其他活动的影响

- 种类
  - 迁移的性质和结果
    - 正迁移（助长性迁移、积极迁移）
    - 负迁移（抑制性迁移、消极迁移）
  - 迁移发生方向的不同
    - 顺向迁移
    - 逆向迁移
  - 迁移内容的不同
    - 一般迁移（普遍迁移、非特殊迁移）
    - 具体迁移（特殊迁移）
  - 迁移内容的抽象和概括水平的不同
    - 水平迁移（横向迁移）
    - 垂直迁移（纵向迁移）
  - 迁移过程中所需的内在心理机制的不同
    - 同化性迁移
    - 顺应性迁移
    - 重组性迁移

- 基本理论
  - 早期
    - 形式训练说（关于迁移最早的理论） ⊖ 沃尔夫
    - 共同要素说 ⊖ 桑代克、伍德沃斯
    - 经验类化说（概括说） ⊖ 贾德
    - 关系转化说 ⊖ 苛勒
  - 现代
    - 认知结构迁移理论 ⊖ 奥苏伯尔
    - 迁移的产生式理论 ⊖ 辛格莱、安德森
    - 情境性理论 ⊖ 格林诺

- 影响学习迁移的主要因素
  - 学习任务的相似性
  - 原有认知结构
  - 心理定势

- 促进学习迁移的措施
  - 关注知识经验，完善认知结构
  - 教学内容与教学过程的选择与安排
  - 教授学习策略，提高迁移意识

核心考点 2：知识的学习

（2017 下、2016 下）

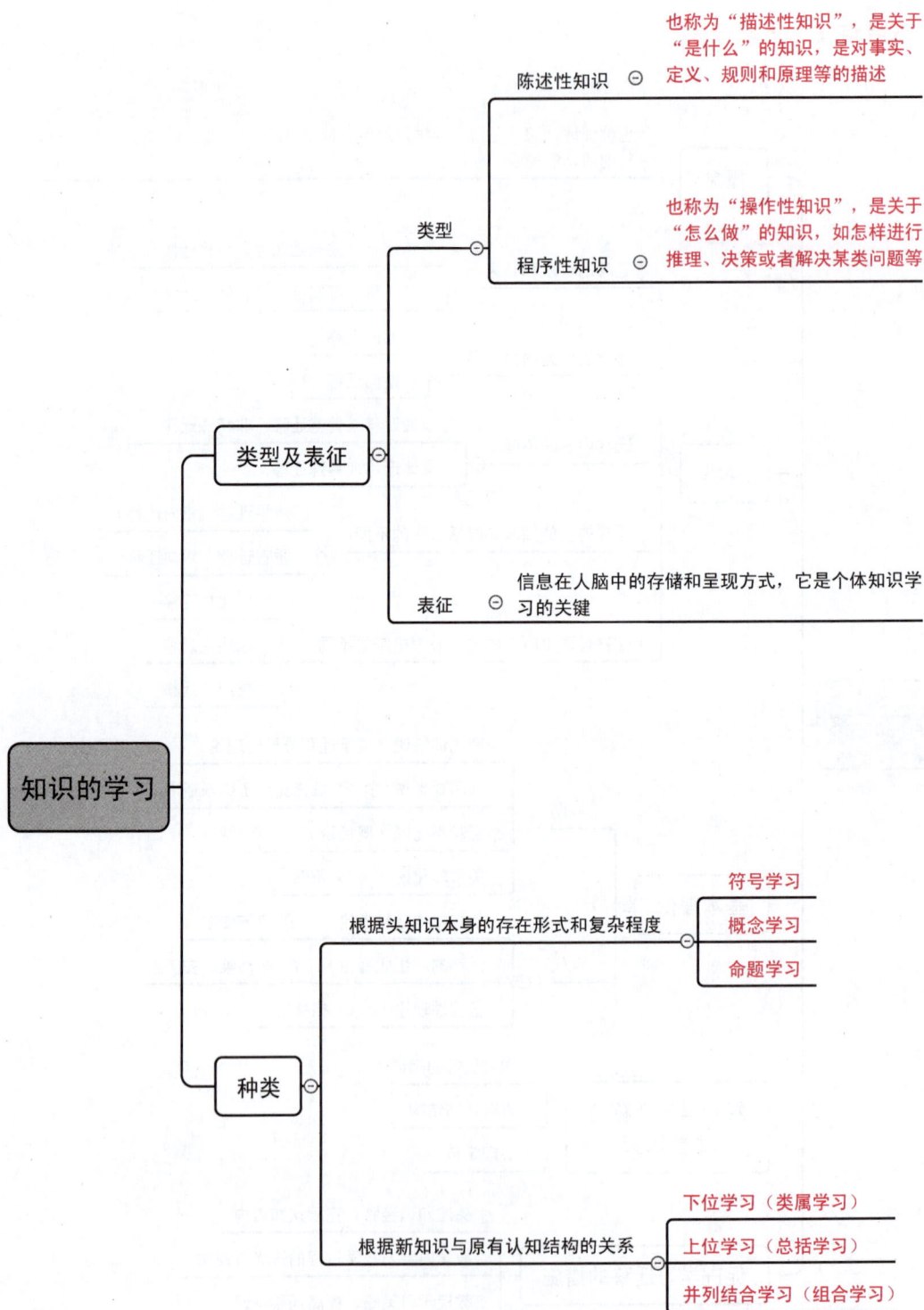

知识的学习

- 类型及表征
  - 类型
    - 陈述性知识 ⊖ 也称为"描述性知识"，是关于"是什么"的知识，是对事实、定义、规则和原理等的描述
    - 程序性知识 ⊖ 也称为"操作性知识"，是关于"怎么做"的知识，如怎样进行推理、决策或者解决某类问题等
  - 表征 ⊖ 信息在人脑中的存储和呈现方式，它是个体知识学习的关键
- 种类
  - 根据头知识本身的存在形式和复杂程度 ⊖
    - 符号学习
    - 概念学习
    - 命题学习
  - 根据新知识与原有认知结构的关系 ⊖
    - 下位学习（类属学习）
    - 上位学习（总括学习）
    - 并列结合学习（组合学习）

第四节　学习策略与技能的形成

核心考点 1：学习策略

（2019 下、2019 上、2017 下、2016 下、2014 下、2013 下、2013 上）

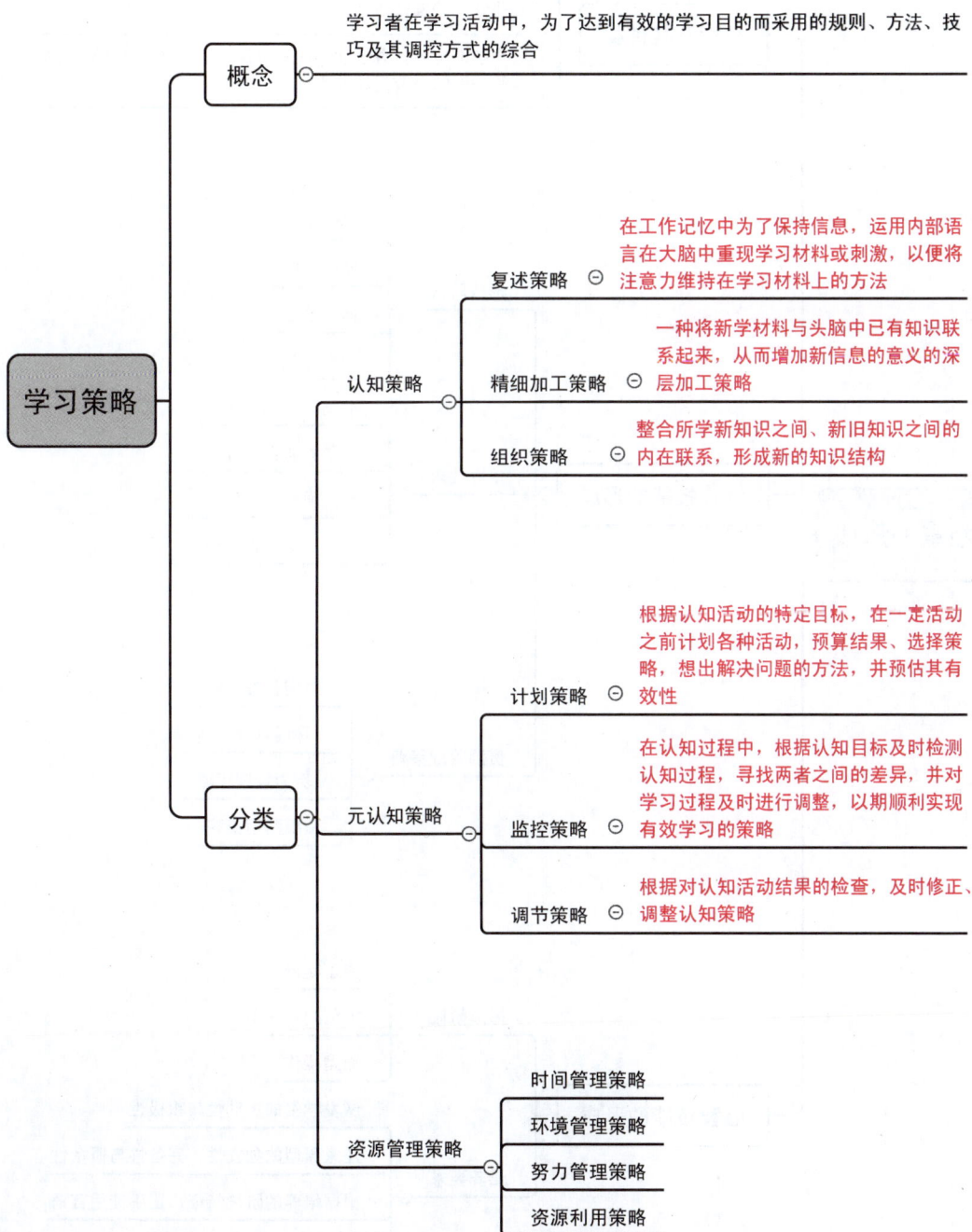

学习策略
- 概念 —— 学习者在学习活动中，为了达到有效的学习目的而采用的规则、方法、技巧及其调控方式的综合
- 分类
  - 认知策略
    - 复述策略 ⊖ 在工作记忆中为了保持信息，运用内部语言在大脑中重现学习材料或刺激，以便将注意力维持在学习材料上的方法
    - 精细加工策略 ⊖ 一种将新学材料与头脑中已有知识联系起来，从而增加新信息的意义的深层加工策略
    - 组织策略 ⊖ 整合所学新知识之间、新旧知识之间的内在联系，形成新的知识结构
  - 元认知策略
    - 计划策略 ⊖ 根据认知活动的特定目标，在一定活动之前计划各种活动，预算结果、选择策略，想出解决问题的方法，并预估其有效性
    - 监控策略 ⊖ 在认知过程中，根据认知目标及时检测认知过程，寻找两者之间的差异，并对学习过程及时进行调整，以期顺利实现有效学习的策略
    - 调节策略 ⊖ 根据对认知活动结果的检查，及时修正、调整认知策略
  - 资源管理策略
    - 时间管理策略
    - 环境管理策略
    - 努力管理策略
    - 资源利用策略

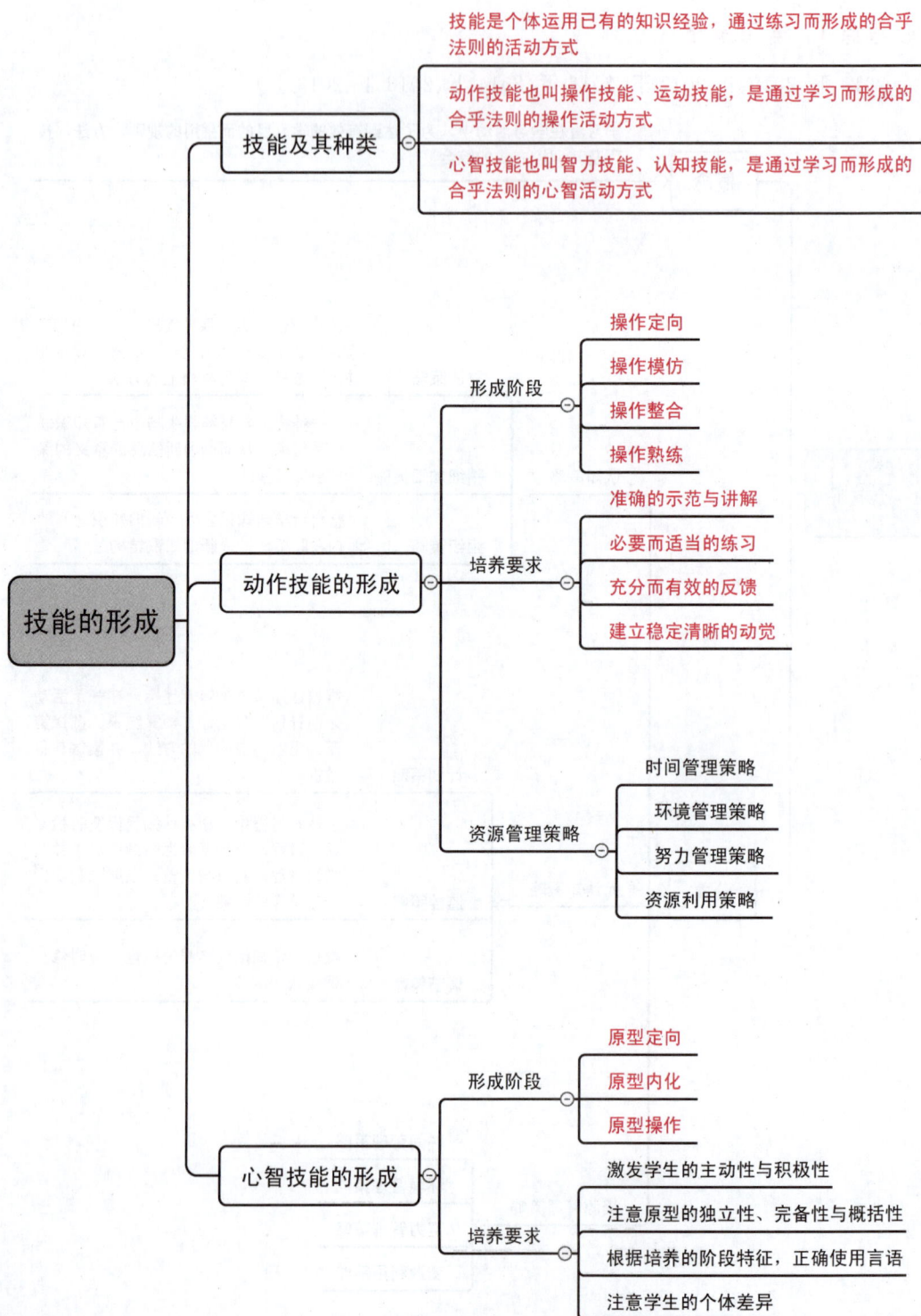

核心考点 2：技能的形成

（2016 上）

```
                                          技能是个体运用已有的知识经验，通过练习而形成的合乎
                                          法则的活动方式
                          技能及其种类 ○    动作技能也叫操作技能、运动技能，是通过学习而形成的
                                          合乎法则的操作活动方式

                                          心智技能也叫智力技能、认知技能，是通过学习而形成的
                                          合乎法则的心智活动方式

                                                      操作定向

                                                      操作模仿
                                          形成阶段
                                                      操作整合

                                                      操作熟练

                                                      准确的示范与讲解
技能的形成                 动作技能的形成  培养要求    必要而适当的练习
                                                      充分而有效的反馈

                                                      建立稳定清晰的动觉

                                                      时间管理策略

                                                      环境管理策略
                                          资源管理策略 ○
                                                      努力管理策略

                                                      资源利用策略

                                                      原型定向
                                          形成阶段 ○  原型内化

                                                      原型操作

                                          激发学生的主动性与积极性
                          心智技能的形成 ○
                                          注意原型的独立性、完备性与概括性
                                          培养要求 ○
                                          根据培养的阶段特征，正确使用言语

                                          注意学生的个体差异
```

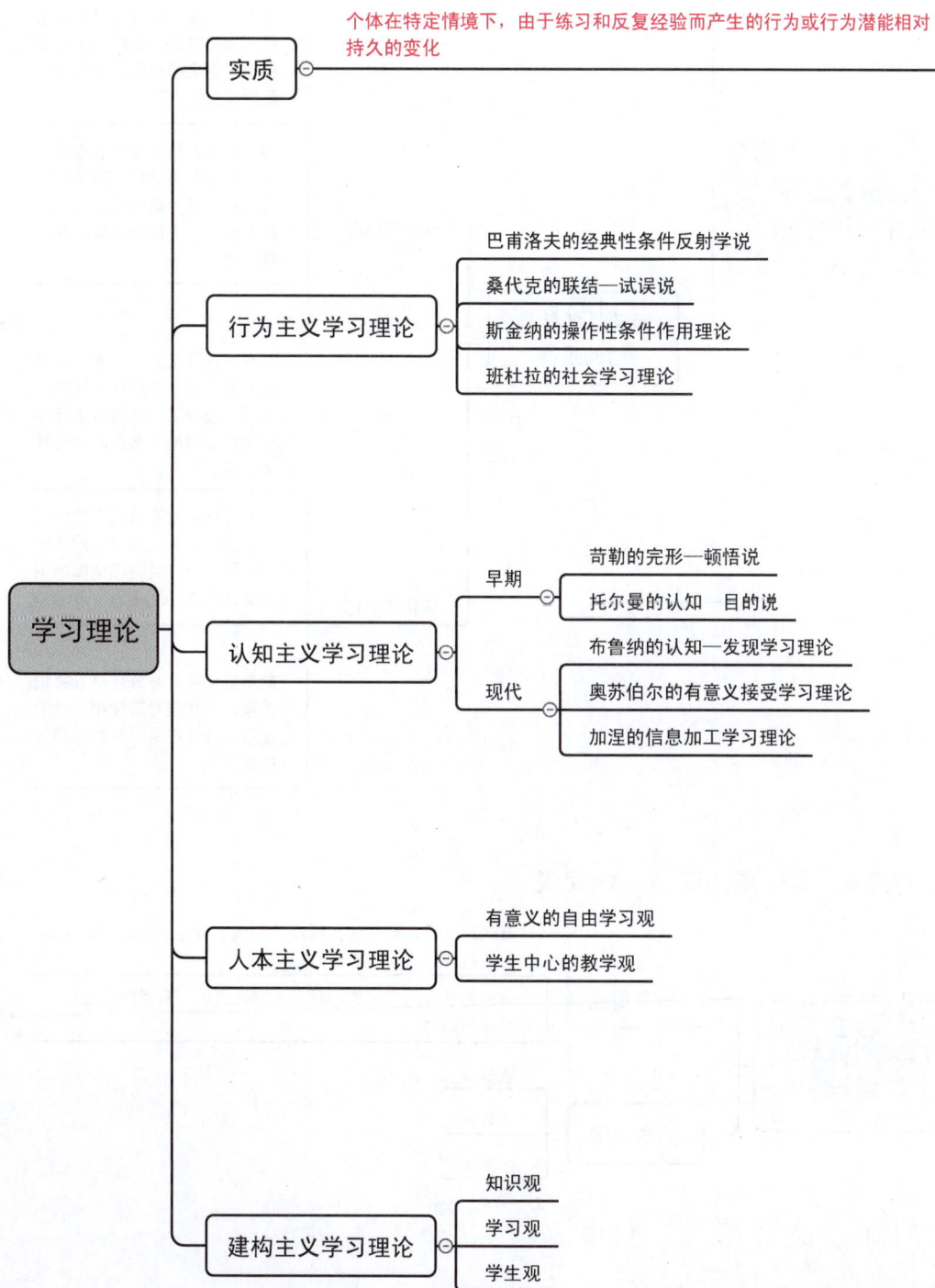

第五节 学习理论

核心考点1：学习理论

（2019上）

```
                              ┌─ 实质 ──── 个体在特定情境下，由于练习和反复经验而产生的行为或行为潜能相对
                              │            持久的变化
                              │
                              │                  ┌─ 巴甫洛夫的经典性条件反射学说
                              │                  │
                              │                  ├─ 桑代克的联结—试误说
                              ├─ 行为主义学习理论 ─┤
                              │                  ├─ 斯金纳的操作性条件作用理论
                              │                  │
                              │                  └─ 班杜拉的社会学习理论
                              │
                              │                                ┌─ 苛勒的完形—顿悟说
                              │                        ┌─ 早期 ┤
  学习理论 ───────────────────┤                        │      └─ 托尔曼的认知 目的说
                              ├─ 认知主义学习理论 ─────┤
                              │                        │      ┌─ 布鲁纳的认知—发现学习理论
                              │                        └─ 现代 ┤
                              │                               ├─ 奥苏伯尔的有意义接受学习理论
                              │                               │
                              │                               └─ 加涅的信息加工学习理论
                              │
                              │                  ┌─ 有意义的自由学习观
                              ├─ 人本主义学习理论 ─┤
                              │                  └─ 学生中心的教学观
                              │
                              │                  ┌─ 知识观
                              └─ 建构主义学习理论 ─┤ 学习观
                                                 └─ 学生观
```

核心考点 2：巴甫洛夫的经典性条件反射学说

（2018 上）

巴甫洛夫的经典性条件反射学说
- 巴甫洛夫的经典性条件作用 ——— 刺激——条件反射
- 经典性条件反射的规律
  - 获得与消退
    - 获得是指条件刺激反复与无条件刺激相匹配，使条件刺激获得信号意义的过程，亦即条件、反射建立的过程
    - 消退是指在条件反射形成后，如果条件刺激重复出现多次而没有无条件刺激相伴随，则条件反应会逐渐减弱，并最终消失
  - 泛化与分化
    - 刺激泛化是指人和动物一旦学会对某一特定的条件刺激做出条件反应以后，其他与该条件刺激相类似的刺激也能诱发其条件反应
    - 刺激分化是指通过选择性强化和消退，使有机体学会对条件刺激与条件刺激相类似的刺激做出不同的反应
    - 刺激泛化和刺激分化是互补的过程，泛化是对事物相似性的反应，分化则是对事物差异性的反应

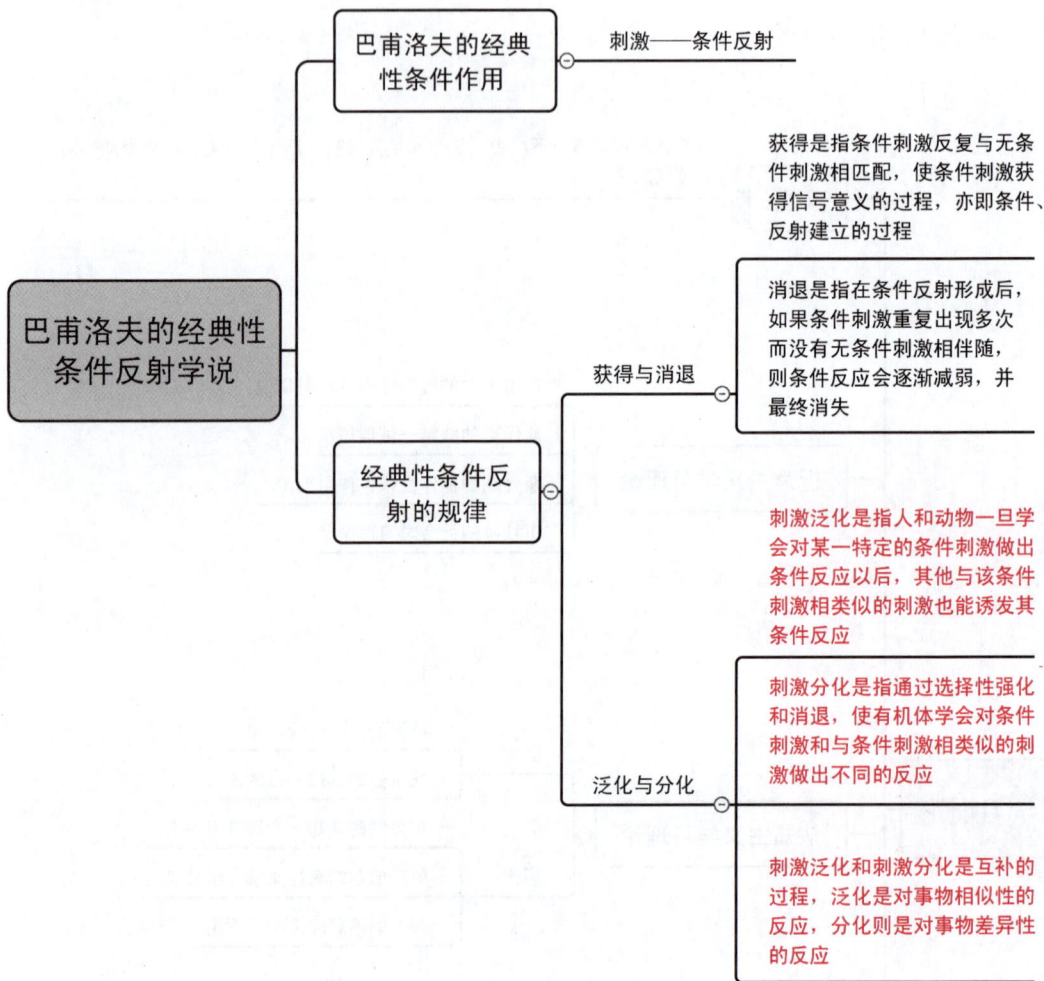

核心考点 3：桑代克的联结—试误说

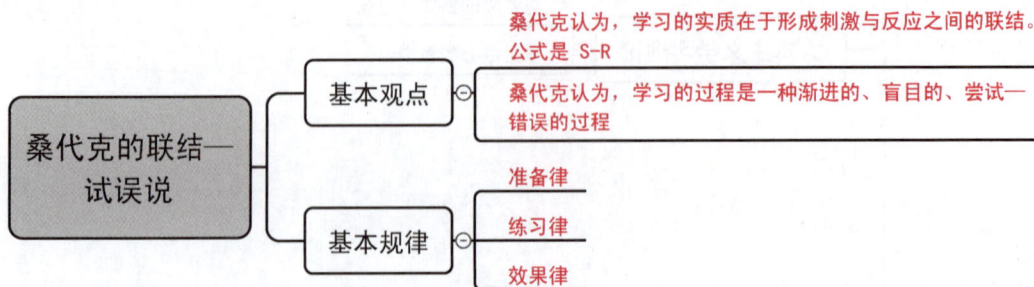

桑代克的联结—试误说
- 基本观点
  - 桑代克认为，学习的实质在于形成刺激与反应之间的联结。公式是 S-R
  - 桑代克认为，学习的过程是一种渐进的、盲目的、尝试—错误的过程
- 基本规律
  - 准备律
  - 练习律
  - 效果律

核心考点 4：斯金纳的操作性条件作用理论

（2017 下、2017 上、2014 下）

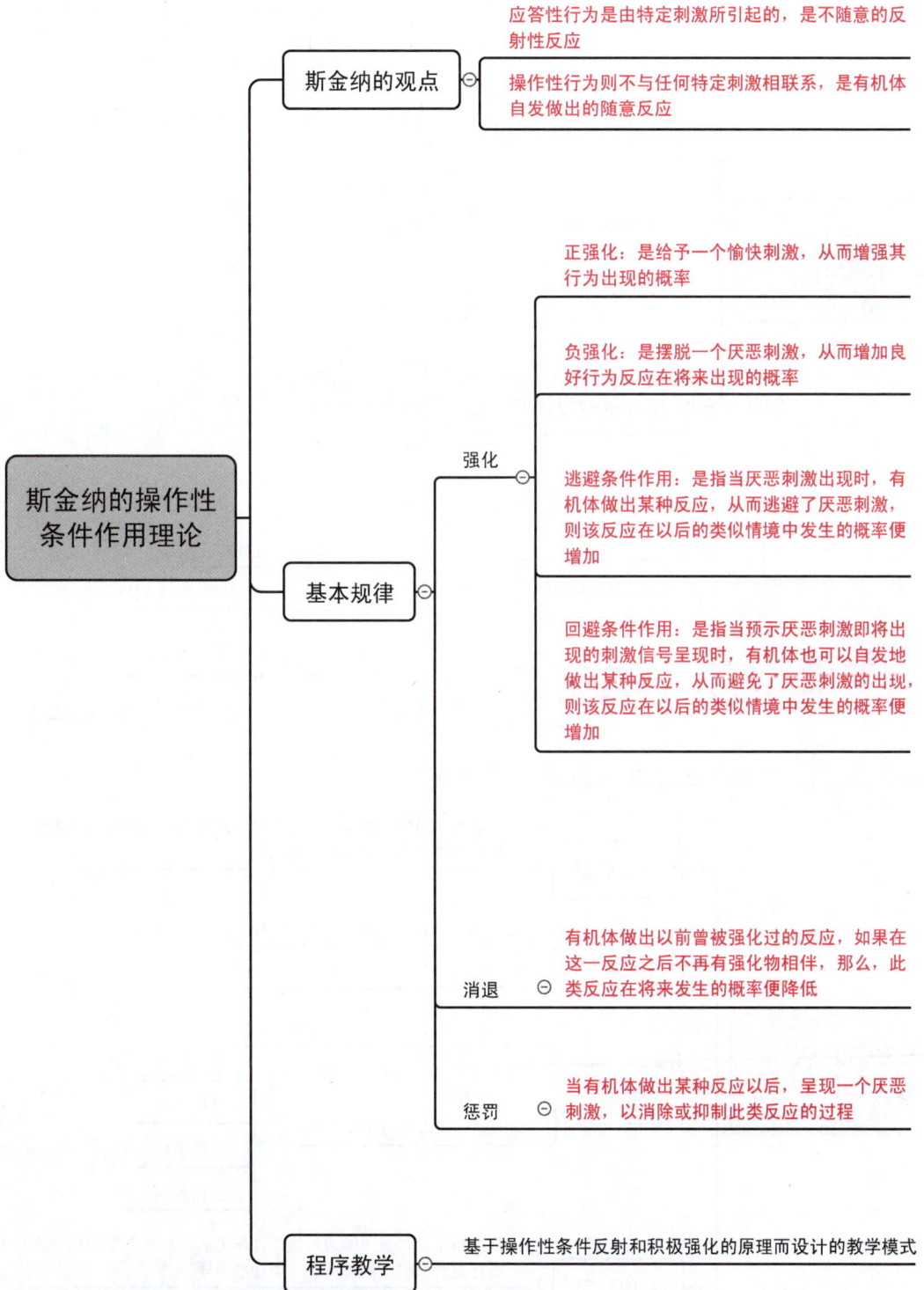

斯金纳的操作性条件作用理论

斯金纳的观点
- 应答性行为是由特定刺激所引起的，是不随意的反射性反应
- 操作性行为则不与任何特定刺激相联系，是有机体自发做出的随意反应

基本规律

强化
- 正强化：是给予一个愉快刺激，从而增强其行为出现的概率
- 负强化：是摆脱一个厌恶刺激，从而增加良好行为反应在将来出现的概率
- 逃避条件作用：是指当厌恶刺激出现时，有机体做出某种反应，从而逃避了厌恶刺激，则该反应在以后的类似情境中发生的概率便增加
- 回避条件作用：是指当预示厌恶刺激即将出现的刺激信号呈现时，有机体也可以自发地做出某种反应，从而避免了厌恶刺激的出现，则该反应在以后的类似情境中发生的概率便增加

消退
- 有机体做出以前曾被强化过的反应，如果在这一反应之后不再有强化物相伴，那么，此类反应在将来发生的概率便降低

惩罚
- 当有机体做出某种反应以后，呈现一个厌恶刺激，以消除或抑制此类反应的过程

程序教学
- 基于操作性条件反射和积极强化的原理而设计的教学模式

核心考点 5：班杜拉的社会学习理论

（2019 下）

```
班杜拉的社会          学习的实质—观察学习 ○──── 学习是个体通过对他人的行为及其强化结果的
学习理论                                        观察，从而获得某些新的行为反应或已有的行
                                                为反应得到修正的过程，即人的学习主要是观
                                                察学习

                    观察学习的过程          注意过程
                                          保持过程
                                          再现过程
                                          动机过程

                    班杜拉对强化的分类      直接强化
                                          替代强化
                                          自我强化
```

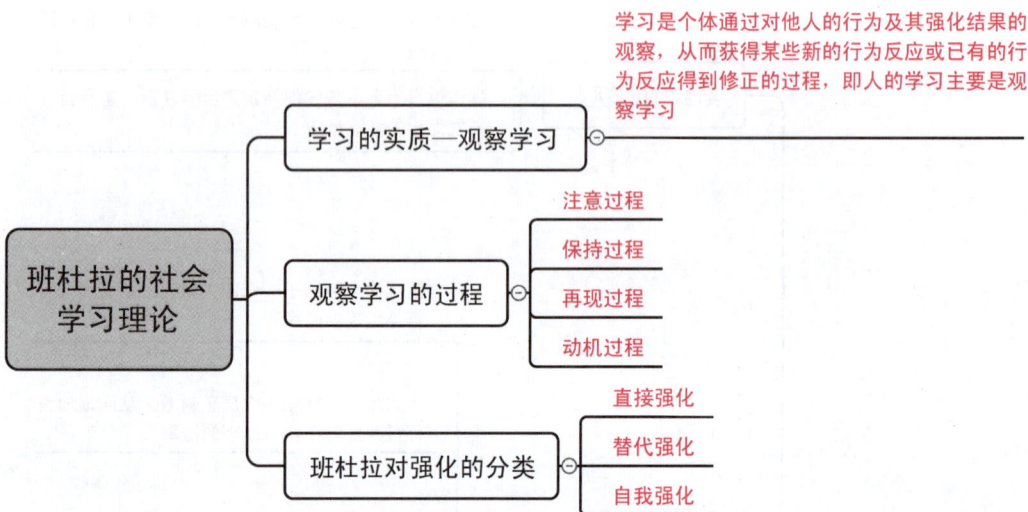

核心考点 6：早期的认知主义学习理论

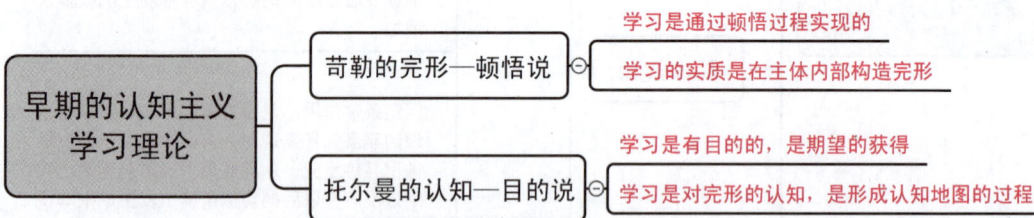

```
早期的认知主义          苛勒的完形—顿悟说 ○── 学习是通过顿悟过程实现的
学习理论                                      学习的实质是在主体内部构造完形

                    托尔曼的认知—目的说 ○── 学习是有目的的，是期望的获得
                                            学习是对完形的认知，是形成认知地图的过程
```

核心考点 7：布鲁纳的认知—发现学习理论

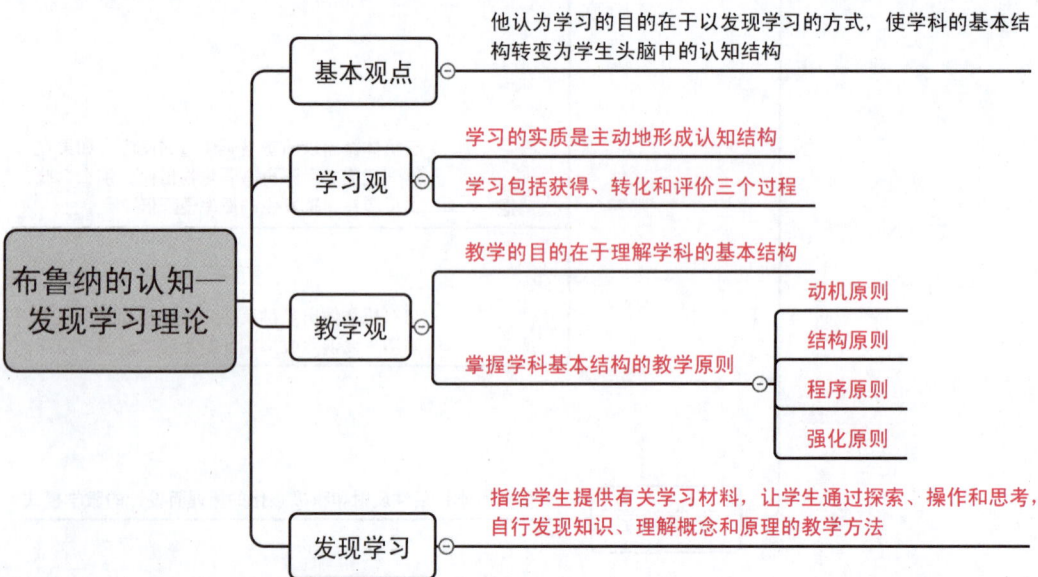

```
布鲁纳的认知—          基本观点 ○──── 他认为学习的目的在于以发现学习的方式，使学科的基本结
发现学习理论                          构转变为学生头脑中的认知结构

                    学习观          学习的实质是主动地形成认知结构
                                    学习包括获得、转化和评价三个过程

                    教学观          教学的目的在于理解学科的基本结构
                                                              动机原则
                                    掌握学科基本结构的教学原则  结构原则
                                                              程序原则
                                                              强化原则

                    发现学习 ○──── 指给学生提供有关学习材料，让学生通过探索、操作和思考，
                                    自行发现知识、理解概念和原理的教学方法
```

核心考点 8：奥苏伯尔的有意义接受学习理论

（2017 上、2016 下）

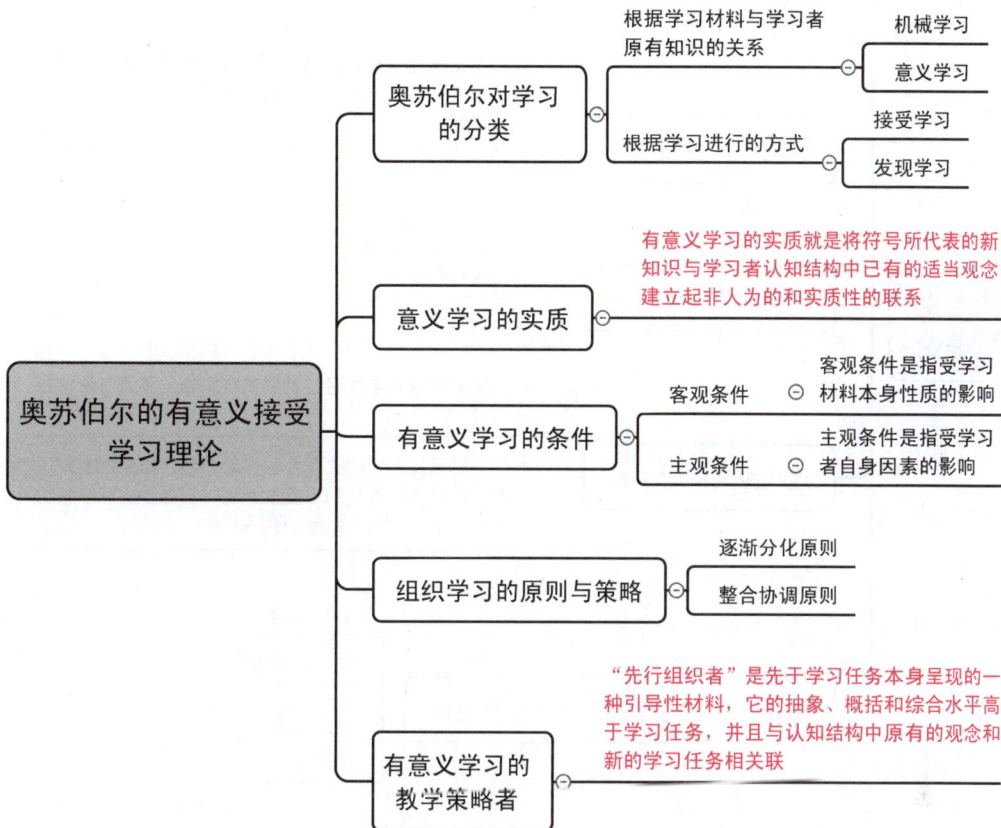

```
奥苏伯尔的有意义接受       ┌─ 奥苏伯尔对学习    ┌─ 根据学习材料与学习者       ┌─ 机械学习
学习理论                    │   的分类          │   原有知识的关系          └─ 意义学习
                          │                  │
                          │                  └─ 根据学习进行的方式       ┌─ 接受学习
                          │                                           └─ 发现学习
                          │
                          ├─ 意义学习的实质 ── 有意义学习的实质就是将符号所代表的新
                          │                   知识与学习者认知结构中已有的适当观念
                          │                   建立起非人为的和实质性的联系
                          │
                          ├─ 有意义学习的条件   ┌─ 客观条件 ⊖ 客观条件是指受学习
                          │                    │            材料本身性质的影响
                          │                    └─ 主观条件 ⊖ 主观条件是指受学习
                          │                                 者自身因素的影响
                          │
                          ├─ 组织学习的原则与策略 ┌─ 逐渐分化原则
                          │                     └─ 整合协调原则
                          │
                          └─ 有意义学习的      "先行组织者"是先于学习任务本身呈现的一
                             教学策略者         种引导性材料，它的抽象、概括和综合水平高
                                              于学习任务，并且与认知结构中原有的观念和
                                              新的学习任务相关联
```

核心考点 9：加涅的信息加工学习理论

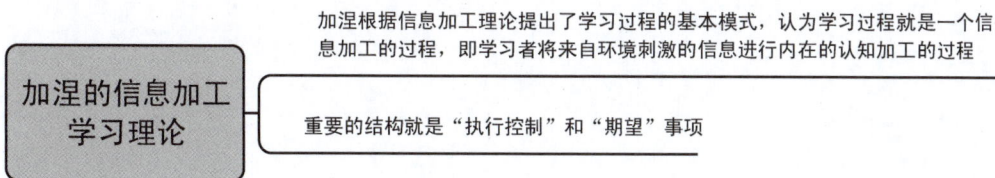

```
加涅的信息加工    ┌─ 加涅根据信息加工理论提出了学习过程的基本模式，认为学习过程就是一个信
学习理论          │   息加工的过程，即学习者将来自环境刺激的信息进行内在的认知加工的过程
                 │
                 └─ 重要的结构就是"执行控制"和"期望"事项
```

核心考点 10：人本主义学习理论

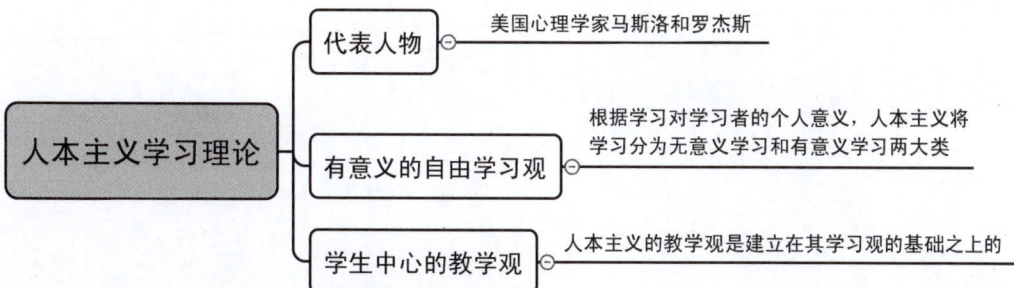

```
人本主义学习理论    ┌─ 代表人物 ── 美国心理学家马斯洛和罗杰斯
                  │
                  ├─ 有意义的自由学习观 ── 根据学习对学习者的个人意义，人本主义将
                  │                      学习分为无意义学习和有意义学习两大类
                  │
                  └─ 学生中心的教学观 ── 人本主义的教学观是建立在其学习观的基础之上的
```

核心考点 11：建构主义学习理论

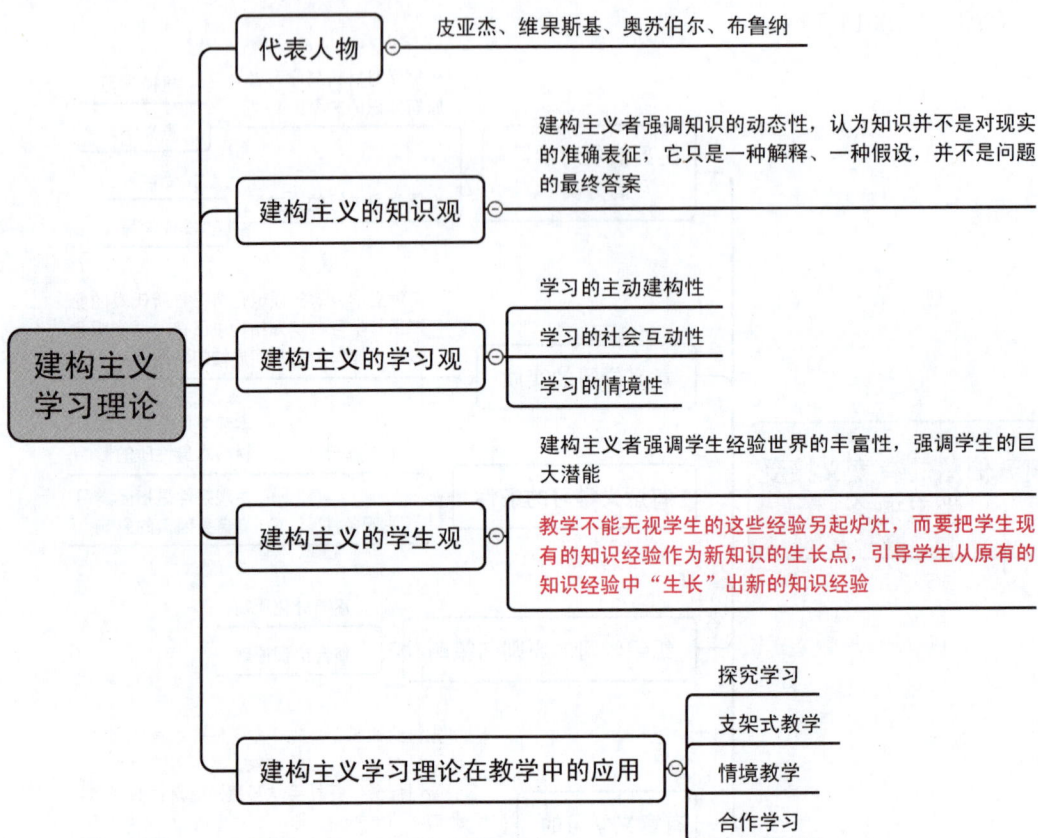

建构主义
学习理论

- 代表人物 —— 皮亚杰、维果斯基、奥苏伯尔、布鲁纳

- 建构主义的知识观 —— 建构主义者强调知识的动态性，认为知识并不是对现实的准确表征，它只是一种解释、一种假设，并不是问题的最终答案

- 建构主义的学习观
  - 学习的主动建构性
  - 学习的社会互动性
  - 学习的情境性

- 建构主义的学生观
  - 建构主义者强调学生经验世界的丰富性，强调学生的巨大潜能
  - 教学不能无视学生的这些经验另起炉灶，而要把学生现有的知识经验作为新知识的生长点，引导学生从原有的知识经验中"生长"出新的知识经验

- 建构主义学习理论在教学中的应用
  - 探究学习
  - 支架式教学
  - 情境教学
  - 合作学习

第五章　中学生心理发展

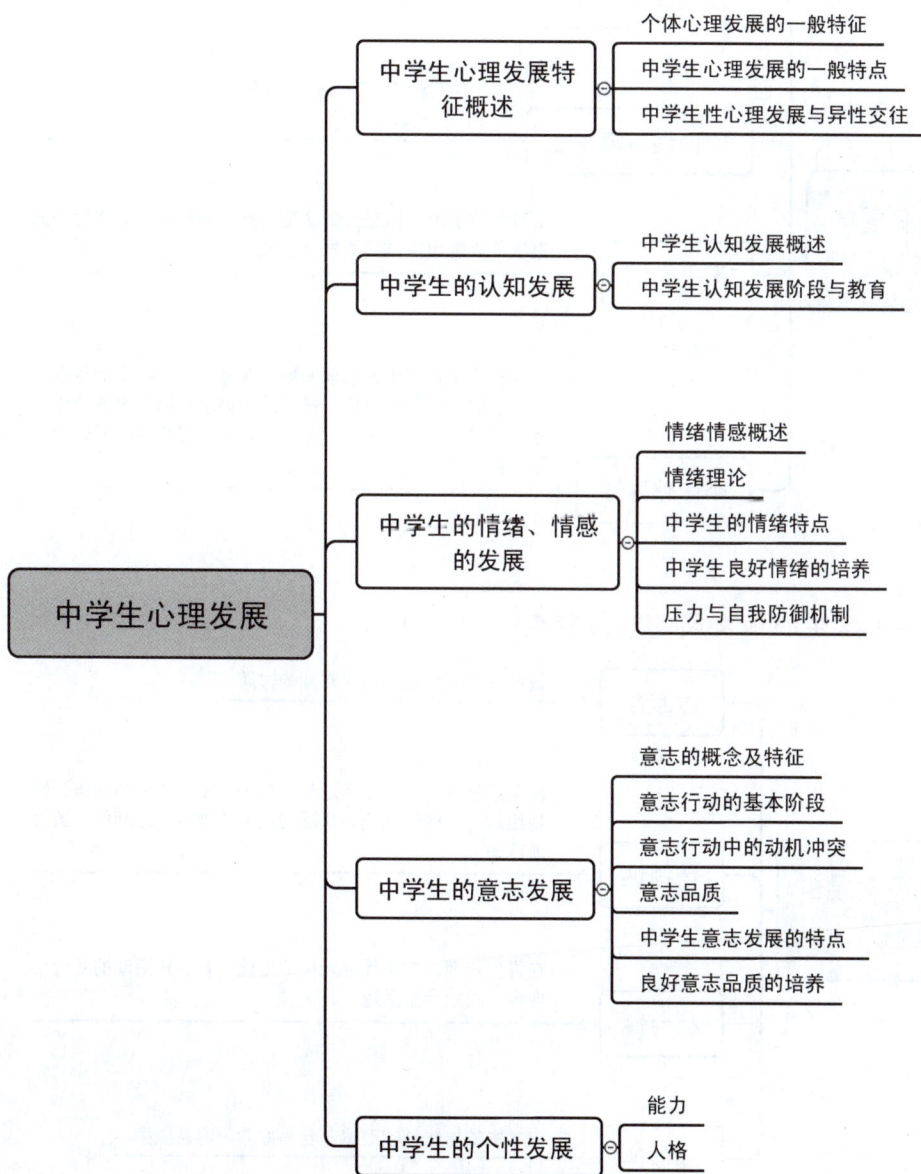

中学生心理发展
- 中学生心理发展特征概述
  - 个体心理发展的一般特征
  - 中学生心理发展的一般特点
  - 中学生性心理发展与异性交往
- 中学生的认知发展
  - 中学生认知发展概述
  - 中学生认知发展阶段与教育
- 中学生的情绪、情感的发展
  - 情绪情感概述
  - 情绪理论
  - 中学生的情绪特点
  - 中学生良好情绪的培养
  - 压力与自我防御机制
- 中学生的意志发展
  - 意志的概念及特征
  - 意志行动的基本阶段
  - 意志行动中的动机冲突
  - 意志品质
  - 中学生意志发展的特点
  - 良好意志品质的培养
- 中学生的个性发展
  - 能力
  - 人格

第一节　中学生心理发展特征概述

核心考点 1：个体心理发展的一般特征

（2014 下）

个体心理发展的一般特征

- **连续性与阶段性** —— 在心理发展过程中，当某些代表新特征的量积累到一定程度时，就会取代旧特征而处于优势的主导地位，表现为阶段性的间断现象。但后一阶段的发展总是在前一阶段的基础上发生，表现出心理发展的连续性

- **定向性与顺序性** —— 在正常条件下，心理的发展总是具有一定的方向性和先后顺序

- **不平衡性** —— 心理的发展可以因进行的速度、到达的时间和最终达到的高度而表现出多样化的发展模式

- **个体差异性** —— 任何一个正常学生的心理发展总要经历一些共同的基本阶段，但在发展的速度、最终达到的水平以及发展的优势领域等方面又往往是千差万别的体现出个体发展的个别差异性

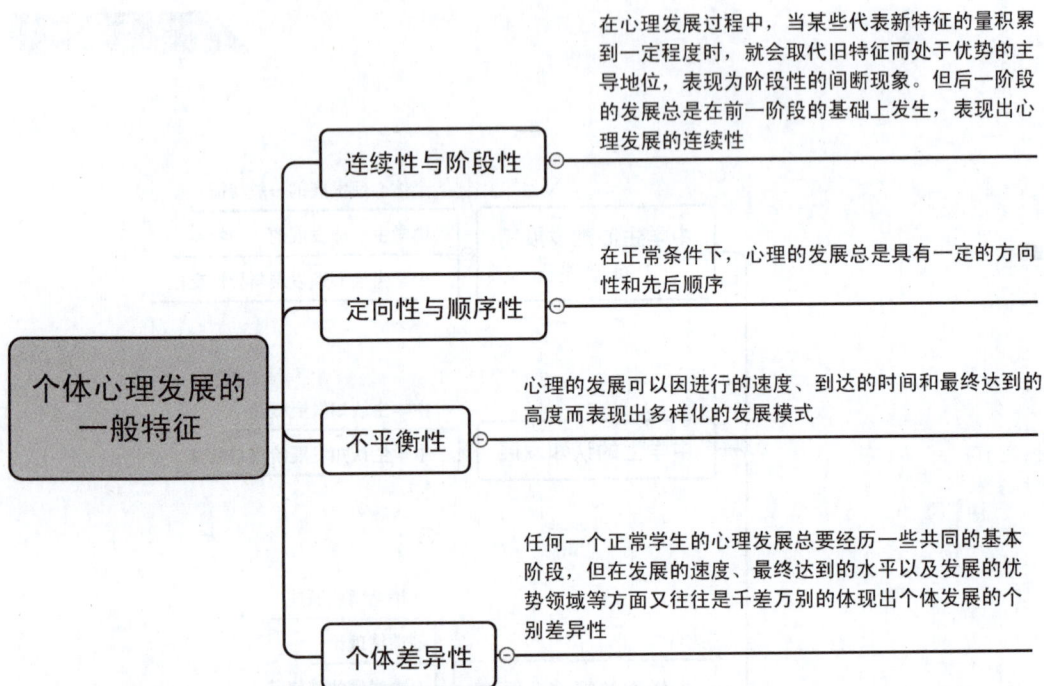

核心考点 2：中学生心理发展的一般特点

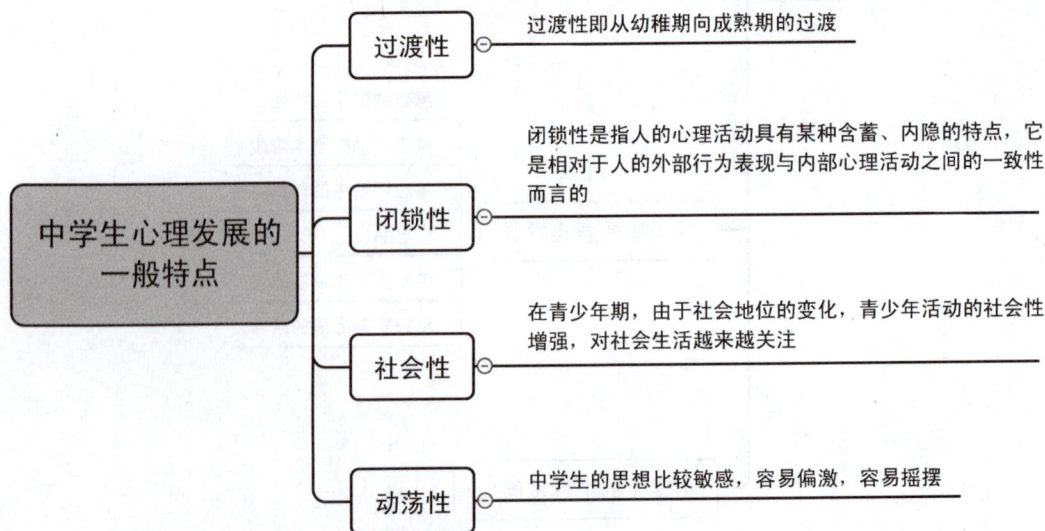

中学生心理发展的一般特点

- **过渡性** —— 过渡性即从幼稚期向成熟期的过渡

- **闭锁性** —— 闭锁性是指人的心理活动具有某种含蓄、内隐的特点，它是相对于人的外部行为表现与内部心理活动之间的一致性而言的

- **社会性** —— 在青少年期，由于社会地位的变化，青少年活动的社会性增强，对社会生活越来越关注

- **动荡性** —— 中学生的思想比较敏感，容易偏激，容易摇摆

核心考点 3：中学生性心理发展与异性交往

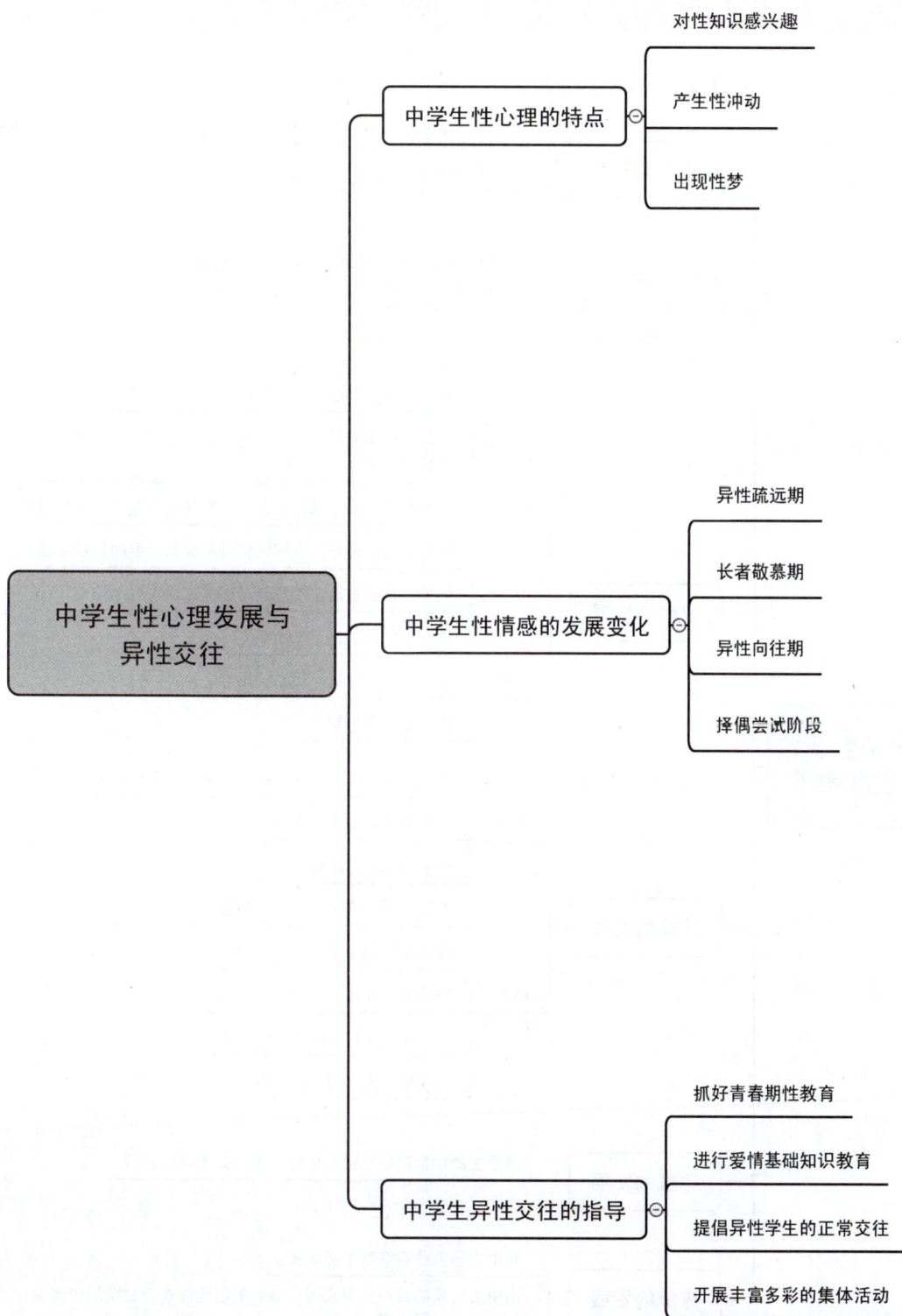

中学生性心理发展与异性交往
- 中学生性心理的特点
  - 对性知识感兴趣
  - 产生性冲动
  - 出现性梦
- 中学生性情感的发展变化
  - 异性疏远期
  - 长者敬慕期
  - 异性向往期
  - 择偶尝试阶段
- 中学生异性交往的指导
  - 抓好青春期性教育
  - 进行爱情基础知识教育
  - 提倡异性学生的正常交往
  - 开展丰富多彩的集体活动

第二节　中学生的认知发展

核心考点 1：中学生认知发展概述

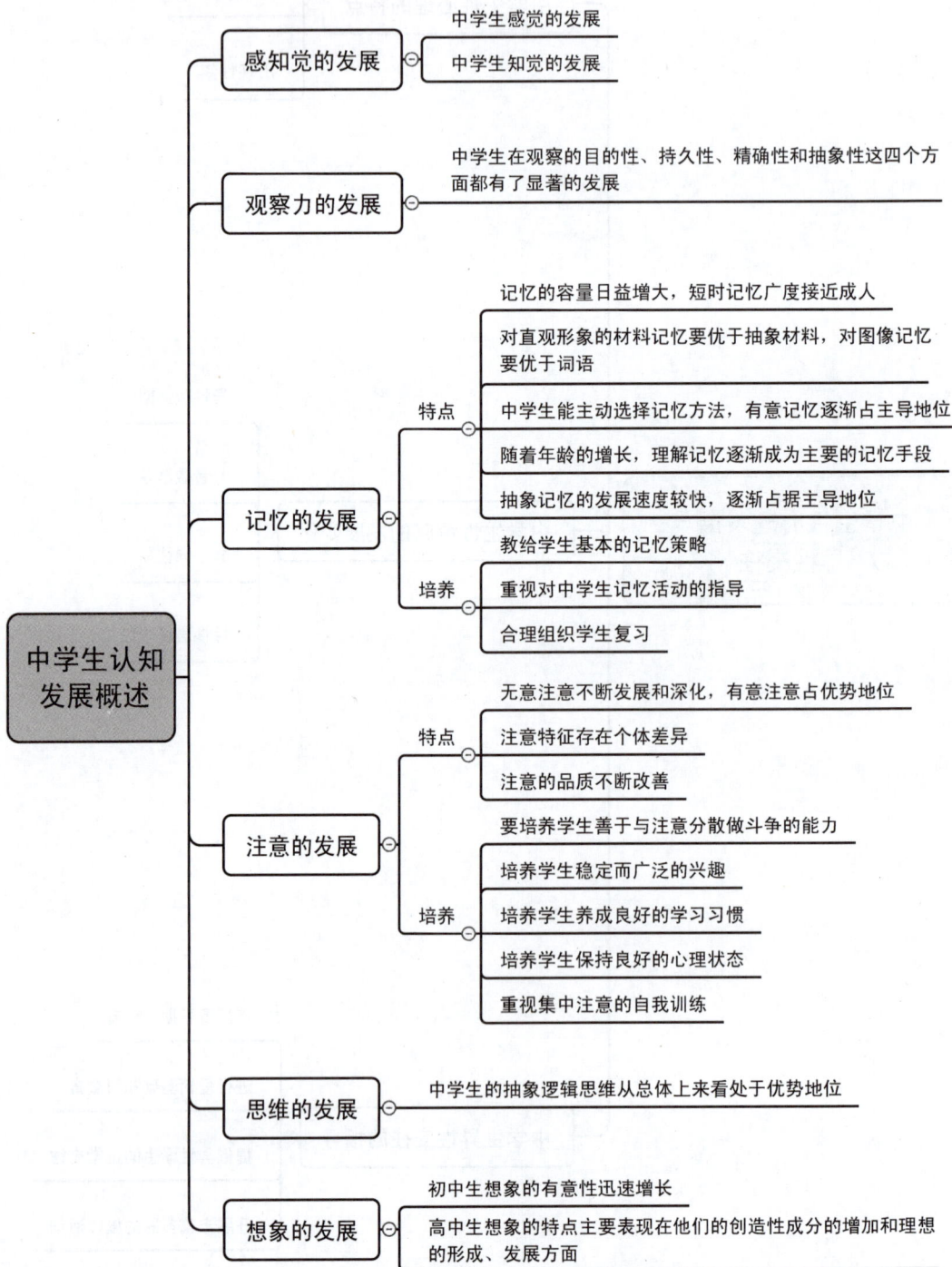

中学生认知发展概述
- 感知觉的发展
  - 中学生感觉的发展
  - 中学生知觉的发展
- 观察力的发展
  - 中学生在观察的目的性、持久性、精确性和抽象性这四个方面都有了显著的发展
- 记忆的发展
  - 特点
    - 记忆的容量日益增大，短时记忆广度接近成人
    - 对直观形象的材料记忆要优于抽象材料，对图像记忆要优于词语
    - 中学生能主动选择记忆方法，有意记忆逐渐占主导地位
    - 随着年龄的增长，理解记忆逐渐成为主要的记忆手段
    - 抽象记忆的发展速度较快，逐渐占据主导地位
  - 培养
    - 教给学生基本的记忆策略
    - 重视对中学生记忆活动的指导
    - 合理组织学生复习
- 注意的发展
  - 特点
    - 无意注意不断发展和深化，有意注意占优势地位
    - 注意特征存在个体差异
    - 注意的品质不断改善
  - 培养
    - 要培养学生善于与注意分散做斗争的能力
    - 培养学生稳定而广泛的兴趣
    - 培养学生养成良好的学习习惯
    - 培养学生保持良好的心理状态
    - 重视集中注意的自我训练
- 思维的发展
  - 中学生的抽象逻辑思维从总体上来看处于优势地位
- 想象的发展
  - 初中生想象的有意性迅速增长
  - 高中生想象的特点主要表现在他们的创造性成分的增加和理想的形成、发展方面

核心考点 2：中学生认知发展阶段与教育

（2019 上、2016 下、2016 上、2015 下、2014 上、2013 下）

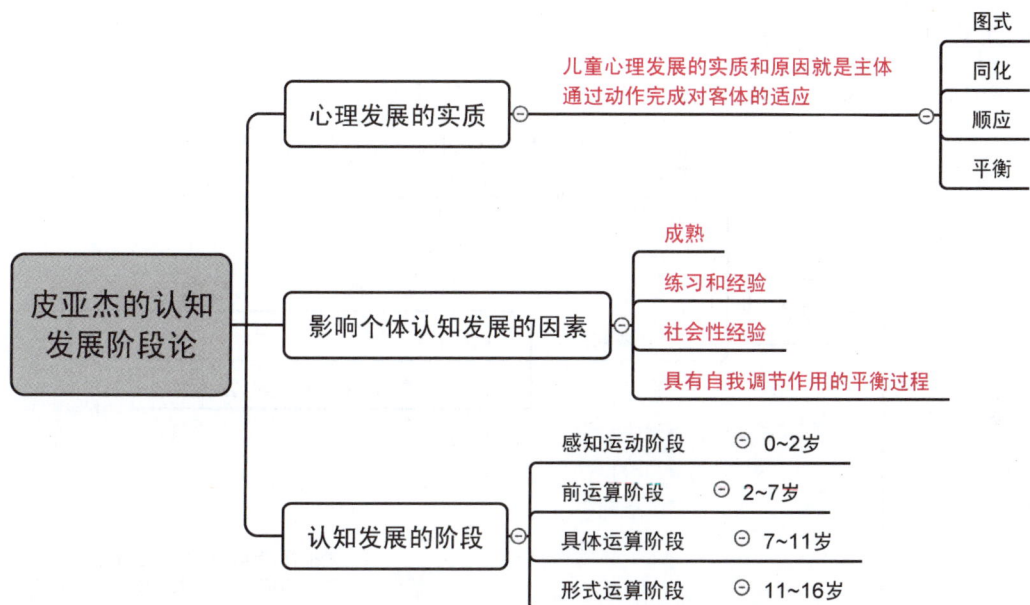

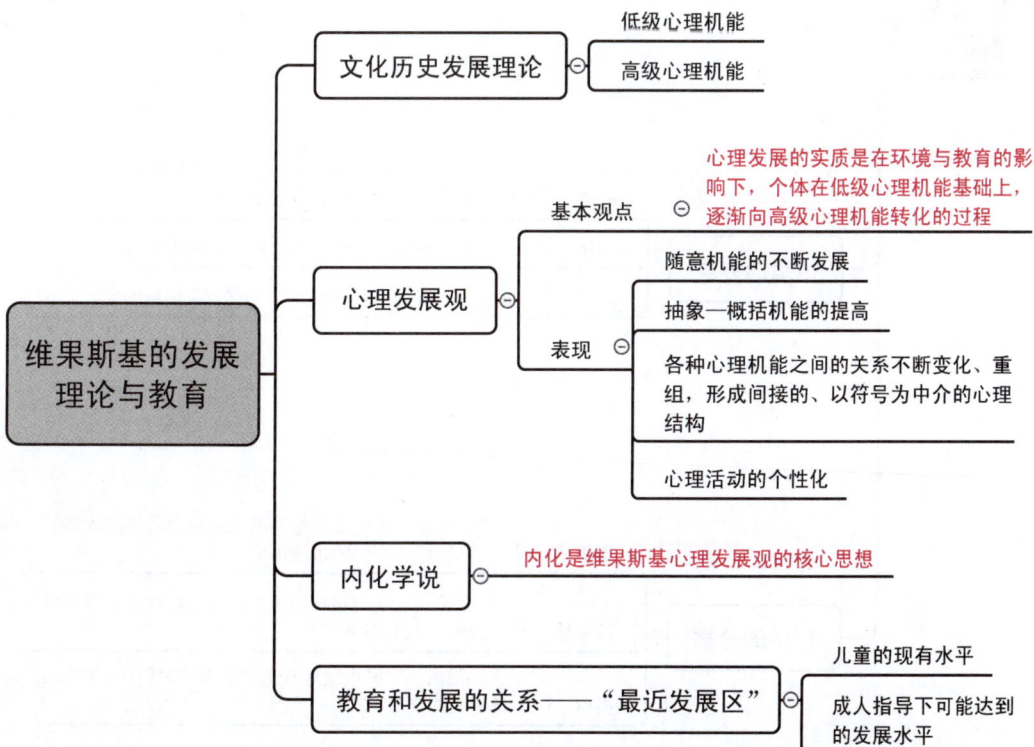

皮亚杰的认知发展阶段论
- 心理发展的实质 —— 儿童心理发展的实质和原因就是主体通过动作完成对客体的适应
  - 图式
  - 同化
  - 顺应
  - 平衡
- 影响个体认知发展的因素
  - 成熟
  - 练习和经验
  - 社会性经验
  - 具有自我调节作用的平衡过程
- 认知发展的阶段
  - 感知运动阶段　0~2 岁
  - 前运算阶段　2~7 岁
  - 具体运算阶段　7~11 岁
  - 形式运算阶段　11~16 岁

维果斯基的发展理论与教育
- 文化历史发展理论
  - 低级心理机能
  - 高级心理机能
- 心理发展观
  - 基本观点 —— 心理发展的实质是在环境与教育的影响下，个体在低级心理机能基础上，逐渐向高级心理机能转化的过程
  - 表现
    - 随意机能的不断发展
    - 抽象—概括机能的提高
    - 各种心理机能之间的关系不断变化、重组，形成间接的、以符号为中介的心理结构
    - 心理活动的个性化
- 内化学说 —— 内化是维果斯基心理发展观的核心思想
- 教育和发展的关系——"最近发展区"
  - 儿童的现有水平
  - 成人指导下可能达到的发展水平

第三节　中学生的情绪、情感的发展

核心考点 1：情绪情感概述

（2019 下、2018 下、2017 下、2014 上、2013 下、2013 上）

情绪情感概述

- **概念**
  - 情绪和情感是人对客观事物的态度体验及相应的行为反应。认知是情绪和情感产生的基础，需要是引发情绪和情感的中介
  - **三个组成部分**
    - 主观体验是个体对不同情绪和情感状态的自我感受
    - 情绪与情感的外部表现通常称为表情
    - 生理唤醒是情绪状态产生时的生理反应

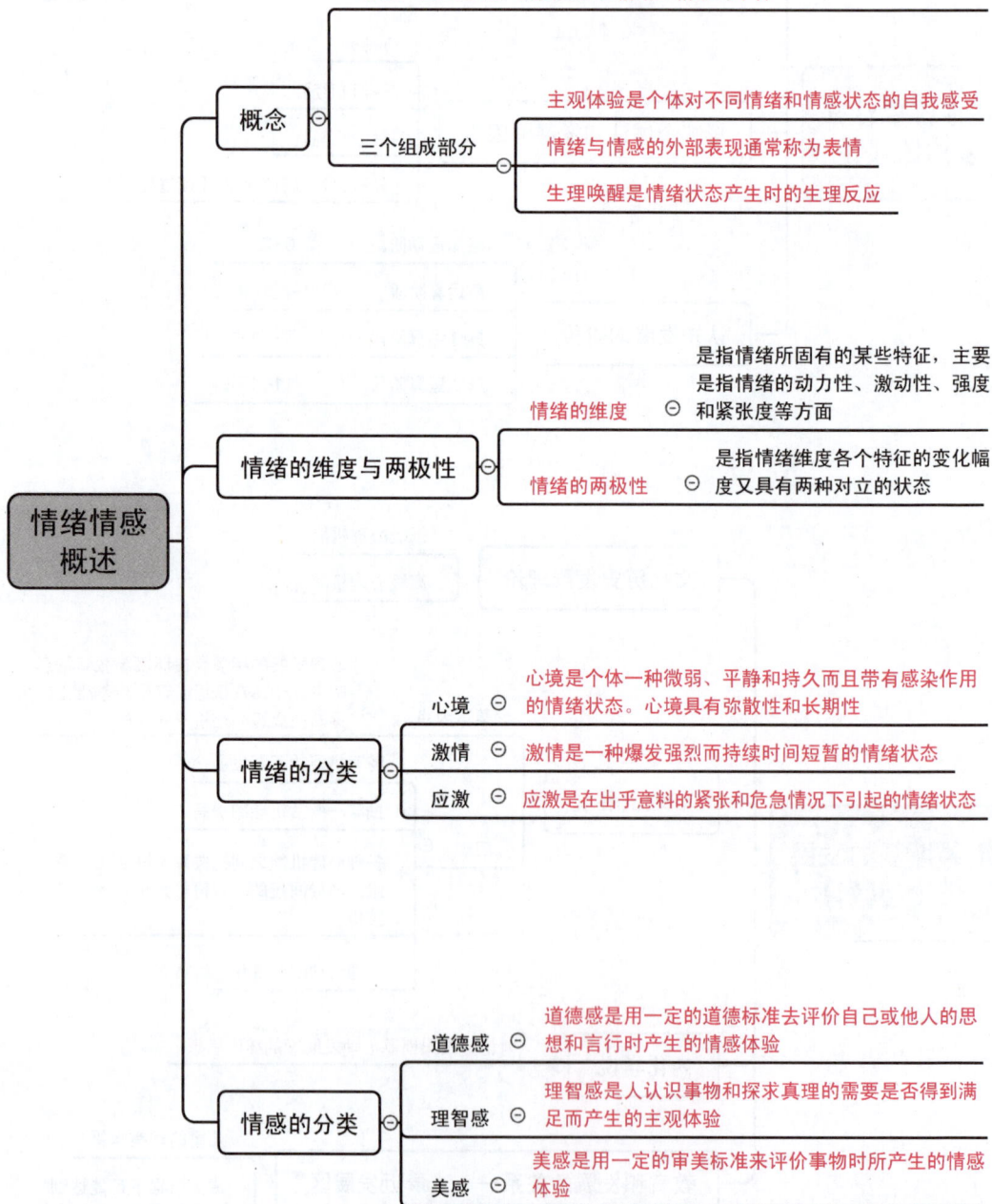

- **情绪的维度与两极性**
  - 情绪的维度 ⊖ 是指情绪所固有的某些特征，主要是指情绪的动力性、激动性、强度和紧张度等方面
  - 情绪的两极性 ⊖ 是指情绪维度各个特征的变化幅度又具有两种对立的状态

- **情绪的分类**
  - 心境 ⊖ 心境是个体一种微弱、平静和持久而且带有感染作用的情绪状态。心境具有弥散性和长期性
  - 激情 ⊖ 激情是一种爆发强烈而持续时间短暂的情绪状态
  - 应激 ⊖ 应激是在出乎意料的紧张和危急情况下引起的情绪状态

- **情感的分类**
  - 道德感 ⊖ 道德感是用一定的道德标准去评价自己或他人的思想和言行时产生的情感体验
  - 理智感 ⊖ 理智感是人认识事物和探求真理的需要是否得到满足而产生的主观体验
  - 美感 ⊖ 美感是用一定的审美标准来评价事物时所产生的情感体验

核心考点 2：情绪理论

（2018 上、2015 上）

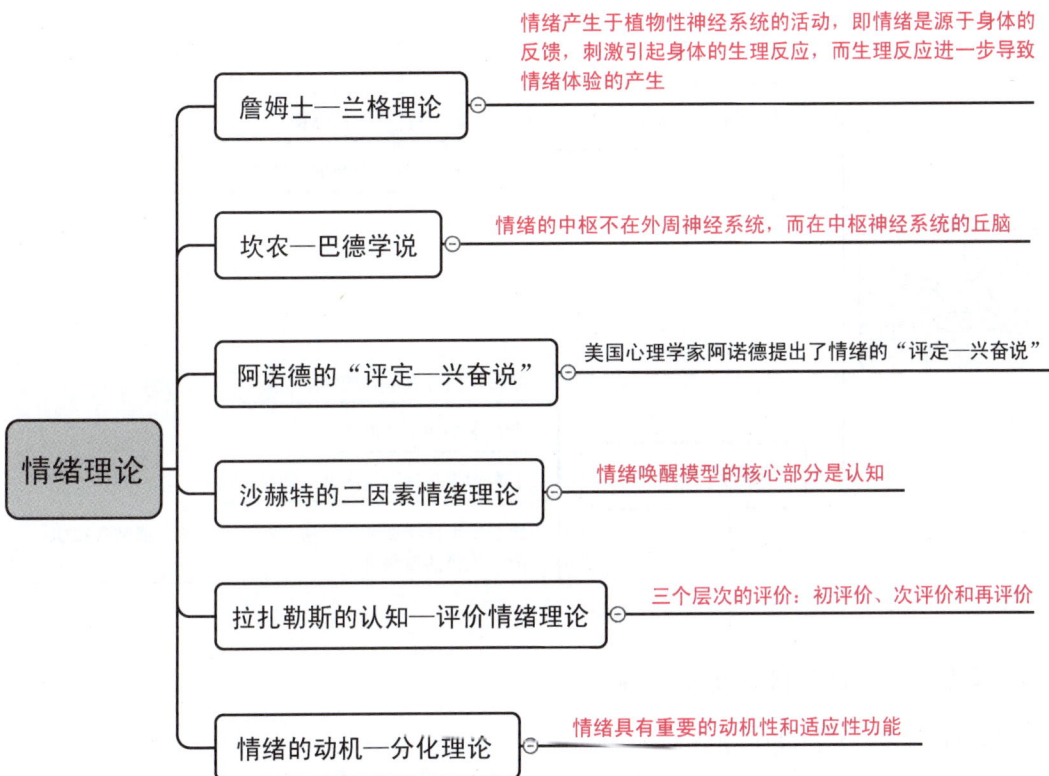

情绪理论

- 詹姆士—兰格理论 —— 情绪产生于植物性神经系统的活动，即情绪是源于身体的反馈，刺激引起身体的生理反应，而生理反应进一步导致情绪体验的产生
- 坎农—巴德学说 —— 情绪的中枢不在外周神经系统，而在中枢神经系统的丘脑
- 阿诺德的"评定—兴奋说" —— 美国心理学家阿诺德提出了情绪的"评定—兴奋说"
- 沙赫特的二因素情绪理论 —— 情绪唤醒模型的核心部分是认知
- 拉扎勒斯的认知—评价情绪理论 —— 三个层次的评价：初评价、次评价和再评价
- 情绪的动机—分化理论 —— 情绪具有重要的动机性和适应性功能

核心考点 3：中学生的情绪特点

（2019 上、2014 下、2012 上）

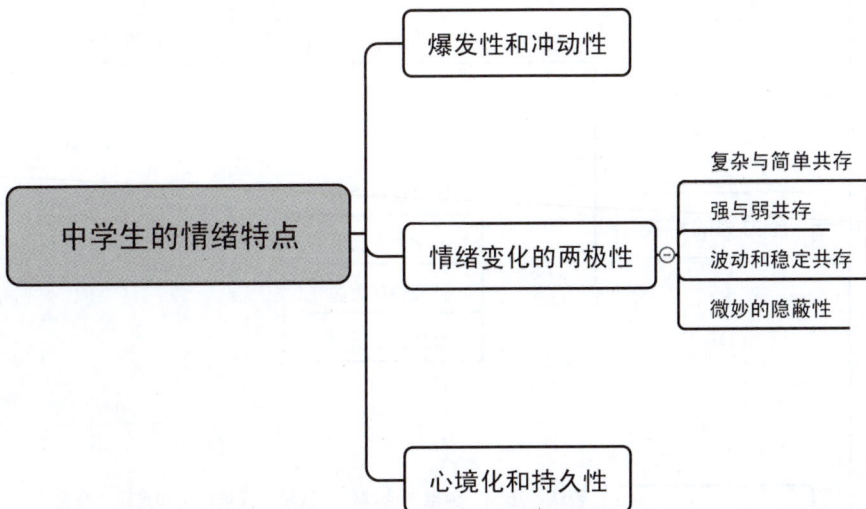

中学生的情绪特点

- 爆发性和冲动性
- 情绪变化的两极性
  - 复杂与简单共存
  - 强与弱共存
  - 波动和稳定共存
  - 微妙的隐蔽性
- 心境化和持久性

核心考点 4：中学生良好情绪的培养

（2019 上）

中学生良好情绪的培养
- 良好情绪的培养方法
  - 指导中学生了解自己的情绪特点
  - 预防中学生的高度焦虑状态
  - 培养学生高尚的情操
  - 教给中学生自我调节的具体方法
- 情绪调节的指导
  - 教会学生形成适宜的情绪状态
  - 丰富学生的情绪体验
  - 引导学生正确看待问题（调整认知）
  - 教会学生情绪调节的方法：宣泄、转移、调节认知功能、积极的自我暗示

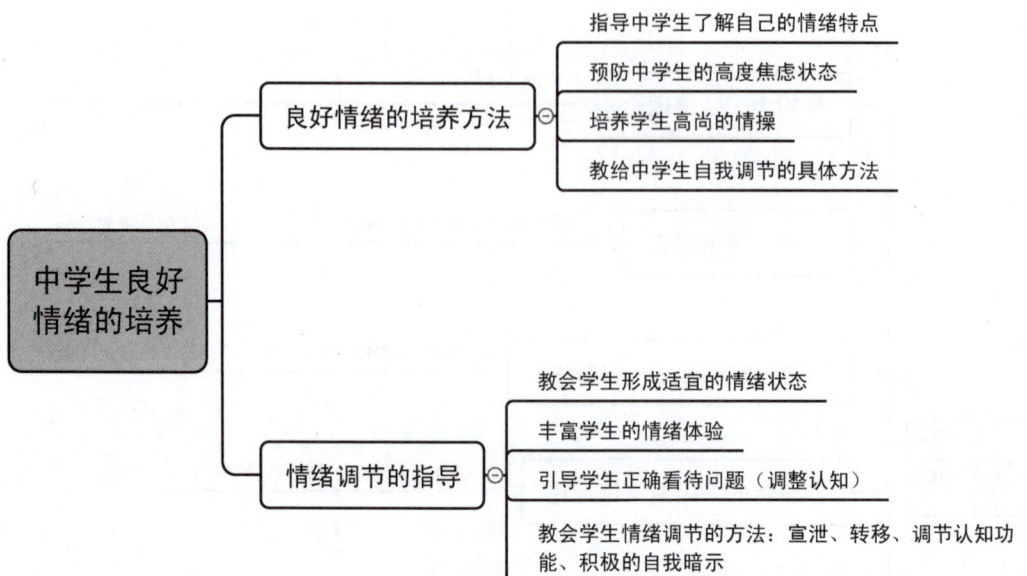

核心考点 5：压力与自我防御机制

（2017 上、2015 下、2013 上）

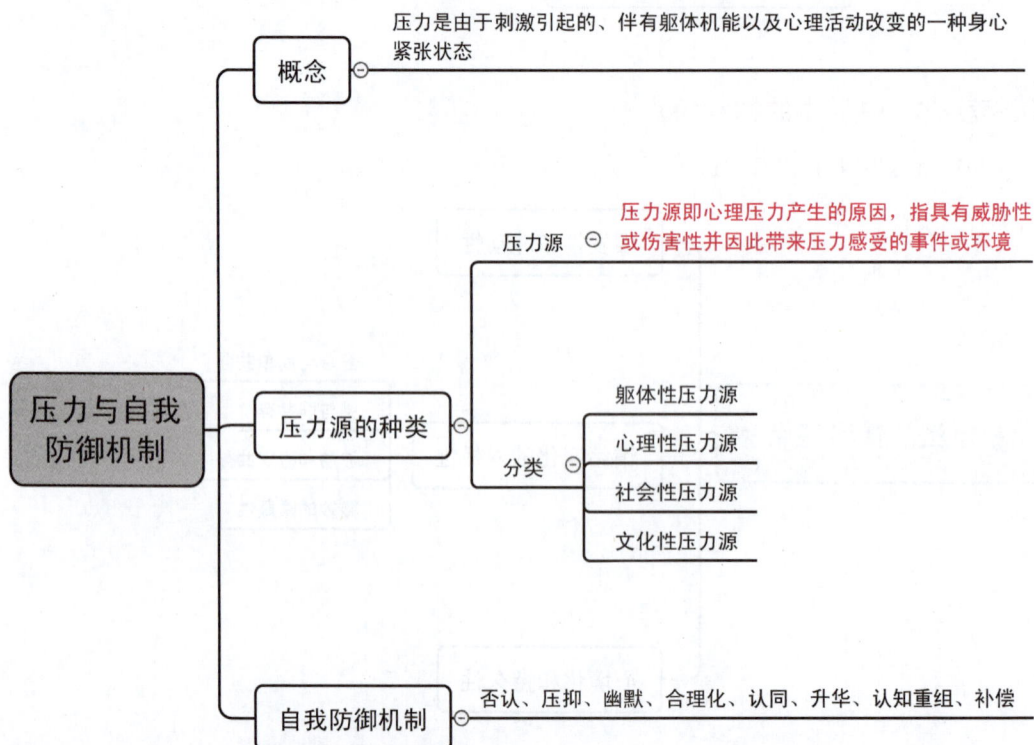

压力与自我防御机制
- 概念
  - 压力是由于刺激引起的、伴有躯体机能以及心理活动改变的一种身心紧张状态
- 压力源的种类
  - 压力源
    - 压力源即心理压力产生的原因，指具有威胁性或伤害性并因此带来压力感受的事件或环境
  - 分类
    - 躯体性压力源
    - 心理性压力源
    - 社会性压力源
    - 文化性压力源
- 自我防御机制
  - 否认、压抑、幽默、合理化、认同、升华、认知重组、补偿

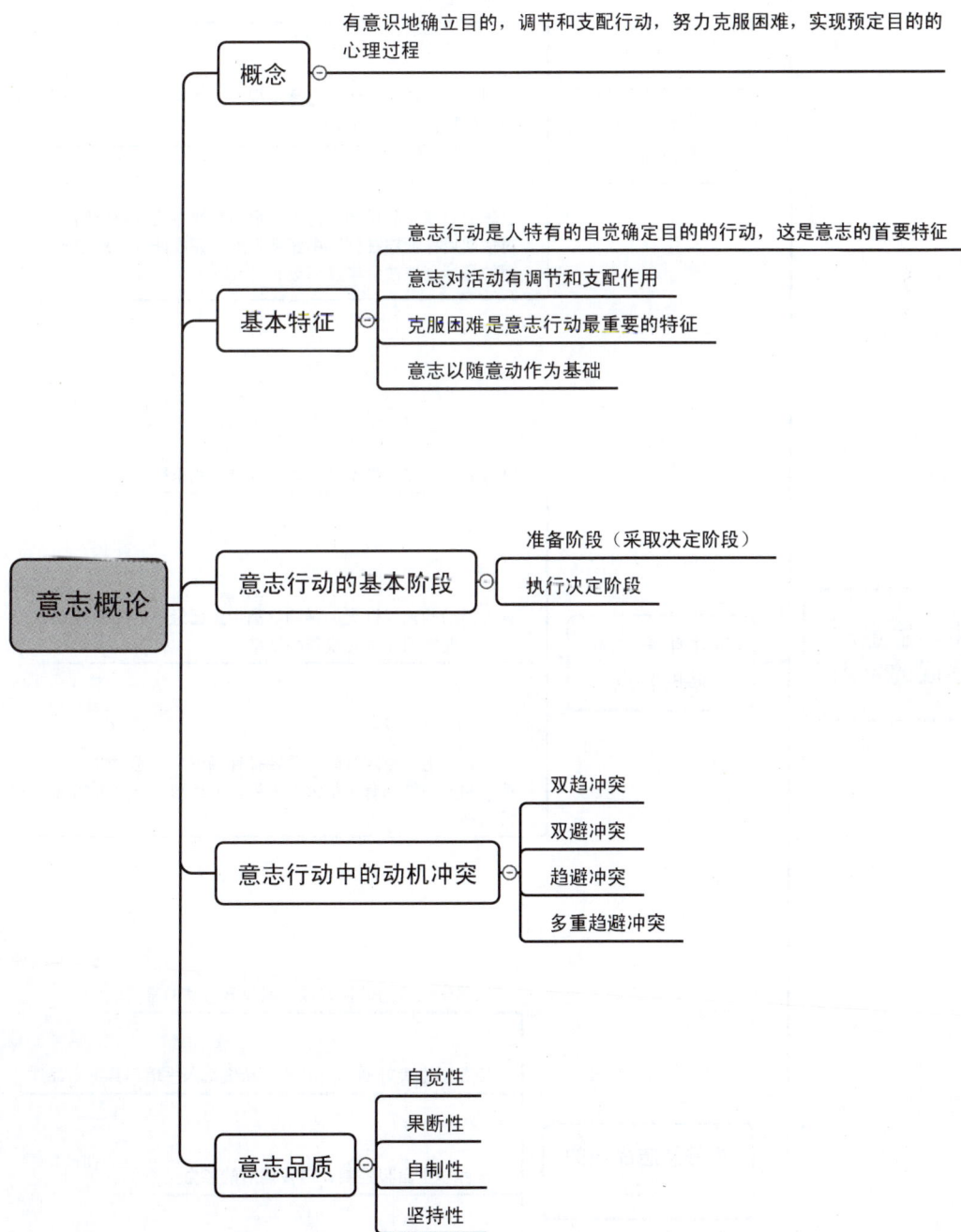

第四节　中学生的意志发展

核心考点 1：意志概论

（2018 下）

- 意志概论
  - 概念 —— 有意识地确立目的，调节和支配行动，努力克服困难，实现预定目的的心理过程
  - 基本特征
    - 意志行动是人特有的自觉确定目的的行动，这是意志的首要特征
    - 意志对活动有调节和支配作用
    - 克服困难是意志行动最重要的特征
    - 意志以随意动作为基础
  - 意志行动的基本阶段
    - 准备阶段（采取决定阶段）
    - 执行决定阶段
  - 意志行动中的动机冲突
    - 双趋冲突
    - 双避冲突
    - 趋避冲突
    - 多重趋避冲突
  - 意志品质
    - 自觉性
    - 果断性
    - 自制性
    - 坚持性

核心考点 2：中学生意志发展的特点

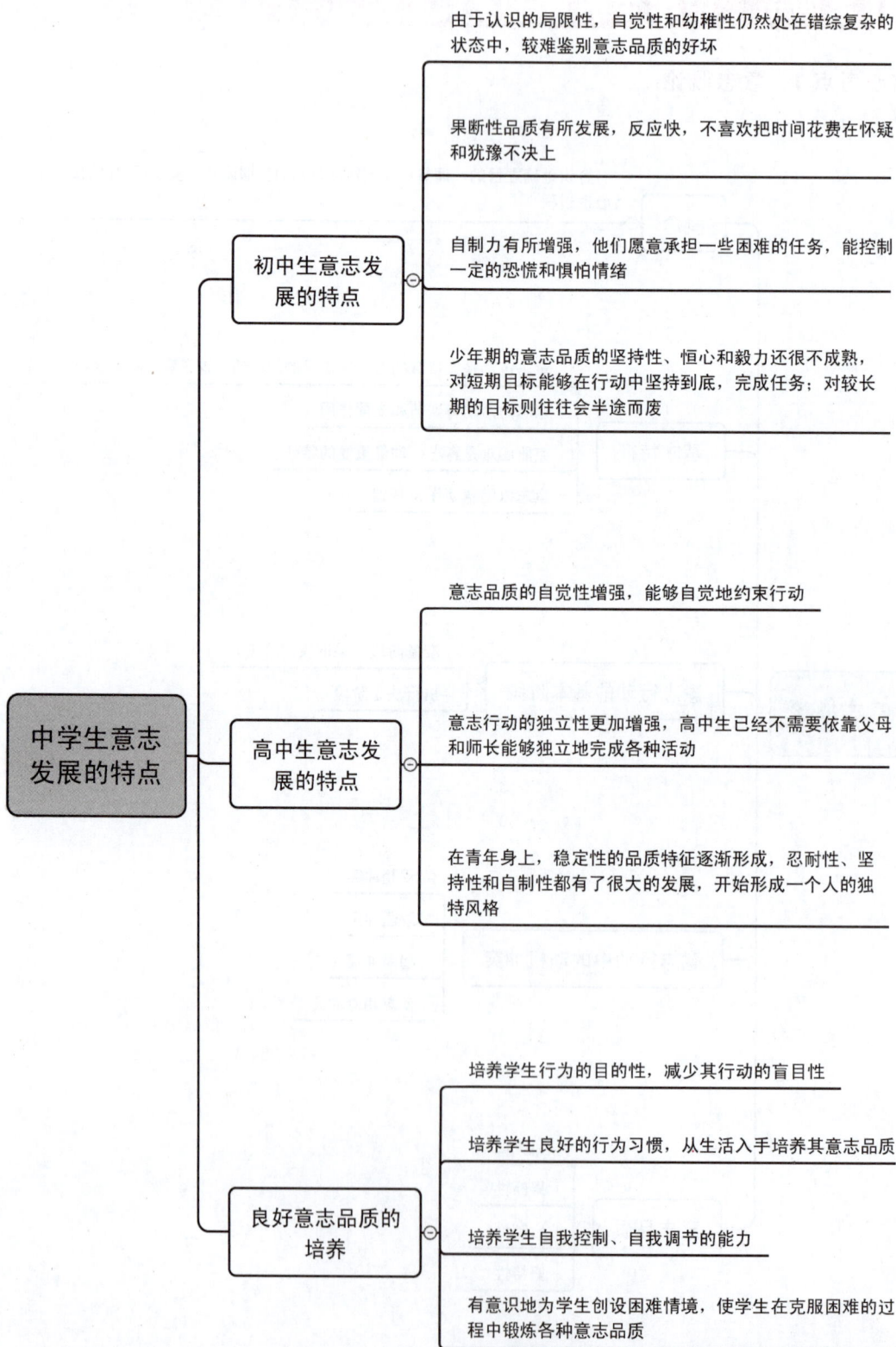

中学生意志发展的特点

- 初中生意志发展的特点
  - 由于认识的局限性，自觉性和幼稚性仍然处在错综复杂的状态中，较难鉴别意志品质的好坏
  - 果断性品质有所发展，反应快，不喜欢把时间花费在怀疑和犹豫不决上
  - 自制力有所增强，他们愿意承担一些困难的任务，能控制一定的恐慌和惧怕情绪
  - 少年期的意志品质的坚持性、恒心和毅力还很不成熟，对短期目标能够在行动中坚持到底，完成任务；对较长期的目标则往往会半途而废

- 高中生意志发展的特点
  - 意志品质的自觉性增强，能够自觉地约束行动
  - 意志行动的独立性更加增强，高中生已经不需要依靠父母和师长能够独立地完成各种活动
  - 在青年身上，稳定性的品质特征逐渐形成，忍耐性、坚持性和自制性都有了很大的发展，开始形成一个人的独特风格

- 良好意志品质的培养
  - 培养学生行为的目的性，减少其行动的盲目性
  - 培养学生良好的行为习惯，从生活入手培养其意志品质
  - 培养学生自我控制、自我调节的能力
  - 有意识地为学生创设困难情境，使学生在克服困难的过程中锻炼各种意志品质

第五节　中学生的个性发展

核心考点 1：能力概述

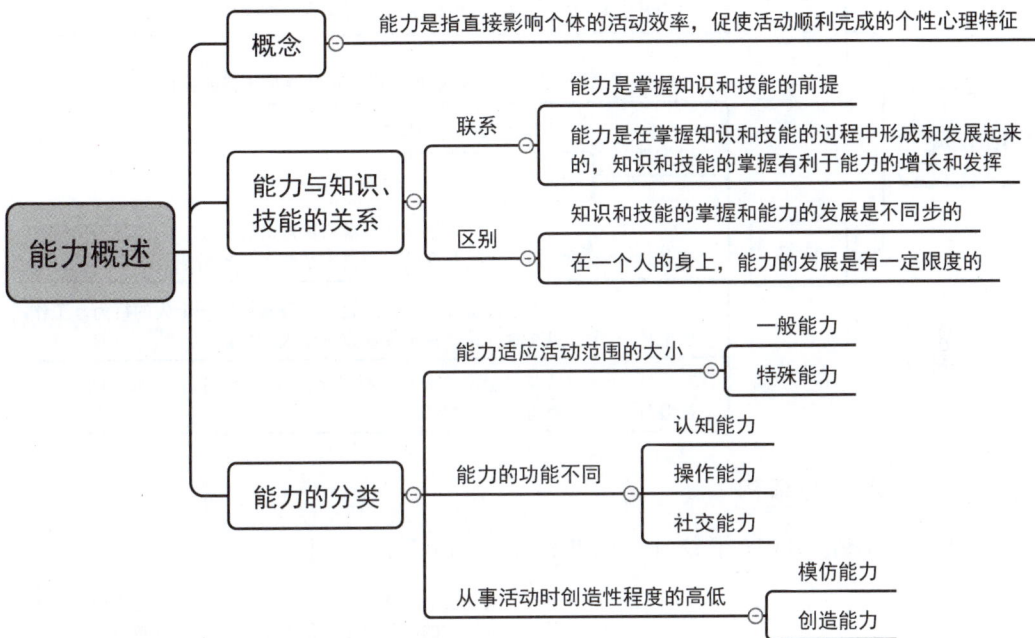

核心考点 2：能力的结构（智力的结构）

（2015 上）

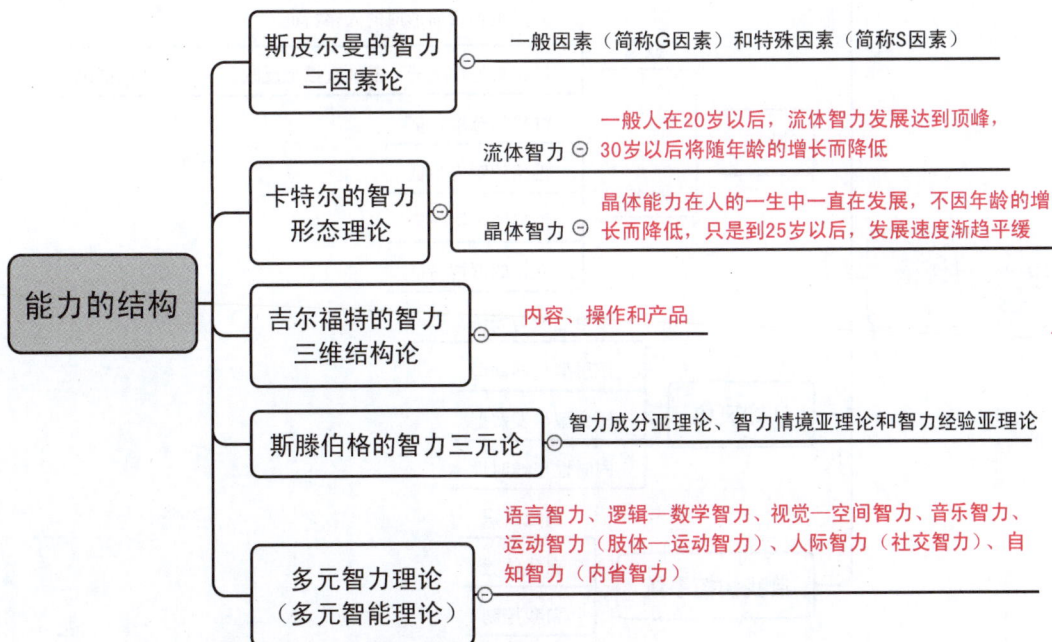

核心考点 3：人格概述

（2014 上）

人格概述
- 概念 ○── 人格是构成一个人思想、情感及行为的特有模式，这个独特模式包含了一个人区别于他人的稳定而统一的心理品质，即决定个体的外显行为和内隐行为并使其与他人的行为有稳定区别的综合心理特征
- 特征
  - 独特性 ⊖ "人心不同，各如其面"指的就是人格的独特性
  - 稳定性 ○──
    - 人格的跨时间的持续性
    - 人格的跨情境的一致性
  - 整体性（统合性） ⊖ 人格具有多种心理成分和特质，它们并不是孤立存在的，而是密切联系并整合成为一个有机整体
  - 功能性 ⊖ 人格是人生成败的根源之一，直接影响一个人的行为、工作和生活方式，甚至会决定一个人的命运
  - 社会性 ⊖ 人格的社会性是指人格是个体在社会化过程中形成的，是社会的人所特有的

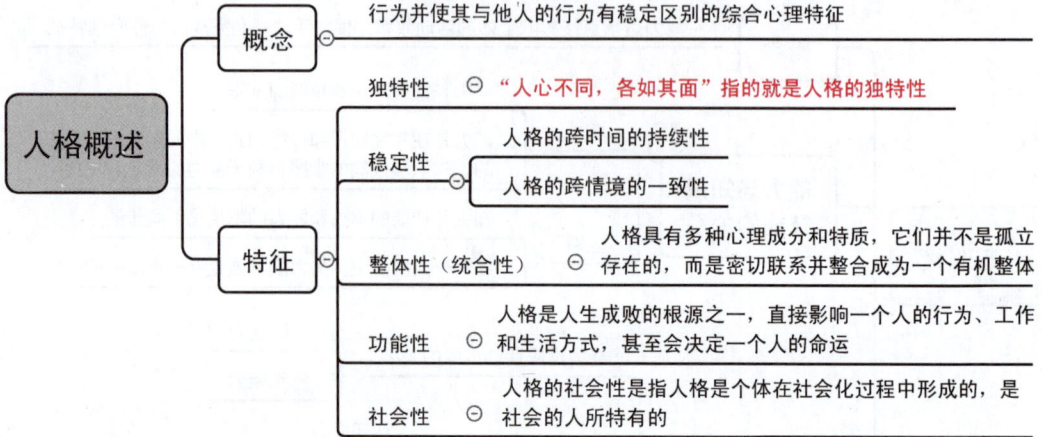

核心考点 4：人格的结构

（2019 下、2019 上、2016 下、2015 上、2014 上、2013 下、2013 上、2012 上）

人格的结构
- 气质
  - 概念 ○──
    - 气质是表现在心理活动的强度、速度、灵活性与指向性等方面的一种稳定的心理特征，即我们平时所说的脾气、秉性
    - 气质是人的天性，无好坏之分
  - 类型 ⊖ 胆汁质、多血质、黏液质、抑郁质
- 性格
  - 概念 ○──
    - 性格是一个人对现实的比较稳定的态度与习惯化了的行为方式相结合而形成的人格特征
    - 性格有好坏之分，最能直接地反映出一个人的道德风貌
  - 特征 ⊖
    - 性格的态度特征
    - 性格的意志特征
    - 性格的情绪特征
    - 性格的理智特征
- 认知风格
  - 场独立型与场依存型
  - 沉思型与冲动型
  - 辐合型与发散型
  - 同时性与继时性
- 自我调控系统
  - 自我认识
  - 自我体验
  - 自我控制

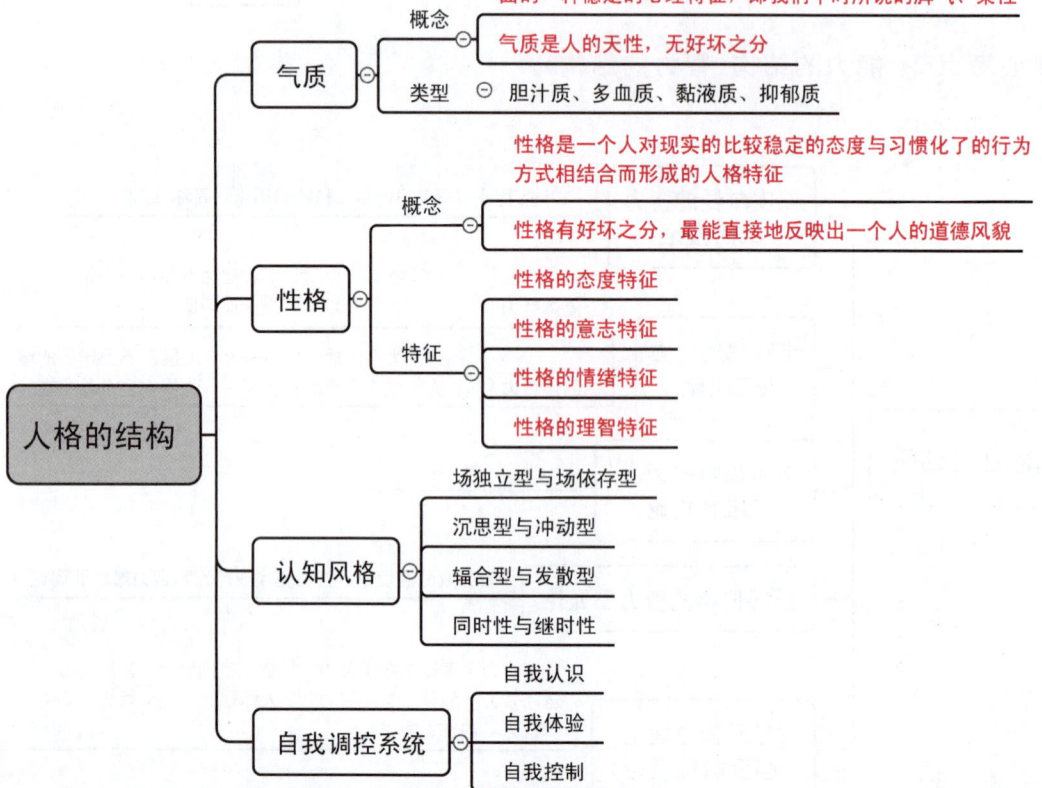

核心考点 5：人格特质理论

（2017 上、2013 上）

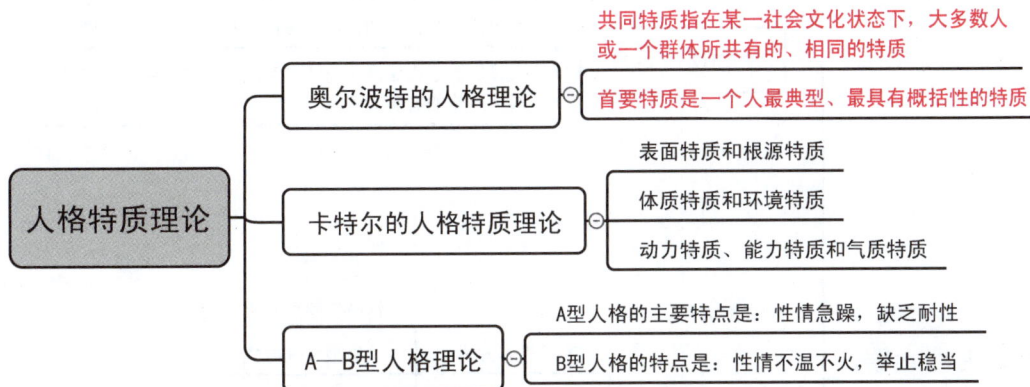

人格特质理论
- 奥尔波特的人格理论
  - 共同特质指在某一社会文化状态下，大多数人或一个群体所共有的、相同的特质
  - 首要特质是一个人最典型、最具有概括性的特质
- 卡特尔的人格特质理论
  - 表面特质和根源特质
  - 体质特质和环境特质
  - 动力特质、能力特质和气质特质
- A—B型人格理论
  - A型人格的主要特点是：性情急躁，缺乏耐性
  - B型人格的特点是：性情不温不火，举止稳当

核心考点 6：人格发展理论

（2018 下、2017 下、2016 上）

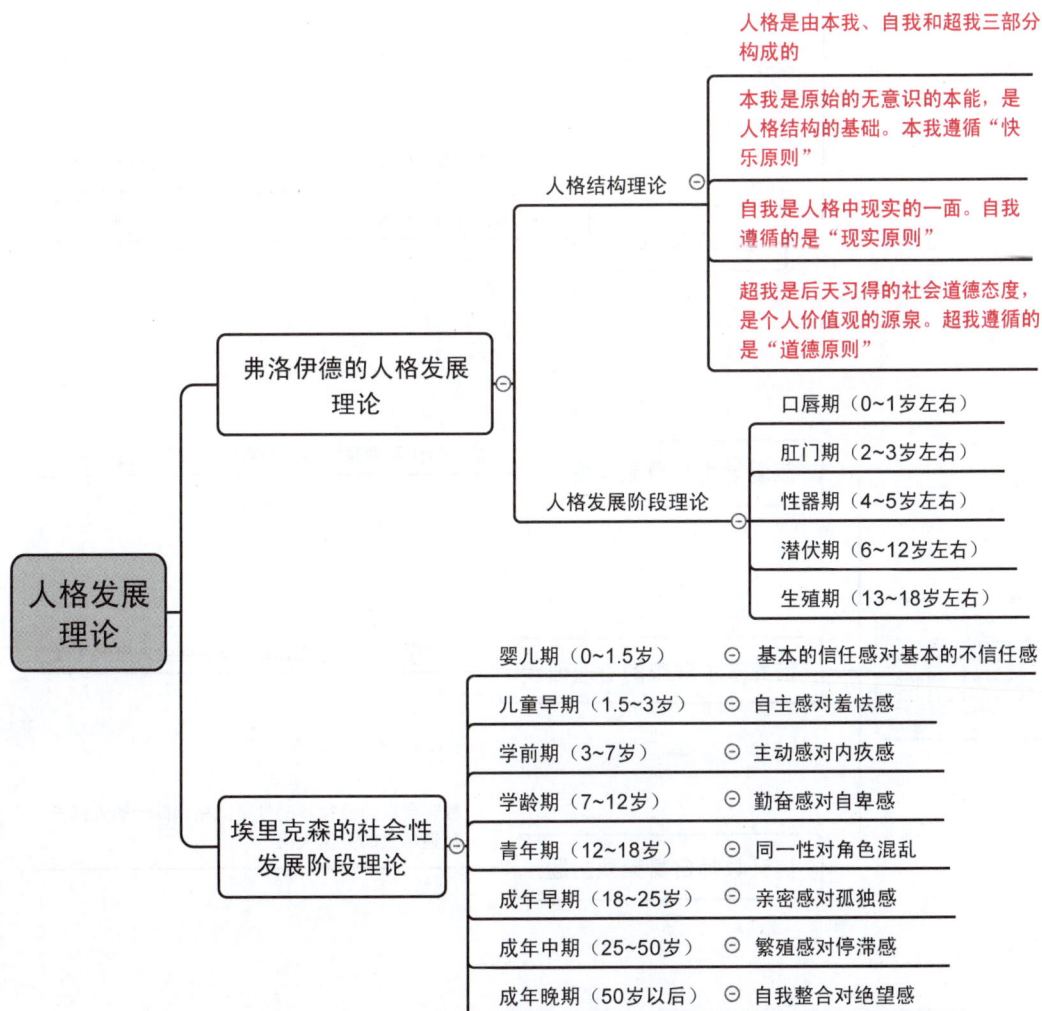

人格发展理论
- 弗洛伊德的人格发展理论
  - 人格结构理论
    - 人格是由本我、自我和超我三部分构成的
    - 本我是原始的无意识的本能，是人格结构的基础。本我遵循"快乐原则"
    - 自我是人格中现实的一面。自我遵循的是"现实原则"
    - 超我是后天习得的社会道德态度，是个人价值观的源泉。超我遵循的是"道德原则"
  - 人格发展阶段理论
    - 口唇期（0~1岁左右）
    - 肛门期（2~3岁左右）
    - 性器期（4~5岁左右）
    - 潜伏期（6~12岁左右）
    - 生殖期（13~18岁左右）
- 埃里克森的社会性发展阶段理论
  - 婴儿期（0~1.5岁）—— 基本的信任感对基本的不信任感
  - 儿童早期（1.5~3岁）—— 自主感对羞怯感
  - 学前期（3~7岁）—— 主动感对内疚感
  - 学龄期（7~12岁）—— 勤奋感对自卑感
  - 青年期（12~18岁）—— 同一性对角色混乱
  - 成年早期（18~25岁）—— 亲密感对孤独感
  - 成年中期（25~50岁）—— 繁殖感对停滞感
  - 成年晚期（50岁以后）—— 自我整合对绝望感

核心考点 7：影响人格发展的因素

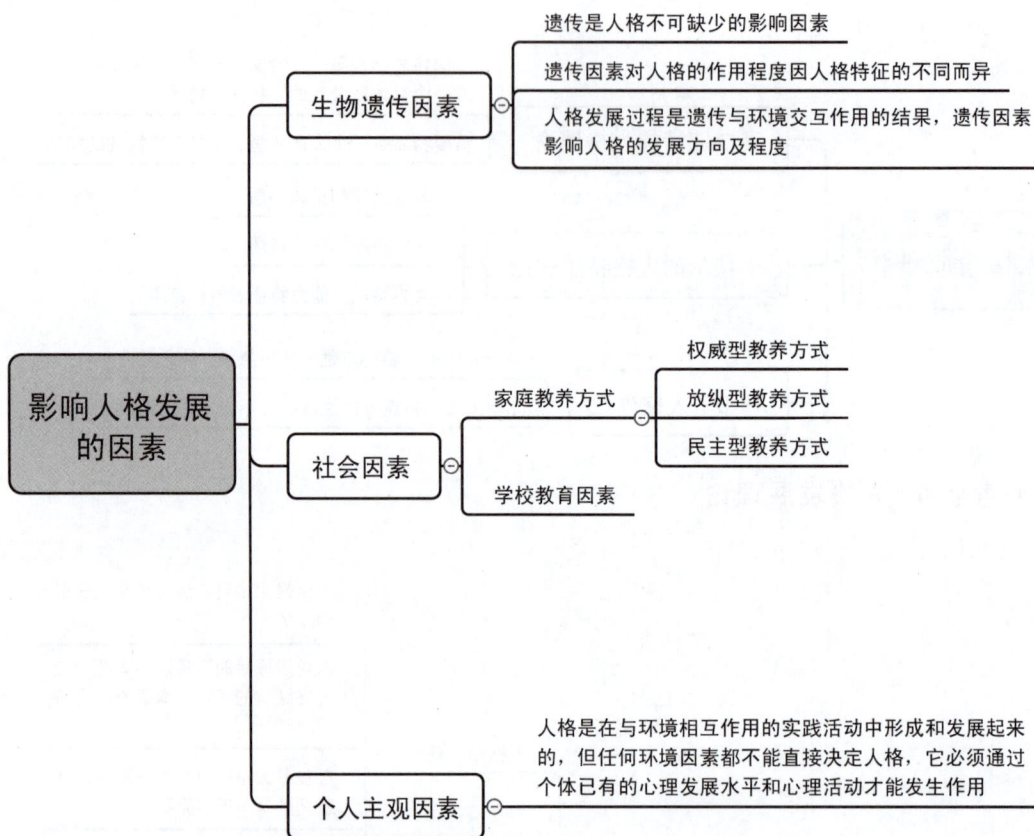

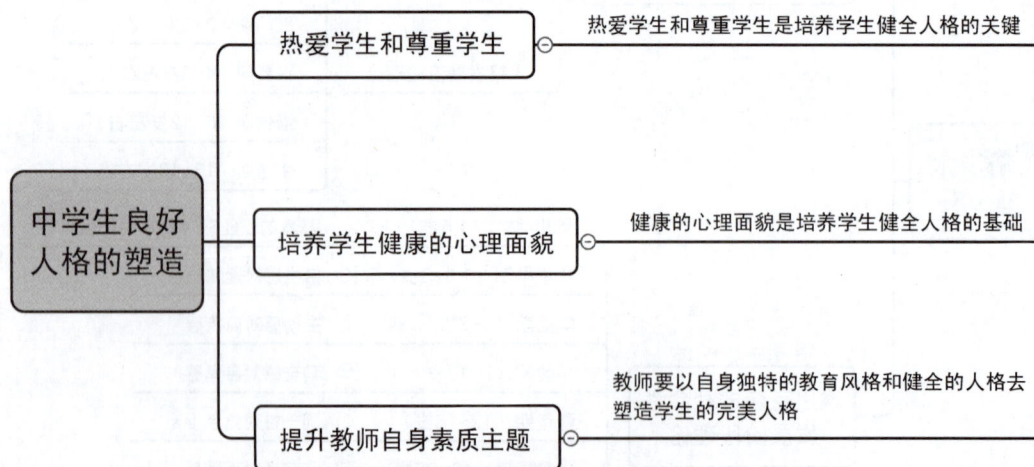

影响人格发展的因素
- 生物遗传因素
  - 遗传是人格不可缺少的影响因素
  - 遗传因素对人格的作用程度因人格特征的不同而异
  - 人格发展过程是遗传与环境交互作用的结果，遗传因素影响人格的发展方向及程度
- 社会因素
  - 家庭教养方式
    - 权威型教养方式
    - 放纵型教养方式
    - 民主型教养方式
  - 学校教育因素
- 个人主观因素
  - 人格是在与环境相互作用的实践活动中形成和发展起来的，但任何环境因素都不能直接决定人格，它必须通过个体已有的心理发展水平和心理活动才能发生作用

中学生良好人格的塑造
- 热爱学生和尊重学生
  - 热爱学生和尊重学生是培养学生健全人格的关键
- 培养学生健康的心理面貌
  - 健康的心理面貌是培养学生健全人格的基础
- 提升教师自身素质主题
  - 教师要以自身独特的教育风格和健全的人格去塑造学生的完美人格

第六章　中学生心理辅导

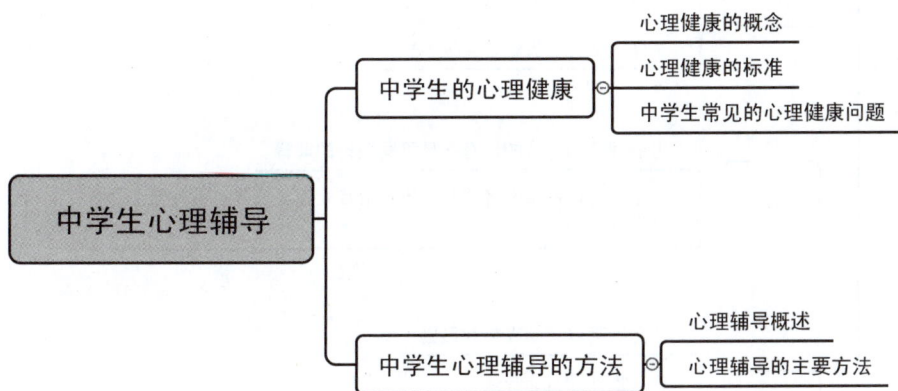

中学生心理辅导
- 中学生的心理健康
  - 心理健康的概念
  - 心理健康的标准
  - 中学生常见的心理健康问题
- 中学生心理辅导的方法
  - 心理辅导概述
  - 心理辅导的主要方法

第一节　中学生的心理健康

核心考点 1：心理健康

（2019 下）

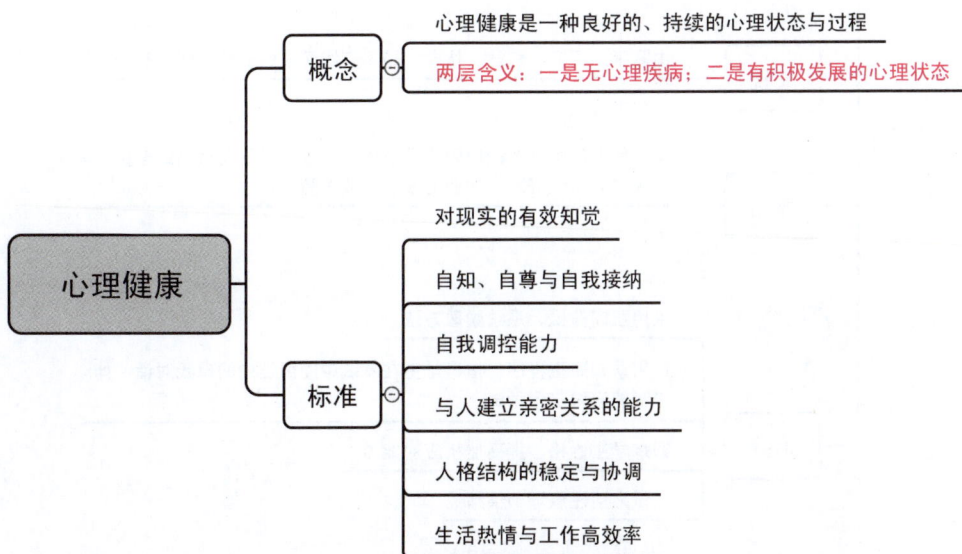

心理健康
- 概念
  - 心理健康是一种良好的、持续的心理状态与过程
  - 两层含义：一是无心理疾病；二是有积极发展的心理状态
- 标准
  - 对现实的有效知觉
  - 自知、自尊与自我接纳
  - 自我调控能力
  - 与人建立亲密关系的能力
  - 人格结构的稳定与协调
  - 生活热情与工作高效率

核心考点 2：中学生常见的心理健康问题

（2019 下、2019 上、2018 上、2017 下、2017 上、2016 下、2014 上、2013 下、2012 上）

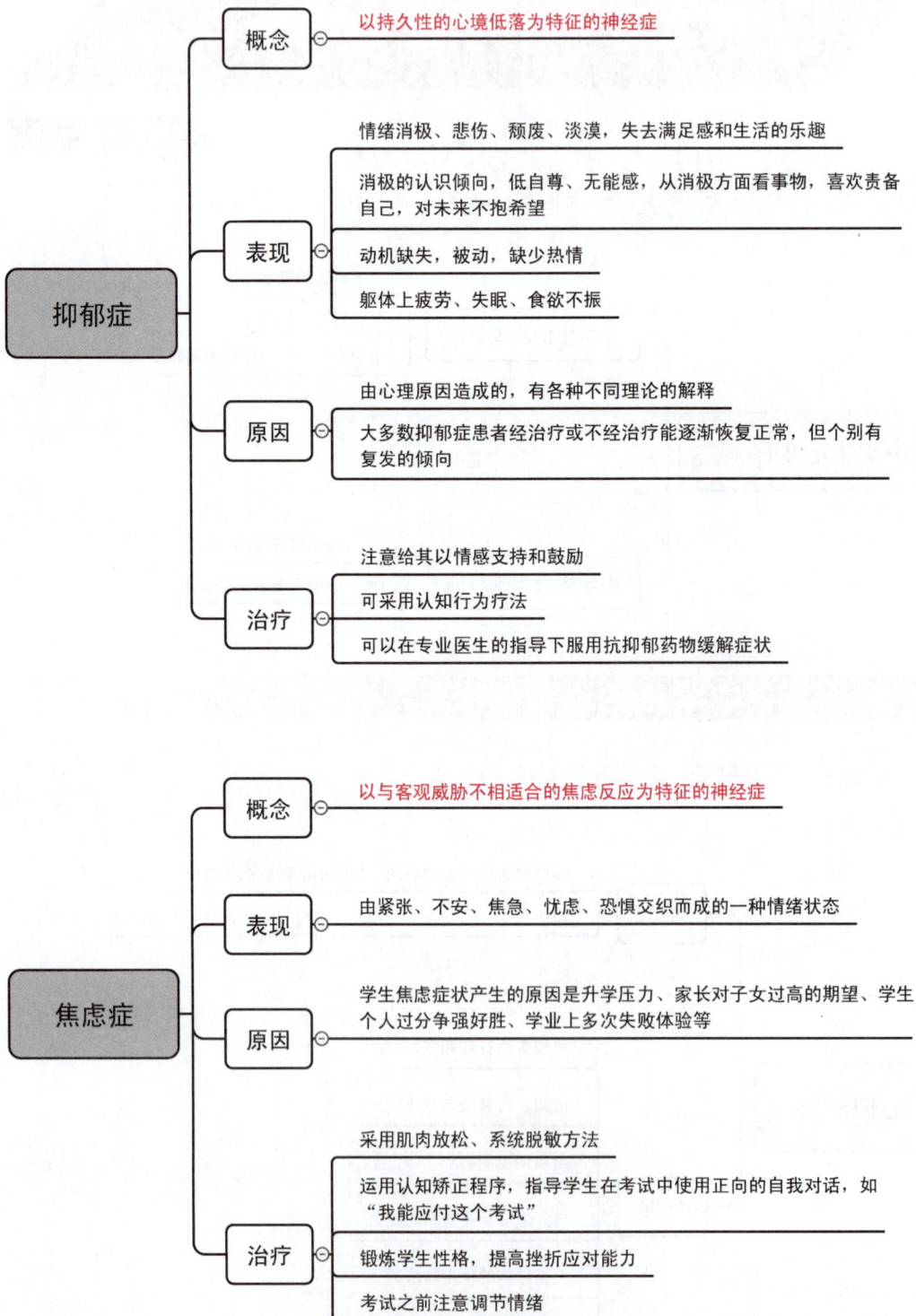

抑郁症

- **概念** —— 以持久性的心境低落为特征的神经症

- **表现**
  - 情绪消极、悲伤、颓废、淡漠，失去满足感和生活的乐趣
  - 消极的认识倾向，低自尊、无能感，从消极方面看事物，喜欢责备自己，对未来不抱希望
  - 动机缺失，被动，缺少热情
  - 躯体上疲劳、失眠、食欲不振

- **原因**
  - 由心理原因造成的，有各种不同理论的解释
  - 大多数抑郁症患者经治疗或不经治疗能逐渐恢复正常，但个别有复发的倾向

- **治疗**
  - 注意给其以情感支持和鼓励
  - 可采用认知行为疗法
  - 可以在专业医生的指导下服用抗抑郁药物缓解症状

焦虑症

- **概念** —— 以与客观威胁不相适合的焦虑反应为特征的神经症

- **表现** —— 由紧张、不安、焦急、忧虑、恐惧交织而成的一种情绪状态

- **原因** —— 学生焦虑症状产生的原因是升学压力、家长对子女过高的期望、学生个人过分争强好胜、学业上多次失败体验等

- **治疗**
  - 采用肌肉放松、系统脱敏方法
  - 运用认知矫正程序，指导学生在考试中使用正向的自我对话，如"我能应付这个考试"
  - 锻炼学生性格，提高挫折应对能力
  - 考试之前注意调节情绪

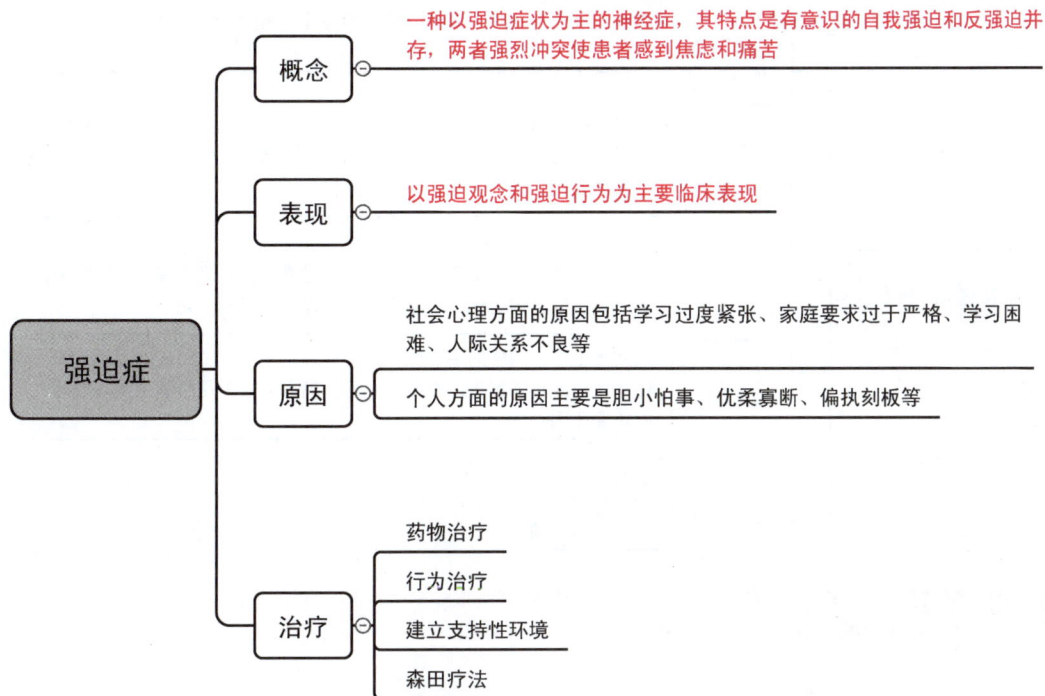

强迫症

- 概念　一种以强迫症状为主的神经症，其特点是有意识的自我强迫和反强迫并存，两者强烈冲突使患者感到焦虑和痛苦
- 表现　以强迫观念和强迫行为为主要临床表现
- 原因
  - 社会心理方面的原因包括学习过度紧张、家庭要求过于严格、学习困难、人际关系不良等
  - 个人方面的原因主要是胆小怕事、优柔寡断、偏执刻板等
- 治疗
  - 药物治疗
  - 行为治疗
  - 建立支持性环境
  - 森田疗法

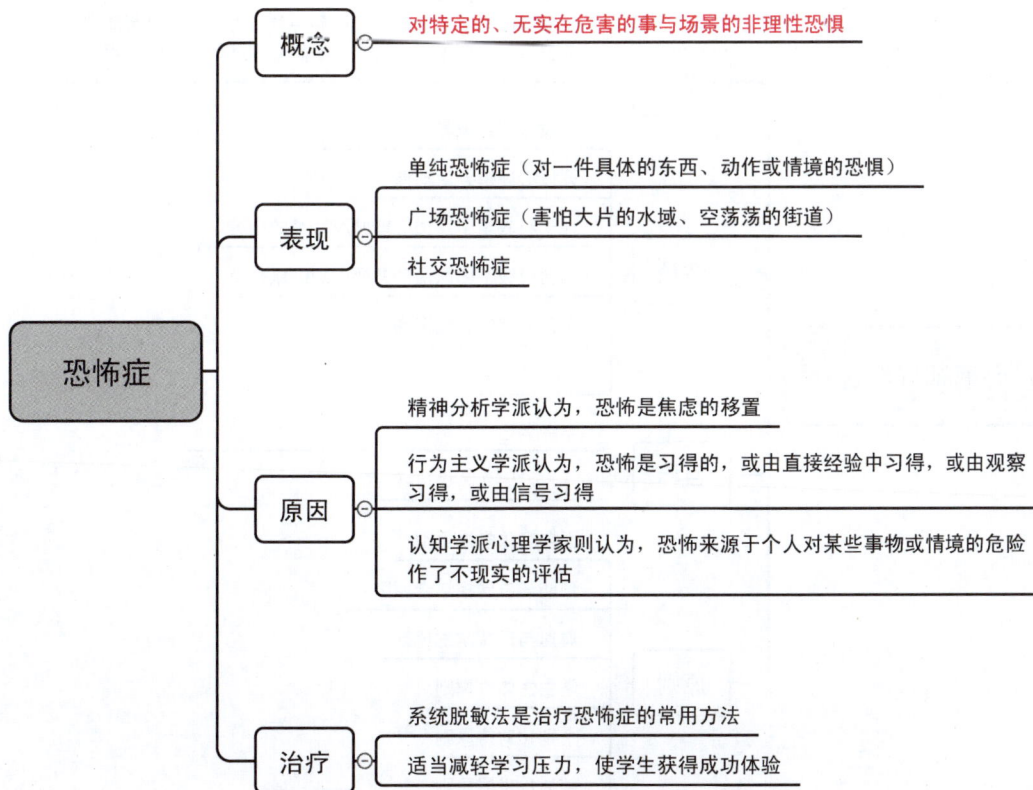

恐怖症

- 概念　对特定的、无实在危害的事与场景的非理性恐惧
- 表现
  - 单纯恐怖症（对一件具体的东西、动作或情境的恐惧）
  - 广场恐怖症（害怕大片的水域、空荡荡的街道）
  - 社交恐怖症
- 原因
  - 精神分析学派认为，恐怖是焦虑的移置
  - 行为主义学派认为，恐怖是习得的，或由直接经验中习得，或由观察习得，或由信号习得
  - 认知学派心理学家则认为，恐怖来源于个人对某些事物或情境的危险作了不现实的评估
- 治疗
  - 系统脱敏法是治疗恐怖症的常用方法
  - 适当减轻学习压力，使学生获得成功体验

网络成瘾

- 概念 —— 由于过度使用互联网而造成的一种心理异常症状，以及伴随的一种生理性不适

- 表现 —— 网络成瘾者自身有一些躯体症状，如头晕、心烦、胸闷气憋、紧张性兴奋、懒散等，并且与家长、朋友打电话或与朋友聚会次数减少，下网后变得空虚、失落，不愿与人交流

- 原因
  - 从主观上讲，中学生活泼、热情、容易激动，而又不善于控制感情，青春期生理上的变化，引起了他们心理上的急剧变化
  - 从客观上讲，网络的平等性、隐匿性满足了中学生交往的欲望，使中学生对网络感到难以割舍。中考、高考的压力是中学生网络成瘾的重要原因

- 治疗
  - 采用行为疗法
  - 采用厌恶干预法

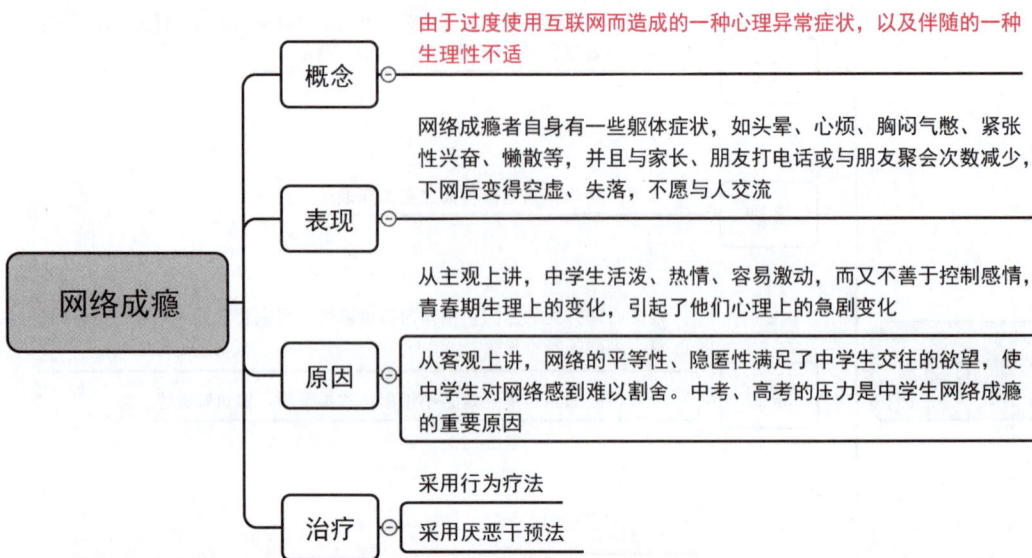

第二节　中学生心理辅导的方法

核心考点 1：心理辅导概述

（2018 上、2017 上）

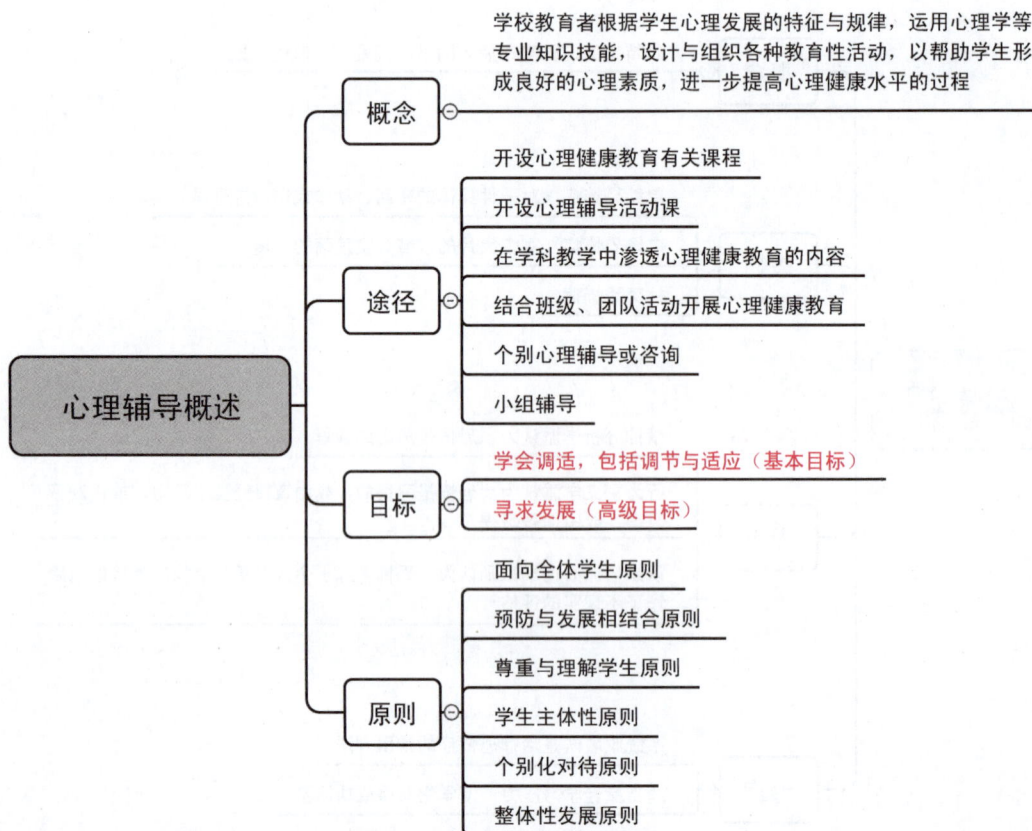

心理辅导概述

- 概念 —— 学校教育者根据学生心理发展的特征与规律，运用心理学等专业知识技能，设计与组织各种教育性活动，以帮助学生形成良好的心理素质，进一步提高心理健康水平的过程

- 途径
  - 开设心理健康教育有关课程
  - 开设心理辅导活动课
  - 在学科教学中渗透心理健康教育的内容
  - 结合班级、团队活动开展心理健康教育
  - 个别心理辅导或咨询
  - 小组辅导

- 目标
  - 学会调适，包括调节与适应（基本目标）
  - 寻求发展（高级目标）

- 原则
  - 面向全体学生原则
  - 预防与发展相结合原则
  - 尊重与理解学生原则
  - 学生主体性原则
  - 个别化对待原则
  - 整体性发展原则

核心考点 2：心理辅导的主要方法

（2016 上、2014 下、2013 下、2012 上）

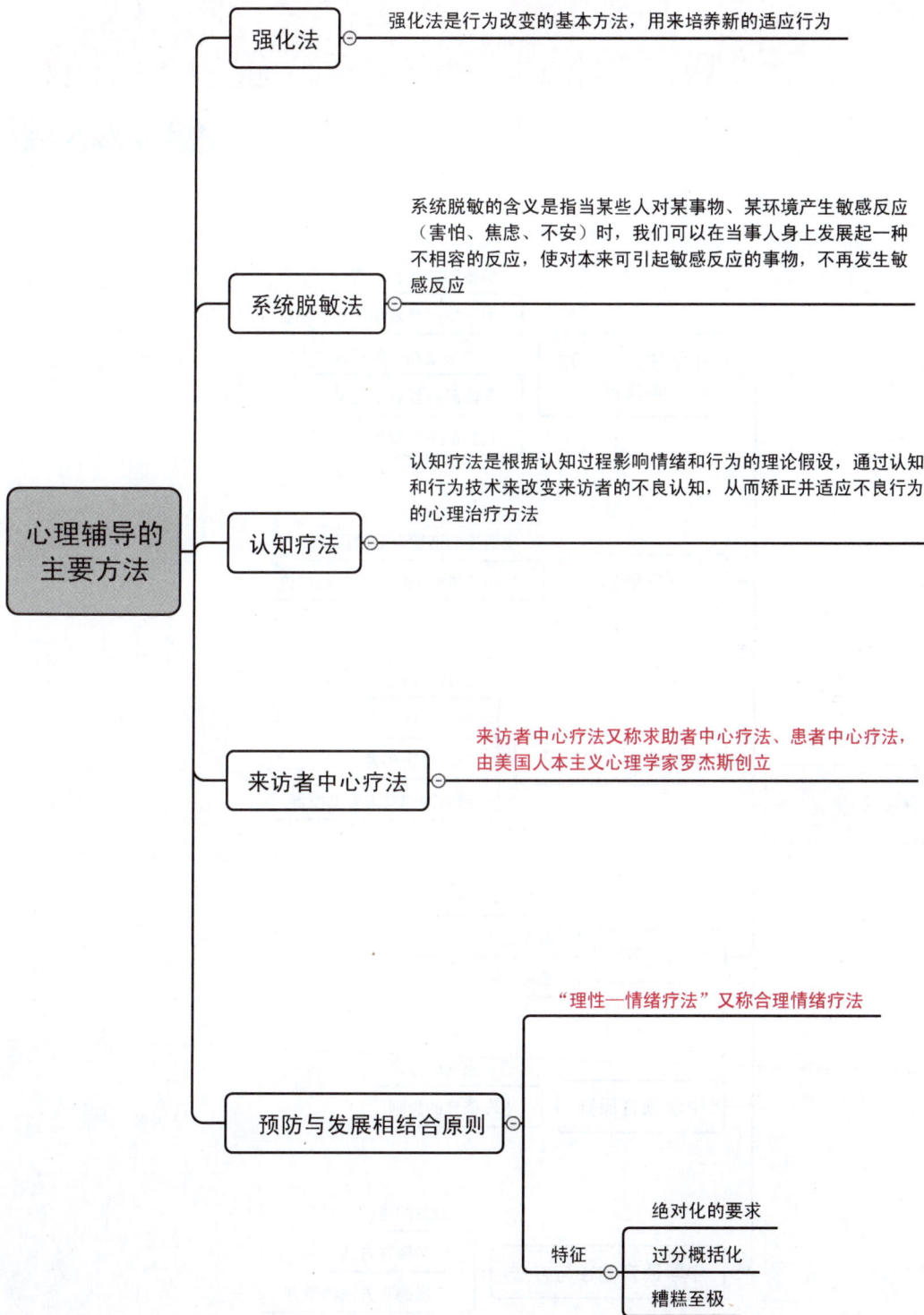

```
                              ┌─ 强化法 ──── 强化法是行为改变的基本方法，用来培养新的适应行为
                              │
                              │              系统脱敏的含义是指当某些人对某事物、某环境产生敏感反应
                              │              （害怕、焦虑、不安）时，我们可以在当事人身上发展起一种
                              ├─ 系统脱敏法 ─ 不相容的反应，使对本来可引起敏感反应的事物，不再发生敏
                              │              感反应
                              │
                              │              认知疗法是根据认知过程影响情绪和行为的理论假设，通过认知
  心理辅导的                   ├─ 认知疗法 ── 和行为技术来改变来访者的不良认知，从而矫正并适应不良行为
  主要方法                     │              的心理治疗方法
                              │
                              │              来访者中心疗法又称求助者中心疗法、患者中心疗法，
                              ├─ 来访者中心疗法 ─ 由美国人本主义心理学家罗杰斯创立
                              │
                              │                     "理性─情绪疗法"又称合理情绪疗法
                              │
                              └─ 预防与发展相结合原则 ─┤
                                                              ┌─ 绝对化的要求
                                                     特征 ─┤─ 过分概括化
                                                              └─ 糟糕至极
```

第七章 中学德育

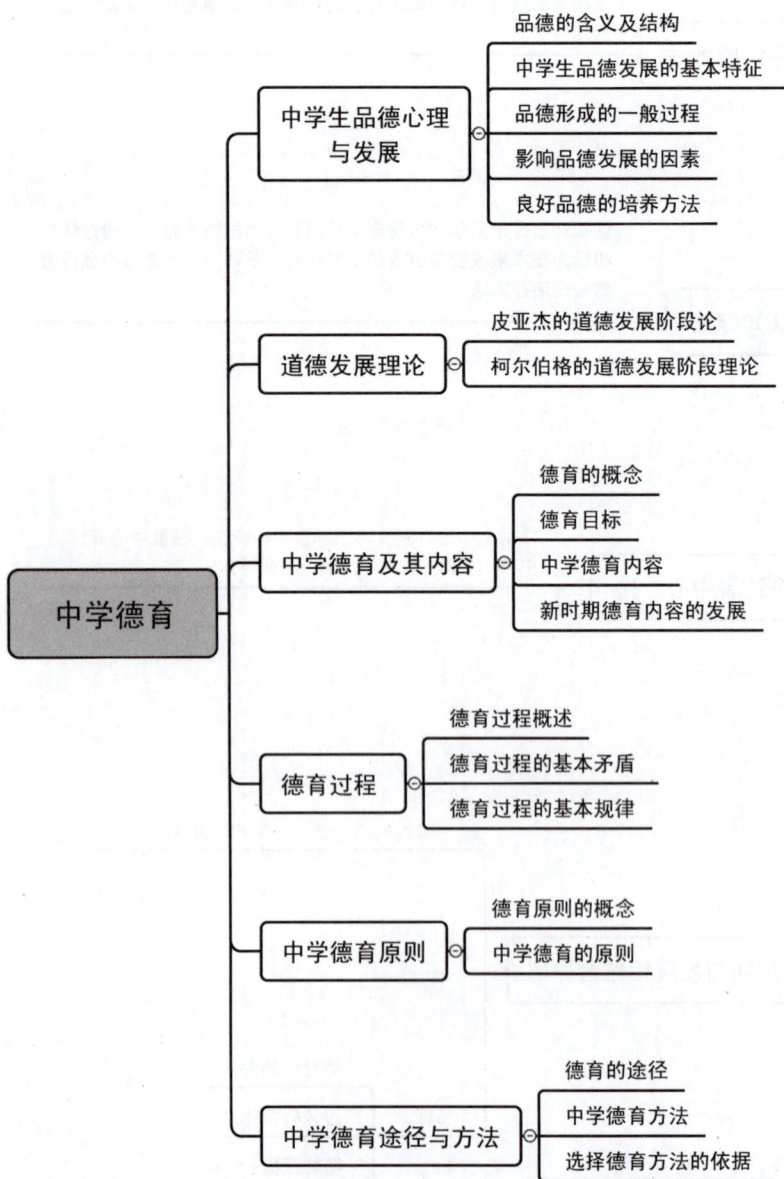

- 中学德育
  - 中学生品德心理与发展
    - 品德的含义及结构
    - 中学生品德发展的基本特征
    - 品德形成的一般过程
    - 影响品德发展的因素
    - 良好品德的培养方法
  - 道德发展理论
    - 皮亚杰的道德发展阶段论
    - 柯尔伯格的道德发展阶段理论
  - 中学德育及其内容
    - 德育的概念
    - 德育目标
    - 中学德育内容
    - 新时期德育内容的发展
  - 德育过程
    - 德育过程概述
    - 德育过程的基本矛盾
    - 德育过程的基本规律
  - 中学德育原则
    - 德育原则的概念
    - 中学德育的原则
  - 中学德育途径与方法
    - 德育的途径
    - 中学德育方法
    - 选择德育方法的依据

第一节　中学生品德心理与发展

核心考点 1：品德的含义及结构

（2019 下、2017 下、2015 上、2014 上、2013 上）

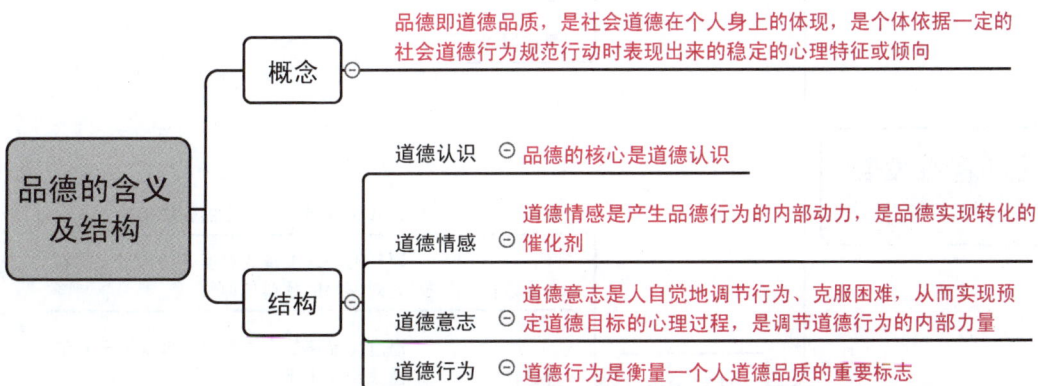

```
                   ┌── 概念 ──── 品德即道德品质，是社会道德在个人身上的体现，是个体依据一定的
                   │             社会道德行为规范行动时表现出来的稳定的心理特征或倾向
品德的含义         │
及结构 ────────────┤         道德认识 ⊖ 品德的核心是道德认识
                   │
                   │         道德情感 ⊖ 道德情感是产生品德行为的内部动力，是品德实现转化的
                   │                    催化剂
                   └── 结构 ⊖
                             道德意志 ⊖ 道德意志是人自觉地调节行为、克服困难，从而实现预
                                        定道德目标的心理过程，是调节道德行为的内部力量
                             道德行为 ⊖ 道德行为是衡量一个人道德品质的重要标志
```

核心考点 2：中学生品德发展的基本特征

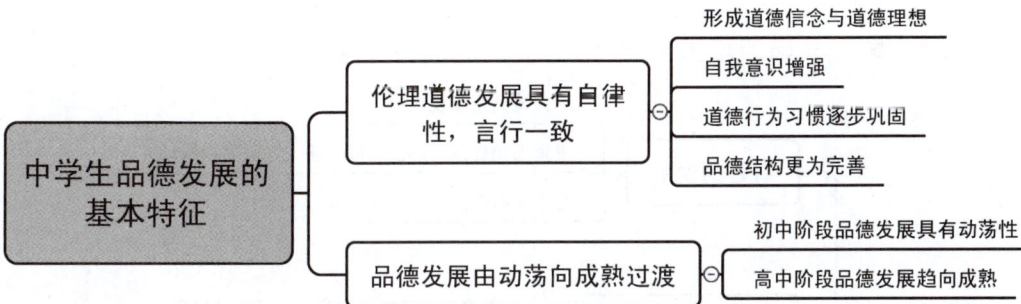

```
                      ┌── 伦理道德发展具有自律 ──┬── 形成道德信念与道德理想
                      │    性，言行一致      ⊖ ├── 自我意识增强
中学生品德发展的       │                        ├── 道德行为习惯逐步巩固
基本特征 ─────────────┤                        └── 品德结构更为完善
                      │
                      └── 品德发展由动荡向成熟过渡 ⊖ ┬── 初中阶段品德发展具有动荡性
                                                     └── 高中阶段品德发展趋向成熟
```

核心考点 3：品德形成的一般过程

（2017 下、2012 上）

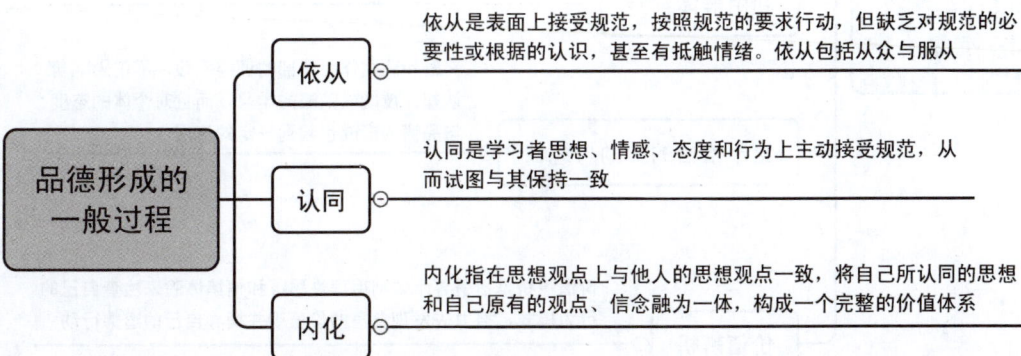

```
              ┌── 依从 ── 依从是表面上接受规范，按照规范的要求行动，但缺乏对规范的必
              │           要性或根据的认识，甚至有抵触情绪。依从包括从众与服从
品德形成的     │
一般过程 ──────┤── 认同 ── 认同是学习者思想、情感、态度和行为上主动接受规范，从
              │           而试图与其保持一致
              │
              └── 内化 ── 内化指在思想观点上与他人的思想观点一致，将自己所认同的思想
                          和自己原有的观点、信念融为一体，构成一个完整的价值体系
```

核心考点 4：影响品德发展的因素

（2019 上）

```
                                    家庭教育
                              外部因素  学校教育
                                        社会风气
                                        同伴群体
影响品德发展
的因素
                              认知失调 ⊖ 认知失调是态度改变的先决条件
                                        事先的心理准备或态度定势常常支配着
                              态度定势 ⊖ 人对事物的预料与评价
                              内部因素  道德认知 ⊖ 态度与品德的形成与改变取决于已有的
                                                道德判断水平
                                        个体的智力水平、受教育程度、年龄等因素也对态度与品
                                        德的形成与改变有不同程度的影响
```

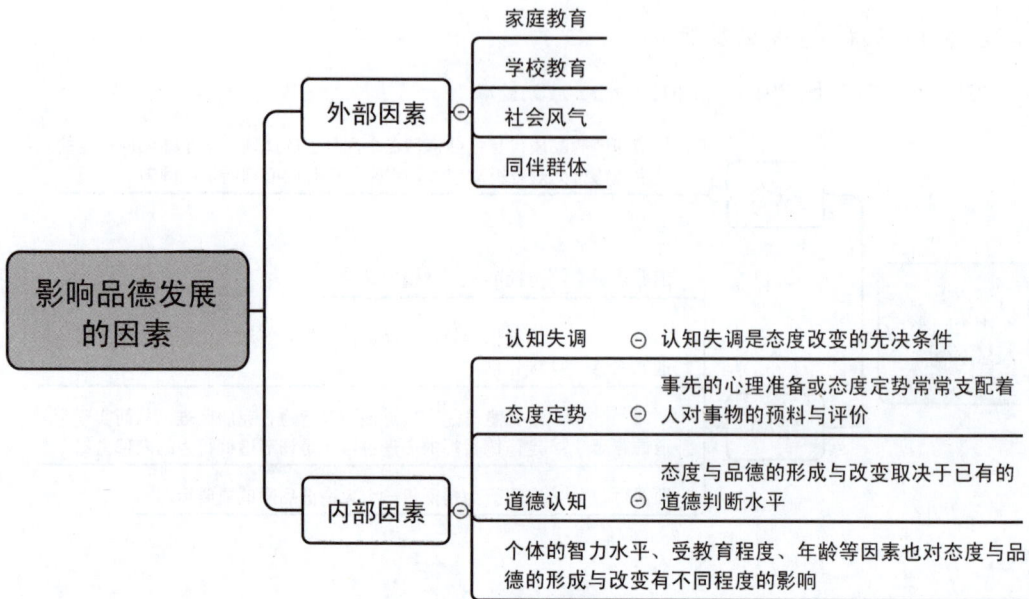

核心考点 5：良好品德的培养方法

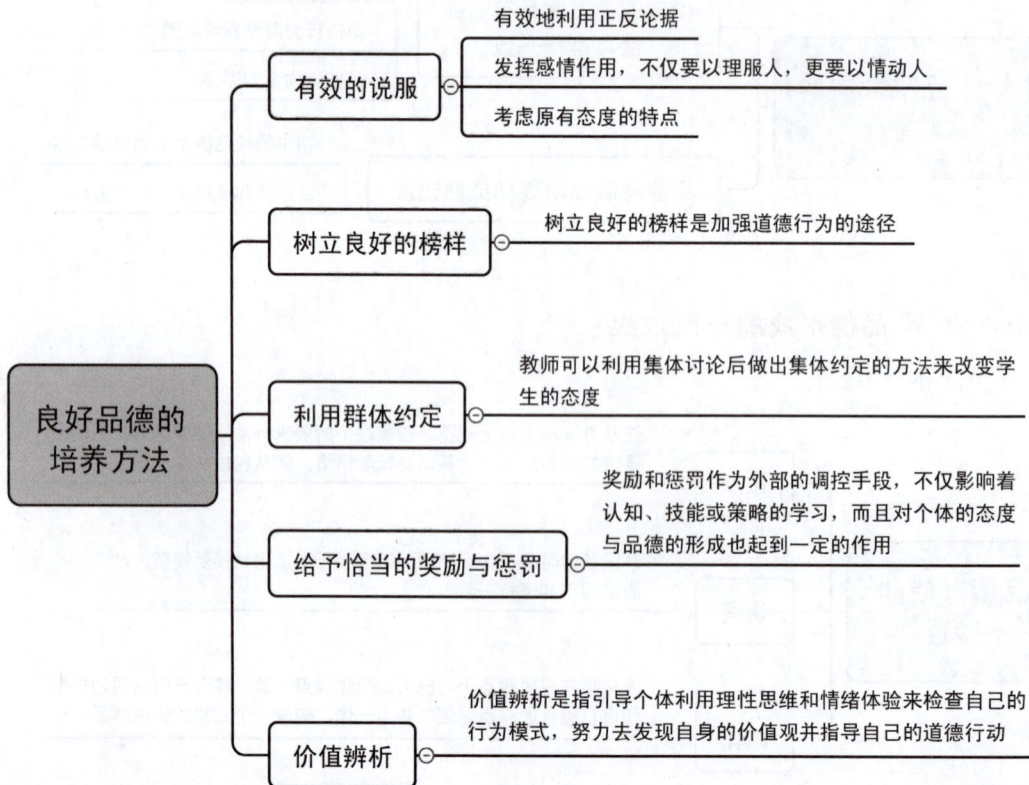

```
                              有效的说服  有效地利用正反论据
                                          发挥感情作用，不仅要以理服人，更要以情动人
                                          考虑原有态度的特点

                              树立良好的榜样  树立良好的榜样是加强道德行为的途径

良好品德的
培养方法                      利用群体约定  教师可以利用集体讨论后做出集体约定的方法来改变学
                                          生的态度

                              给予恰当的奖励与惩罚  奖励和惩罚作为外部的调控手段，不仅影响着
                                                    认知、技能或策略的学习，而且对个体的态度
                                                    与品德的形成也起到一定的作用

                              价值辨析  价值辨析是指引导个体利用理性思维和情绪体验来检查自己的
                                        行为模式，努力去发现自身的价值观并指导自己的道德行动
```

第二节　道德发展理论

核心考点 1：皮亚杰的道德发展阶段论

（2017 上、2014 下）

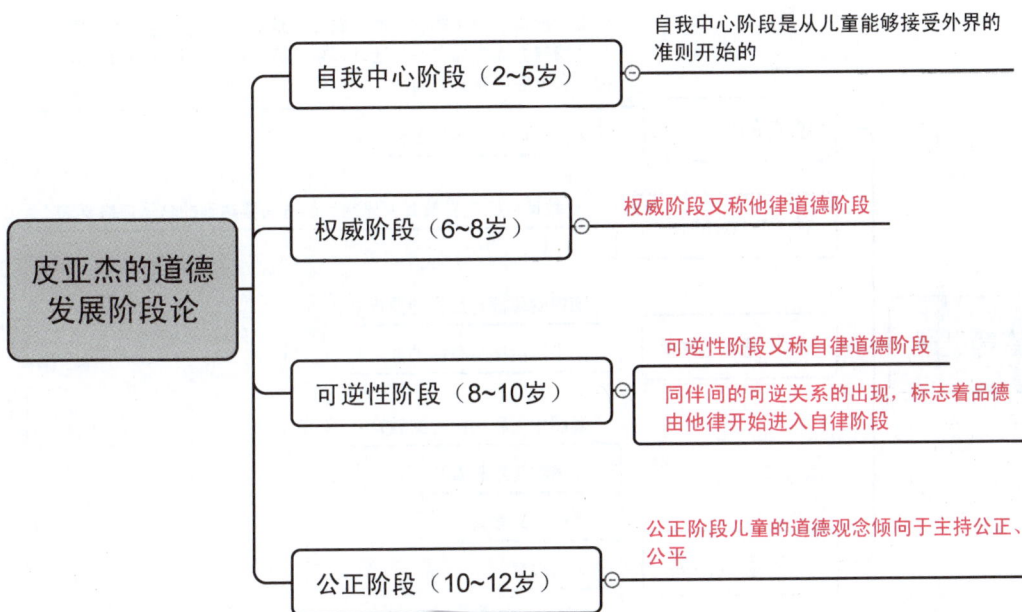

皮亚杰的道德发展阶段论
- 自我中心阶段（2~5岁）—— 自我中心阶段是从儿童能够接受外界的准则开始的
- 权威阶段（6~8岁）—— 权威阶段又称他律道德阶段
- 可逆性阶段（8~10岁）—— 可逆性阶段又称自律道德阶段；同伴间的可逆关系的出现，标志着品德由他律开始进入自律阶段
- 公正阶段（10~12岁）—— 公正阶段儿童的道德观念倾向于主持公正、公平

核心考点 2：柯尔伯格的道德发展阶段理论

（2019 下、2017 上、2016 下、2016 上、2015 下、2015 上、2013 下）

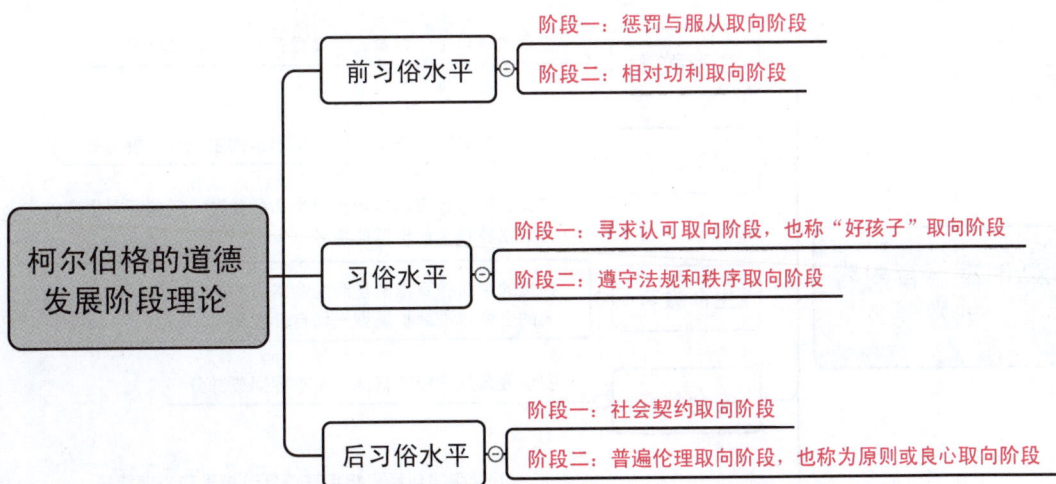

柯尔伯格的道德发展阶段理论
- 前习俗水平
  - 阶段一：惩罚与服从取向阶段
  - 阶段二：相对功利取向阶段
- 习俗水平
  - 阶段一：寻求认可取向阶段，也称"好孩子"取向阶段
  - 阶段二：遵守法规和秩序取向阶段
- 后习俗水平
  - 阶段一：社会契约取向阶段
  - 阶段二：普遍伦理取向阶段，也称为原则或良心取向阶段

第三节 中学德育及其内容

核心考点 1：德育概述

（2014 上）

```
                  ┌─ 德育的概念 ─┬─ 广义的德育泛指所有有目的、有计划地对社会成员在政治、思想
                  │              │   与道德等方面施加影响的活动，包括社会德育、社区德育、学校
                  │              │   德育和家庭德育等方面
                  │              └─ 狭义的德育则指学校德育
                  │
                  ├─ 德育目标的概念 ─ 教育目标在受教育者思想品德方面要达到的总体规格要求
                  │
  德育概述 ────────┤              ┌─ 初中阶段德育目标的要求
                  ├─ 中学德育目标 ─┤
                  │              └─ 高中阶段德育目标的要求
                  │
                  │              ┌─ 爱国主义和国际主义教育
                  │              ├─ 理想和传统教育
                  │              ├─ 集体主义教育
                  └─ 中学德育内容 ─┼─ 劳动教育
                                 ├─ 民主、纪律和法制教育
                                 └─ 辩证唯物主义世界观和人生观教育
```

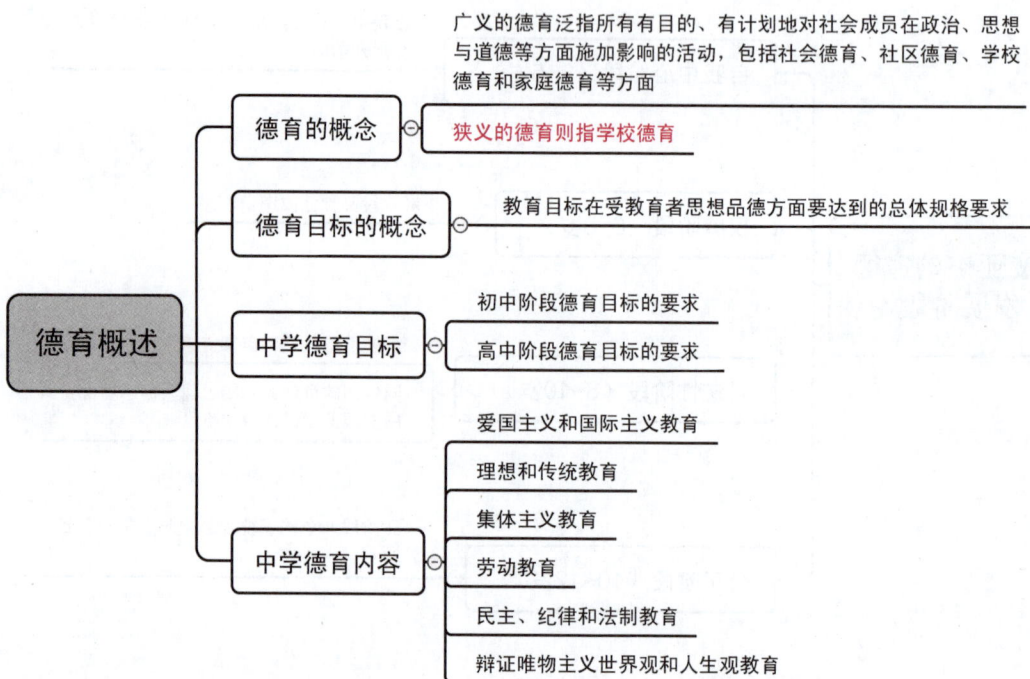

核心考点 2：新时期德育内容的发展

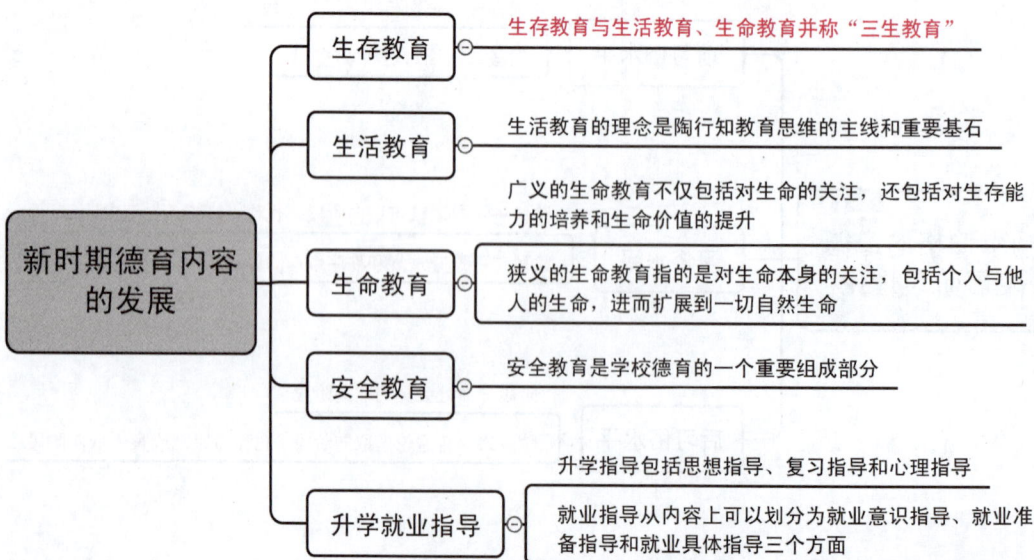

```
                    ┌─ 生存教育 ─ 生存教育与生活教育、生命教育并称"三生教育"
                    │
                    ├─ 生活教育 ─ 生活教育的理念是陶行知教育思维的主线和重要基石
                    │
                    │           ┌─ 广义的生命教育不仅包括对生命的关注，还包括对生存能
                    │           │   力的培养和生命价值的提升
  新时期德育内容 ─────┼─ 生命教育 ─┤
  的发展             │           └─ 狭义的生命教育指的是对生命本身的关注，包括个人与他
                    │               人的生命，进而扩展到一切自然生命
                    │
                    ├─ 安全教育 ─ 安全教育是学校德育的一个重要组成部分
                    │
                    │             ┌─ 升学指导包括思想指导、复习指导和心理指导
                    └─ 升学就业指导 ┤
                                  └─ 就业指导从内容上可以划分为就业意识指导、就业准
                                      备指导和就业具体指导三个方面
```

第四节　德育过程

核心考点 1：德育过程概述

（2017 下、2013 下）

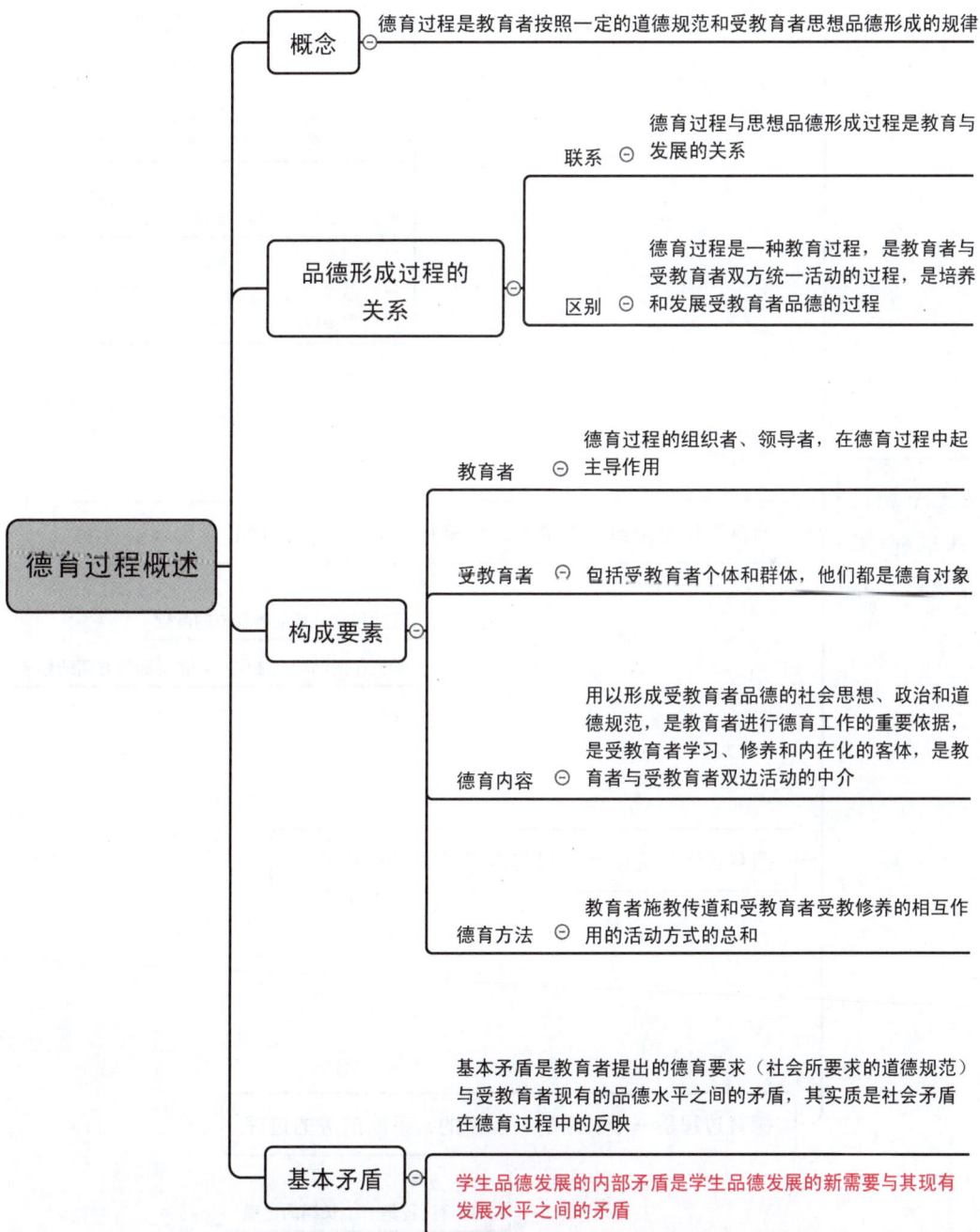

德育过程概述
- 概念 —— 德育过程是教育者按照一定的道德规范和受教育者思想品德形成的规律
- 品德形成过程的关系
  - 联系 ⊖ 德育过程与思想品德形成过程是教育与发展的关系
  - 区别 ⊖ 德育过程是一种教育过程，是教育者与受教育者双方统一活动的过程，是培养和发展受教育者品德的过程
- 构成要素
  - 教育者 ⊖ 德育过程的组织者、领导者，在德育过程中起主导作用
  - 受教育者 ⊖ 包括受教育者个体和群体，他们都是德育对象
  - 德育内容 ⊖ 用以形成受教育者品德的社会思想、政治和道德规范，是教育者进行德育工作的重要依据，是受教育者学习、修养和内在化的客体，是教育者与受教育者双边活动的中介
  - 德育方法 ⊖ 教育者施教传道和受教育者受教修养的相互作用的活动方式的总和
- 基本矛盾
  - 基本矛盾是教育者提出的德育要求（社会所要求的道德规范）与受教育者现有的品德水平之间的矛盾，其实质是社会矛盾在德育过程中的反映
  - 学生品德发展的内部矛盾是学生品德发展的新需要与其现有发展水平之间的矛盾

核心考点 2: 德育过程的基本规律

(2019 下、2016 上、2014 上、2013 下)

德育过程的基本规律

德育过程是具有多种开端的,对学生知、情、意、行的培养提高过程

知即道德认识,是学生品德形成的基础

情即道德情感,是产生道德行为的内部动力,是道德实现转化的催化剂

意即道德意志,是调节道德行为的精神力量

行即道德行为,是衡量一个人道德修养水平的重要标志

德育过程是组织学生的活动和交往,对学生多方面教育影响的过程

活动和交往是品德形成的基础

学生在活动和交往中,必定受到多方面的影响

德育过程是促使学生思想内部矛盾运动的过程

德育过程是一个长期的、反复的、不断前进的过程

德育过程是一个长期的过程

德育过程是一个反复的、不断前进的过程

第五节　中学德育原则

核心考点 1：中学德育原则

（2019 下、2019 上）

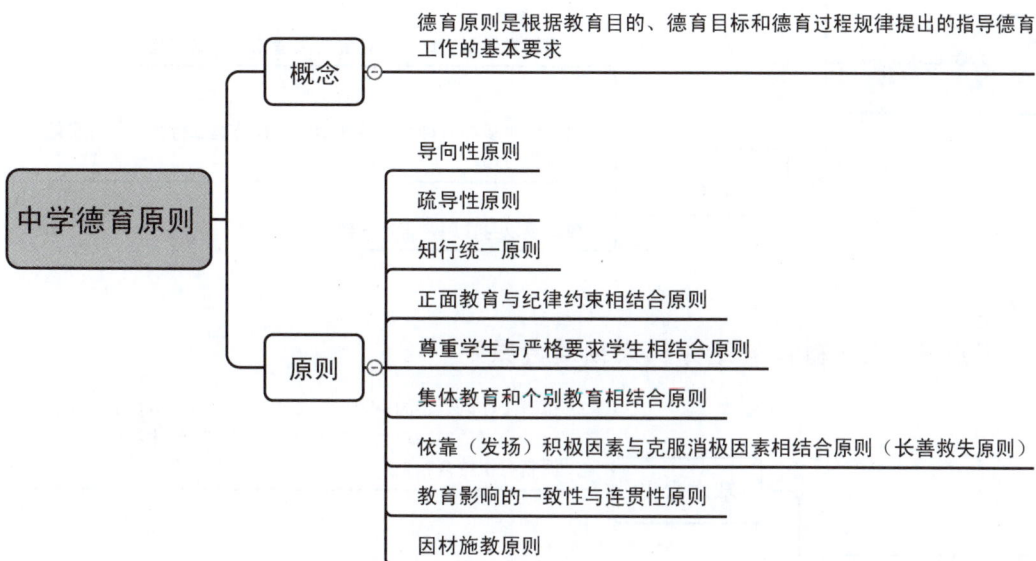

中学德育原则
- 概念 —— 德育原则是根据教育目的、德育目标和德育过程规律提出的指导德育工作的基本要求
- 原则
  - 导向性原则
  - 疏导性原则
  - 知行统一原则
  - 正面教育与纪律约束相结合原则
  - 尊重学生与严格要求学生相结合原则
  - 集体教育和个别教育相结合原则
  - 依靠（发扬）积极因素与克服消极因素相结合原则（长善救失原则）
  - 教育影响的一致性与连贯性原则
  - 因材施教原则

核心考点 2：导向性原则

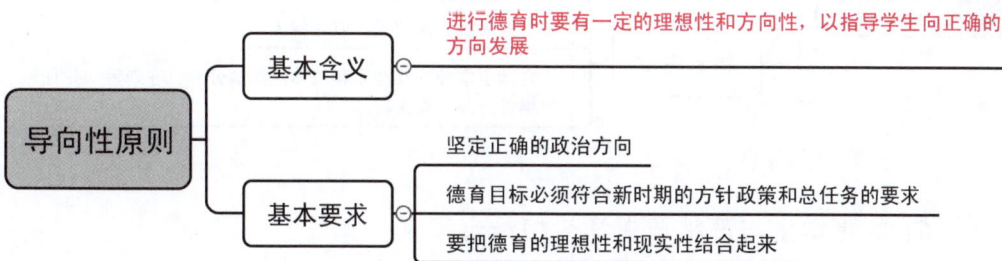

导向性原则
- 基本含义 —— 进行德育时要有一定的理想性和方向性，以指导学生向正确的方向发展
- 基本要求
  - 坚定正确的政治方向
  - 德育目标必须符合新时期的方针政策和总任务的要求
  - 要把德育的理想性和现实性结合起来

核心考点 3：疏导性原则

（2013 下）

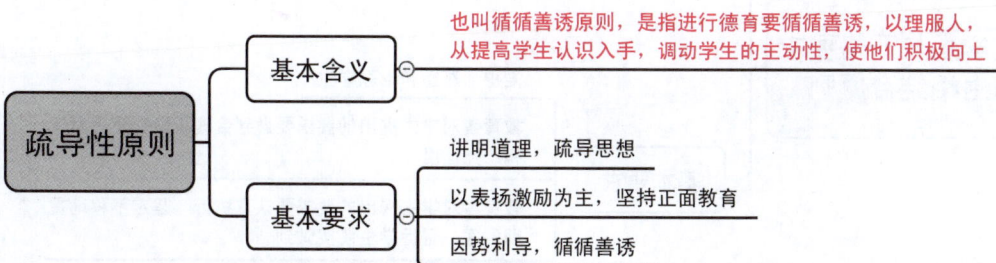

疏导性原则
- 基本含义 —— 也叫循循善诱原则，是指进行德育要循循善诱，以理服人，从提高学生认识入手，调动学生的主动性，使他们积极向上
- 基本要求
  - 讲明道理，疏导思想
  - 以表扬激励为主，坚持正面教育
  - 因势利导，循循善诱

核心考点 4：知行统一原则

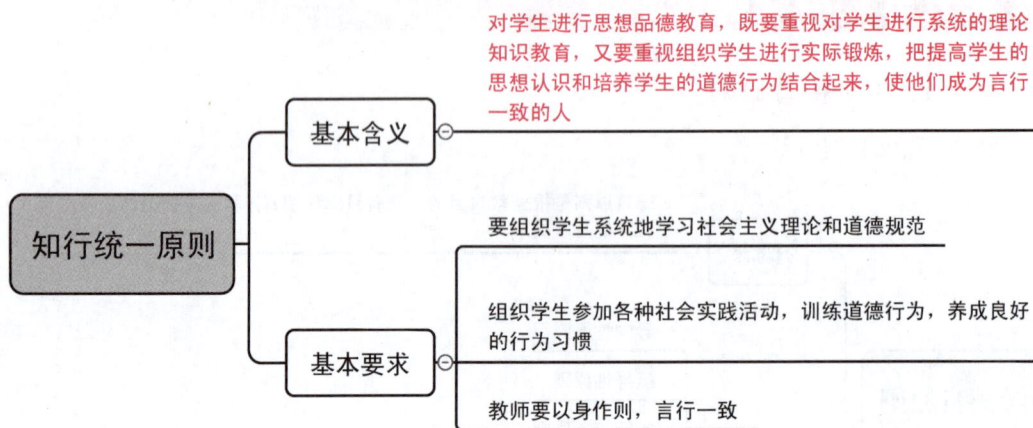

知行统一原则

- 基本含义 —— 对学生进行思想品德教育，既要重视对学生进行系统的理论知识教育，又要重视组织学生进行实际锻炼，把提高学生的思想认识和培养学生的道德行为结合起来，使他们成为言行一致的人

- 基本要求
  - 要组织学生系统地学习社会主义理论和道德规范
  - 组织学生参加各种社会实践活动，训练道德行为，养成良好的行为习惯
  - 教师要以身作则，言行一致

核心考点 5：正面教育与纪律约束相结合原则

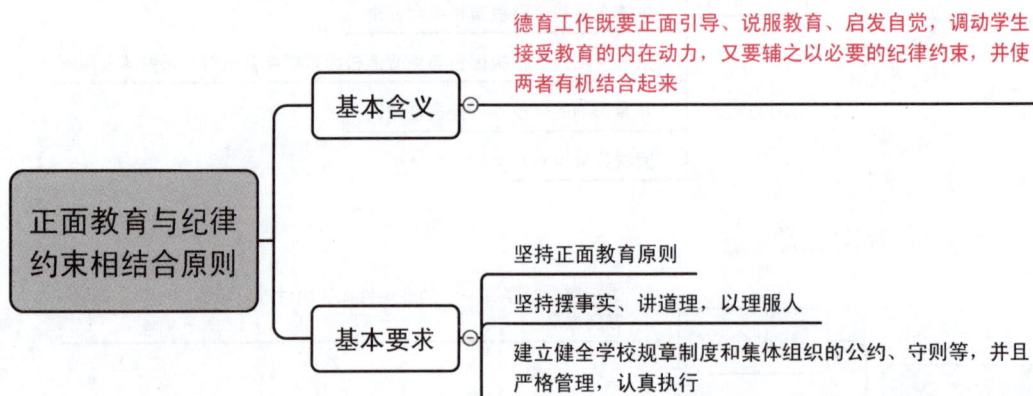

正面教育与纪律约束相结合原则

- 基本含义 —— 德育工作既要正面引导、说服教育、启发自觉，调动学生接受教育的内在动力，又要辅之以必要的纪律约束，并使两者有机结合起来

- 基本要求
  - 坚持正面教育原则
  - 坚持摆事实、讲道理，以理服人
  - 建立健全学校规章制度和集体组织的公约、守则等，并且严格管理，认真执行

核心考点 6：尊重学生与严格要求学生相结合原则

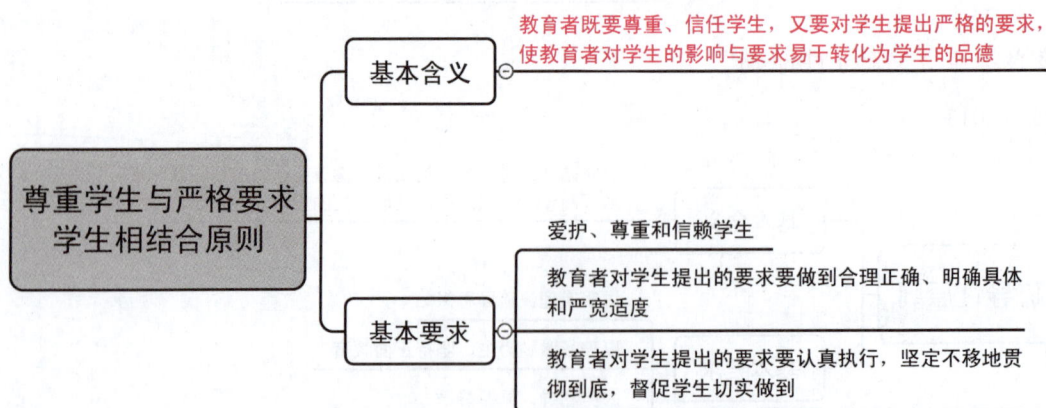

尊重学生与严格要求学生相结合原则

- 基本含义 —— 教育者既要尊重、信任学生，又要对学生提出严格的要求，使教育者对学生的影响与要求易于转化为学生的品德

- 基本要求
  - 爱护、尊重和信赖学生
  - 教育者对学生提出的要求要做到合理正确、明确具体和严宽适度
  - 教育者对学生提出的要求要认真执行，坚定不移地贯彻到底，督促学生切实做到

核心考点 7：集体教育和个别教育相结合原则

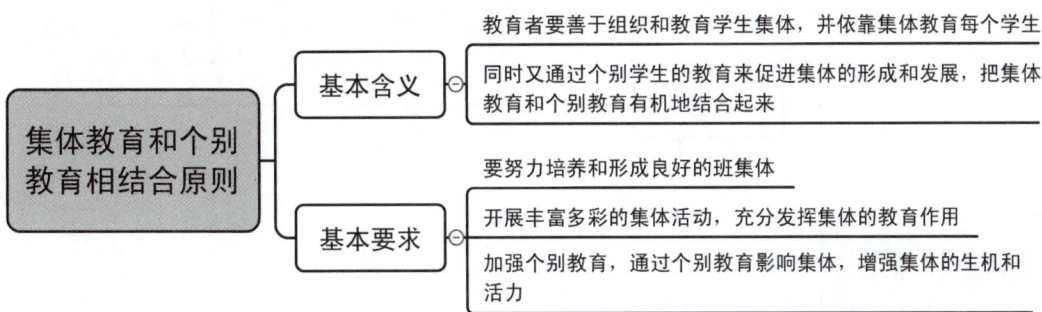

集体教育和个别教育相结合原则
- 基本含义
  - 教育者要善于组织和教育学生集体，并依靠集体教育每个学生
  - 同时又通过个别学生的教育来促进集体的形成和发展，把集体教育和个别教育有机地结合起来
- 基本要求
  - 要努力培养和形成良好的班集体
  - 开展丰富多彩的集体活动，充分发挥集体的教育作用
  - 加强个别教育，通过个别教育影响集体，增强集体的生机和活力

核心考点 8：依靠（发扬）积极因素与克服消极因素相结合原则（长善救失原则）

（2016 下、2016 上）

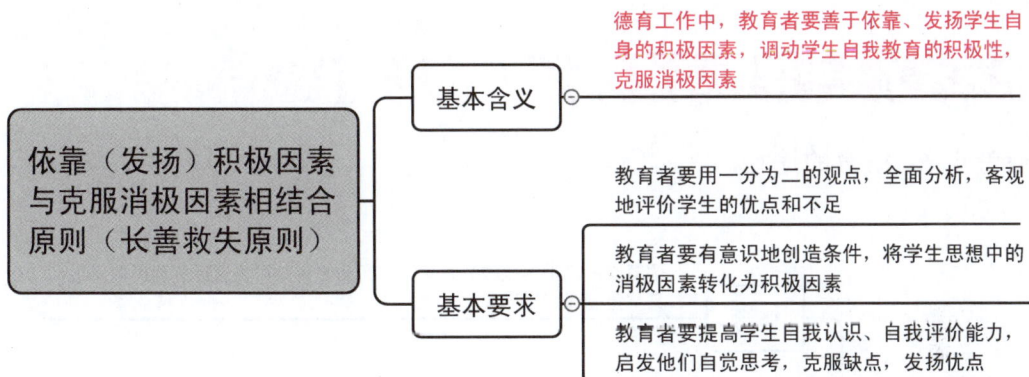

依靠（发扬）积极因素与克服消极因素相结合原则（长善救失原则）
- 基本含义
  - 德育工作中，教育者要善于依靠、发扬学生自身的积极因素，调动学生自我教育的积极性，克服消极因素
- 基本要求
  - 教育者要用一分为二的观点，全面分析，客观地评价学生的优点和不足
  - 教育者要有意识地创造条件，将学生思想中的消极因素转化为积极因素
  - 教育者要提高学生自我认识、自我评价能力，启发他们自觉思考，克服缺点，发扬优点

核心考点 9：教育影响的一致性与连贯性原则

（2014 下、2013 上）

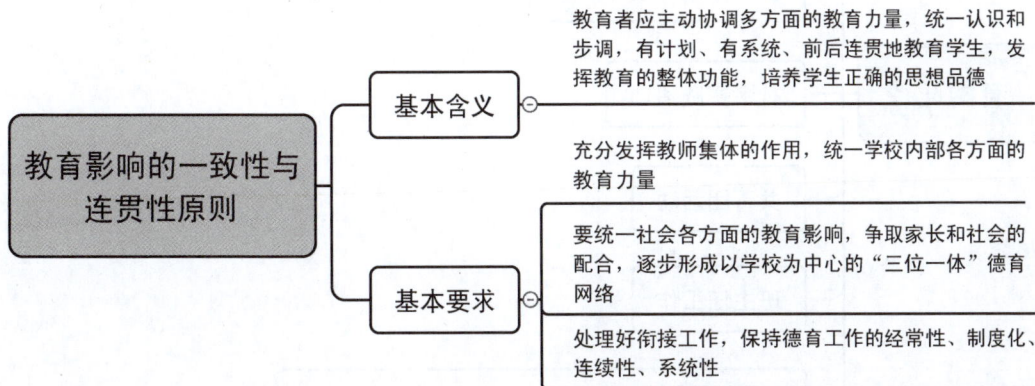

教育影响的一致性与连贯性原则
- 基本含义
  - 教育者应主动协调多方面的教育力量，统一认识和步调，有计划、有系统、前后连贯地教育学生，发挥教育的整体功能，培养学生正确的思想品德
- 基本要求
  - 充分发挥教师集体的作用，统一学校内部各方面的教育力量
  - 要统一社会各方面的教育影响，争取家长和社会的配合，逐步形成以学校为中心的"三位一体"德育网络
  - 处理好衔接工作，保持德育工作的经常性、制度化、连续性、系统性

核心考点 10：因材施教原则

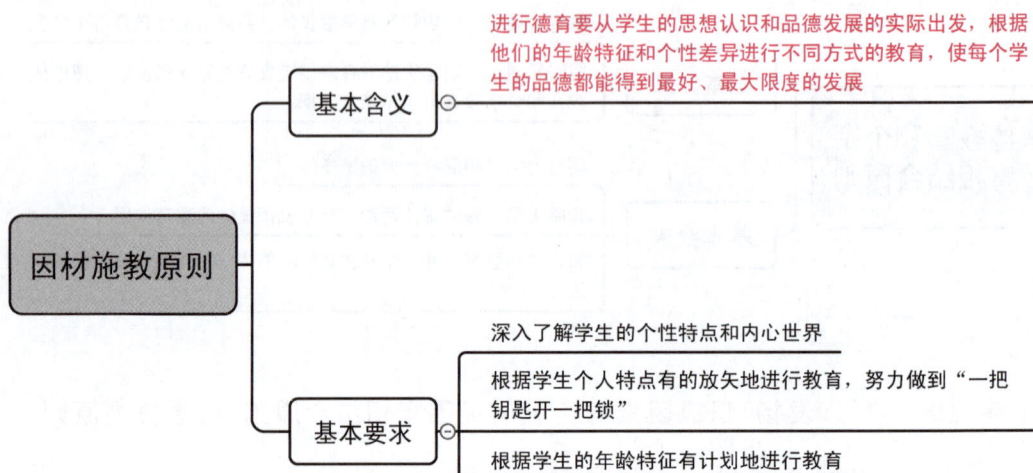

因材施教原则
- 基本含义 —— 进行德育要从学生的思想认识和品德发展的实际出发，根据他们的年龄特征和个性差异进行不同方式的教育，使每个学生的品德都能得到最好、最大限度的发展
- 基本要求
  - 深入了解学生的个性特点和内心世界
  - 根据学生个人特点有的放矢地进行教育，努力做到"一把钥匙开一把锁"
  - 根据学生的年龄特征有计划地进行教育

第六节 中学德育途径与方法

核心考点 1：德育的途径

（2018 下）

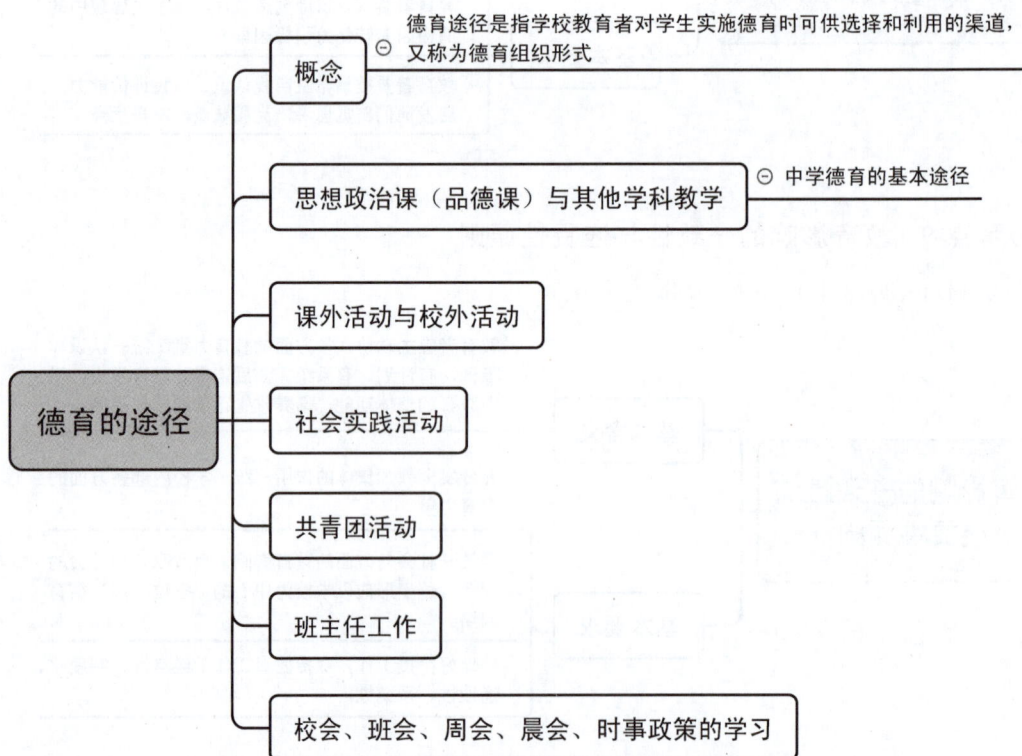

德育的途径
- 概念 —— 德育途径是指学校教育者对学生实施德育时可供选择和利用的渠道，又称为德育组织形式
- 思想政治课（品德课）与其他学科教学 —— 中学德育的基本途径
- 课外活动与校外活动
- 社会实践活动
- 共青团活动
- 班主任工作
- 校会、班会、周会、晨会、时事政策的学习

核心考点 2：中学德育方法

（2019 下、2019 上、2018 下、2018 上、2017 上、2016 下、2016 上、2015 下、2015 上、2014 下、2014 上、2013 下、2012 上）

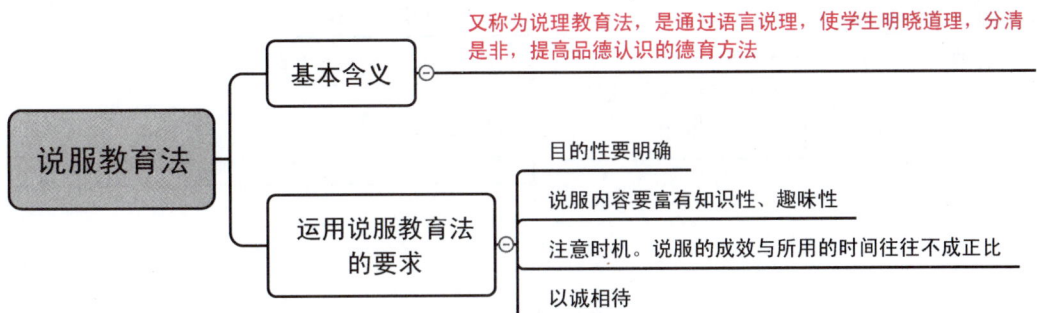

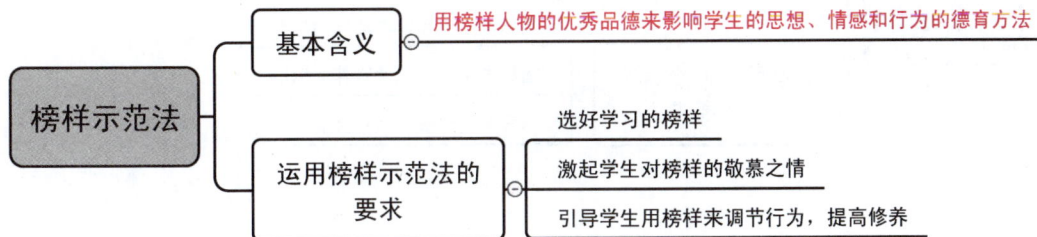

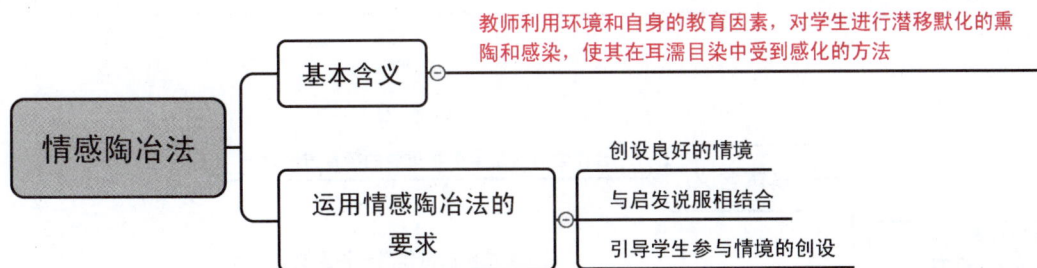

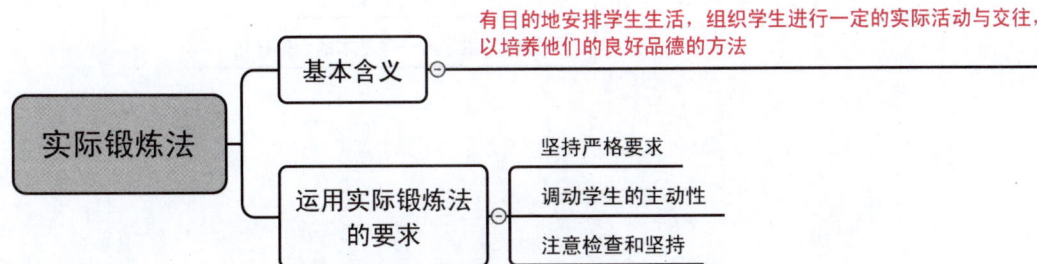

说服教育法
- 基本含义 —— 又称为说理教育法，是通过语言说理，使学生明晓道理，分清是非，提高品德认识的德育方法
- 运用说服教育法的要求
  - 目的性要明确
  - 说服内容要富有知识性、趣味性
  - 注意时机。说服的成效与所用的时间往往不成正比
  - 以诚相待

榜样示范法
- 基本含义 —— 用榜样人物的优秀品德来影响学生的思想、情感和行为的德育方法
- 运用榜样示范法的要求
  - 选好学习的榜样
  - 激起学生对榜样的敬慕之情
  - 引导学生用榜样来调节行为，提高修养

情感陶冶法
- 基本含义 —— 教师利用环境和自身的教育因素，对学生进行潜移默化的熏陶和感染，使其在耳濡目染中受到感化的方法
- 运用情感陶冶法的要求
  - 创设良好的情境
  - 与启发说服相结合
  - 引导学生参与情境的创设

实际锻炼法
- 基本含义 —— 有目的地安排学生生活，组织学生进行一定的实际活动与交往，以培养他们的良好品德的方法
- 运用实际锻炼法的要求
  - 坚持严格要求
  - 调动学生的主动性
  - 注意检查和坚持

品德评价法
- 基本含义
  - 通过对学生的品德进行肯定或否定的评价而予以激励或抑制，促使学生品德健康形成和发展的德育方法
  - 它包括奖励、惩罚、评比和操行评定等
- 运用品德评价法的要求
  - 公平、正确、合情合理
  - 发扬民主，获得群众支持
  - 注重宣传与教育
  - 奖惩结合，奖励为主、惩罚为辅

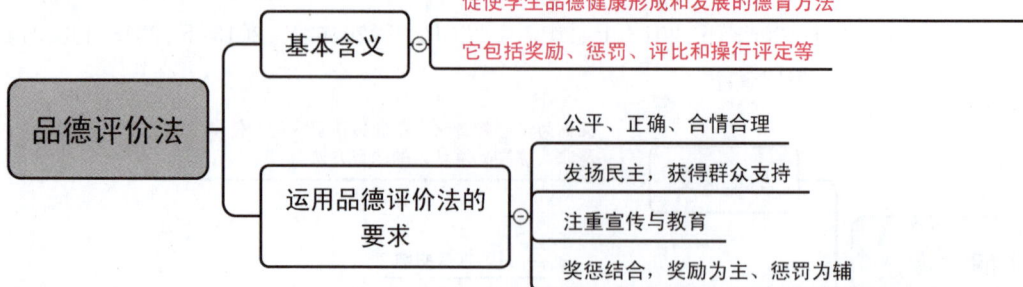

个人修养法
- 基本含义
  - 即自我教育法
  - 自我修养是一种自觉的思想转化和行为控制的活动，贯穿于思想品德形成的整个过程
- 运用个人修养法的要求
  - 培养学生自我修养的兴趣与自觉性
  - 指导学生掌握品德修养的标准
  - 指导学生积极参加社会实践

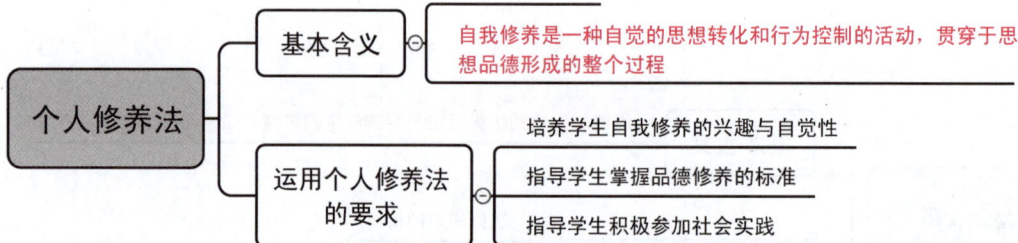

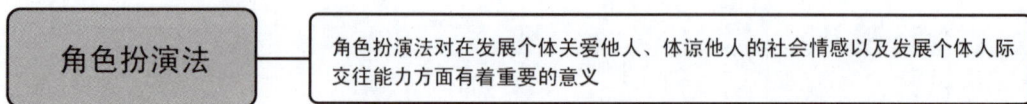

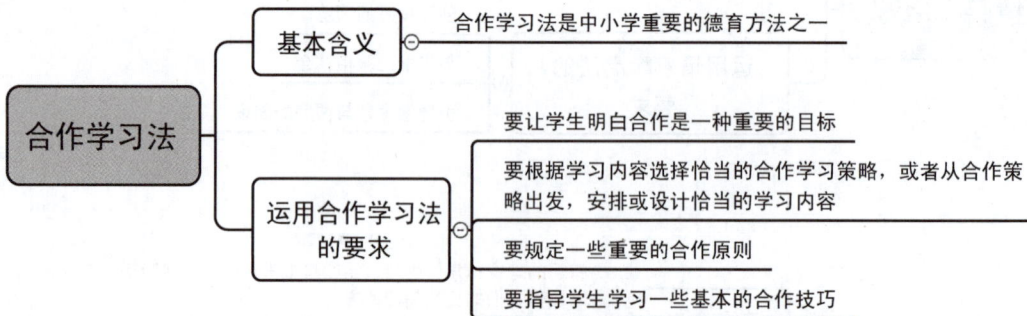

角色扮演法
- 角色扮演法对在发展个体关爱他人、体谅他人的社会情感以及发展个体人际交往能力方面有着重要的意义

合作学习法
- 基本含义
  - 合作学习法是中小学重要的德育方法之一
- 运用合作学习法的要求
  - 要让学生明白合作是一种重要的目标
  - 要根据学习内容选择恰当的合作学习策略，或者从合作策略出发，安排或设计恰当的学习内容
  - 要规定一些重要的合作原则
  - 要指导学生学习一些基本的合作技巧

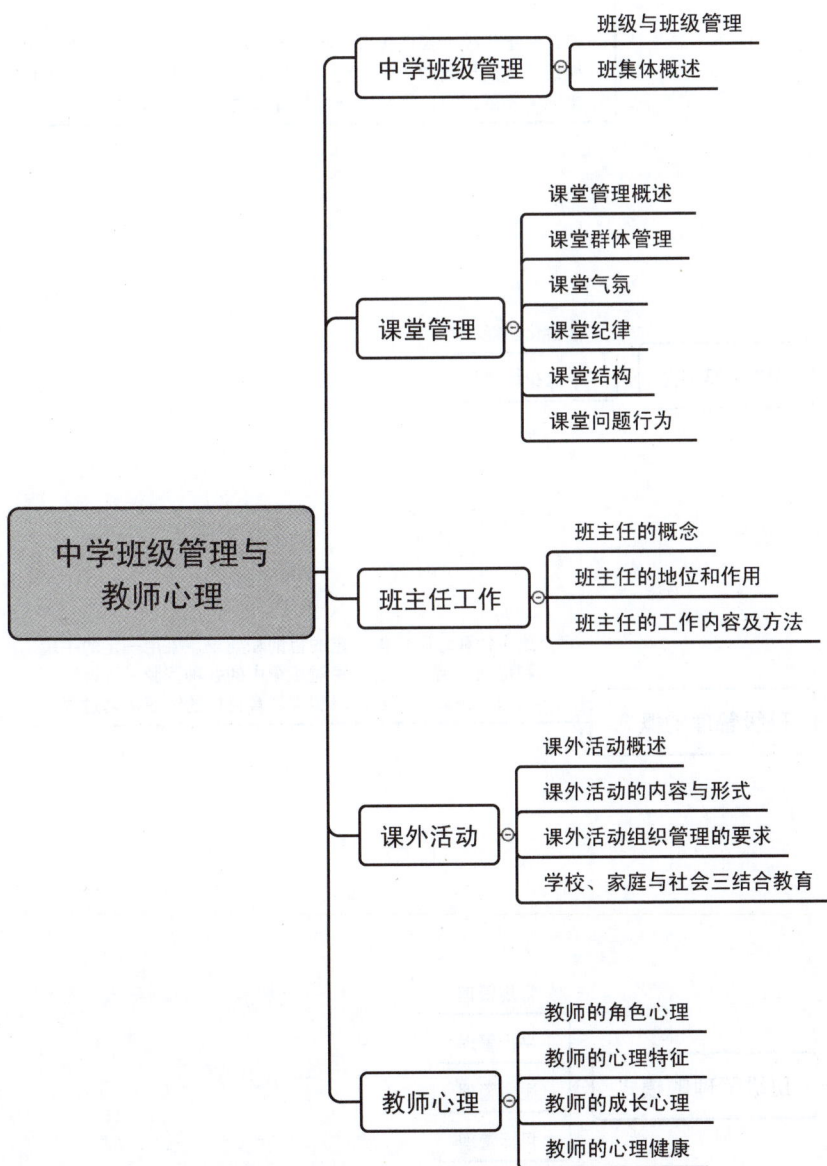

中学班级管理与教师心理

中学班级管理
- 班级与班级管理
- 班集体概述

课堂管理
- 课堂管理概述
- 课堂群体管理
- 课堂气氛
- 课堂纪律
- 课堂结构
- 课堂问题行为

班主任工作
- 班主任的概念
- 班主任的地位和作用
- 班主任的工作内容及方法

课外活动
- 课外活动概述
- 课外活动的内容与形式
- 课外活动组织管理的要求
- 学校、家庭与社会三结合教育

教师心理
- 教师的角色心理
- 教师的心理特征
- 教师的成长心理
- 教师的心理健康

第一节　中学班级管理

核心考点 1：班级与班级管理

班级与班级管理

- 班级的概念
  - 最先提出"班级"一词的是文艺复兴时期的著名教育家埃拉斯莫斯
  - 班级是指学校为实现教育目的，将年龄和知识程度相近的学生编班分级而形成的，有固定人数的基本教育单位。班级是学生集体的基层组织，是学校进行教育和教学活动的基本单位

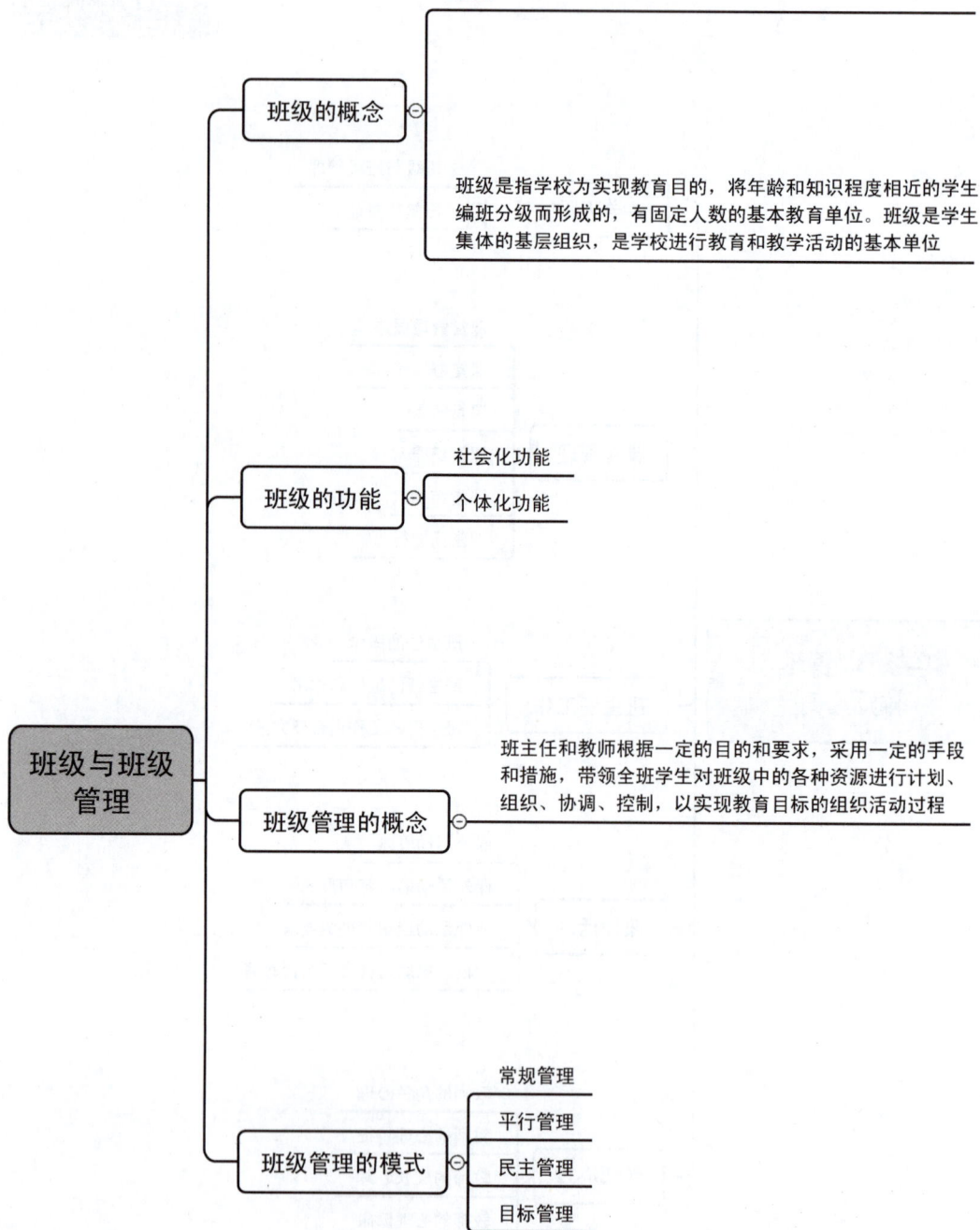

- 班级的功能
  - 社会化功能
  - 个体化功能

- 班级管理的概念
  - 班主任和教师根据一定的目的和要求，采用一定的手段和措施，带领全班学生对班级中的各种资源进行计划、组织、协调、控制，以实现教育目标的组织活动过程

- 班级管理的模式
  - 常规管理
  - 平行管理
  - 民主管理
  - 目标管理

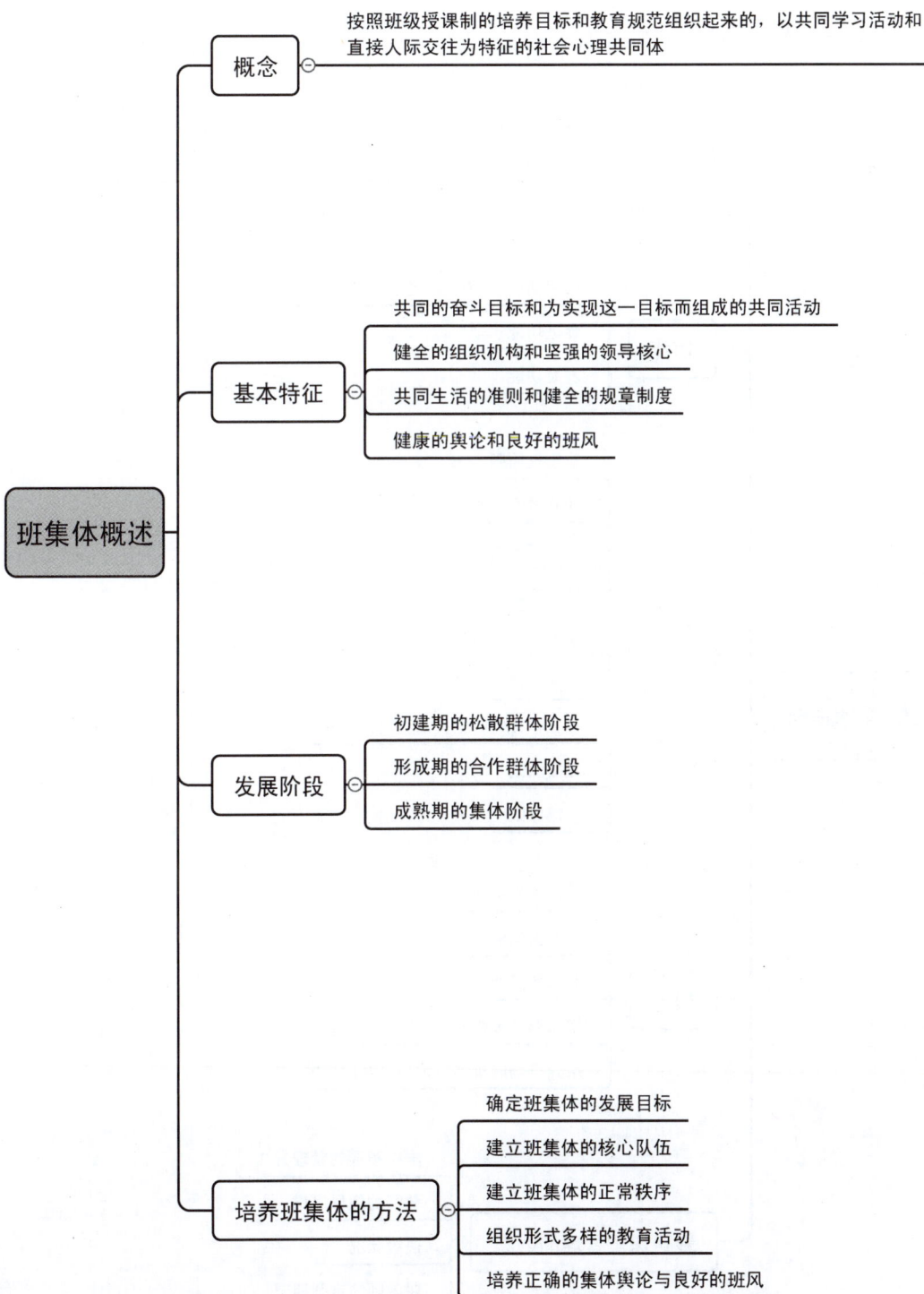

核心考点 2：班集体概述

（2017 上）

```
                        ┌── 概念 ──── 按照班级授课制的培养目标和教育规范组织起来的，以共同学习活动和
                        │              直接人际交往为特征的社会心理共同体
                        │
                        │              ┌── 共同的奋斗目标和为实现这一目标而组成的共同活动
                        │              │
                        │              ├── 健全的组织机构和坚强的领导核心
                        ├── 基本特征 ──┤
                        │              ├── 共同生活的准则和健全的规章制度
                        │              │
班集体概述 ──────────────┤              └── 健康的舆论和良好的班风
                        │
                        │              ┌── 初建期的松散群体阶段
                        │              │
                        ├── 发展阶段 ──┼── 形成期的合作群体阶段
                        │              │
                        │              └── 成熟期的集体阶段
                        │
                        │                      ┌── 确定班集体的发展目标
                        │                      │
                        │                      ├── 建立班集体的核心队伍
                        │                      │
                        └── 培养班集体的方法 ──┼── 建立班集体的正常秩序
                                               │
                                               ├── 组织形式多样的教育活动
                                               │
                                               └── 培养正确的集体舆论与良好的班风
```

第二节　课堂管理

核心考点 1：课堂管理概述

（2017 上、2016 下、2015 下）

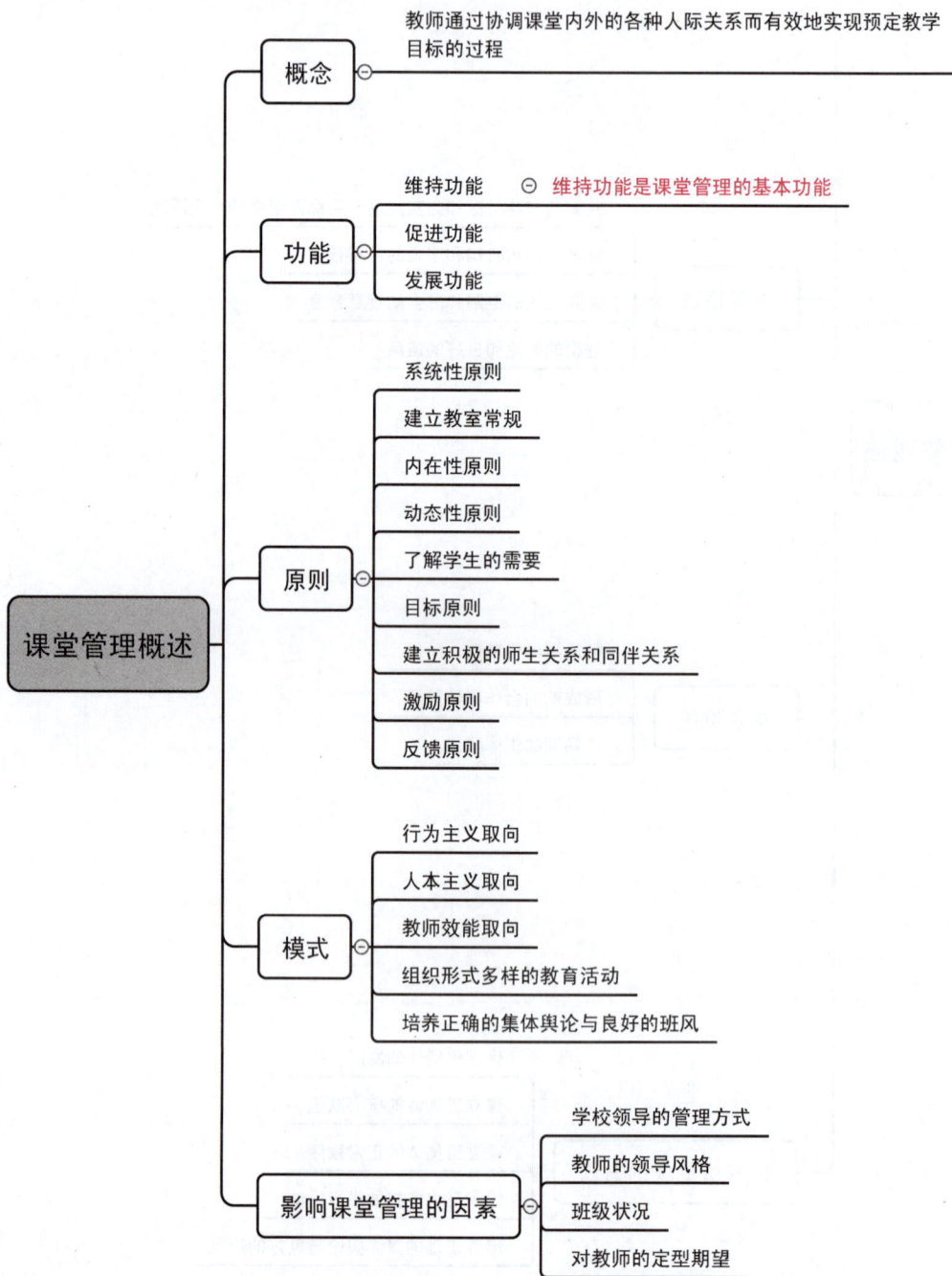

概念 —— 教师通过协调课堂内外的各种人际关系而有效地实现预定教学目标的过程

功能
- 维持功能 ⊖ 维持功能是课堂管理的基本功能
- 促进功能
- 发展功能

原则
- 系统性原则
- 建立教室常规
- 内在性原则
- 动态性原则
- 了解学生的需要
- 目标原则
- 建立积极的师生关系和同伴关系
- 激励原则
- 反馈原则

课堂管理概述

模式
- 行为主义取向
- 人本主义取向
- 教师效能取向
- 组织形式多样的教育活动
- 培养正确的集体舆论与良好的班风

影响课堂管理的因素
- 学校领导的管理方式
- 教师的领导风格
- 班级状况
- 对教师的定型期望

核心考点 2：课堂群体管理

（2014 下、2014 上）

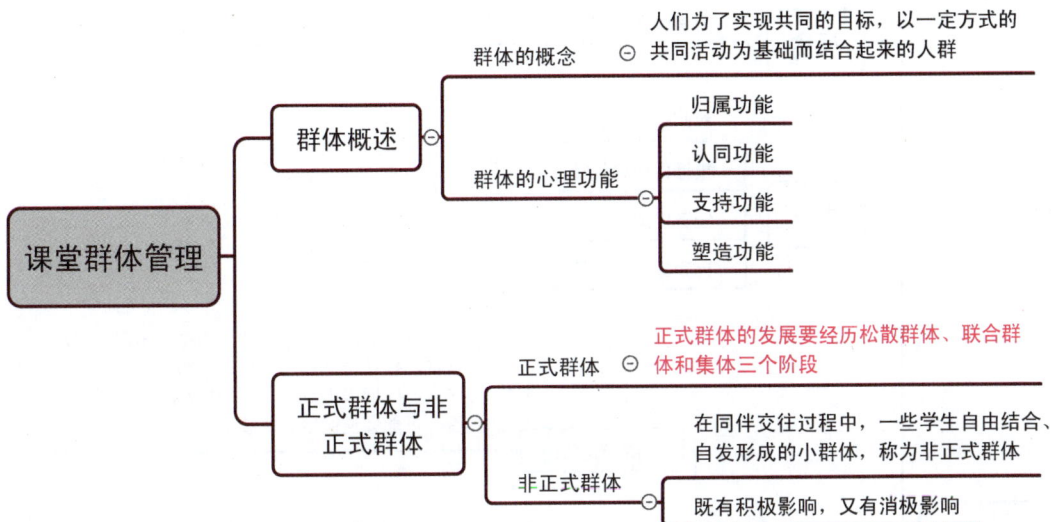

核心考点 3：课堂气氛

（2014 下）

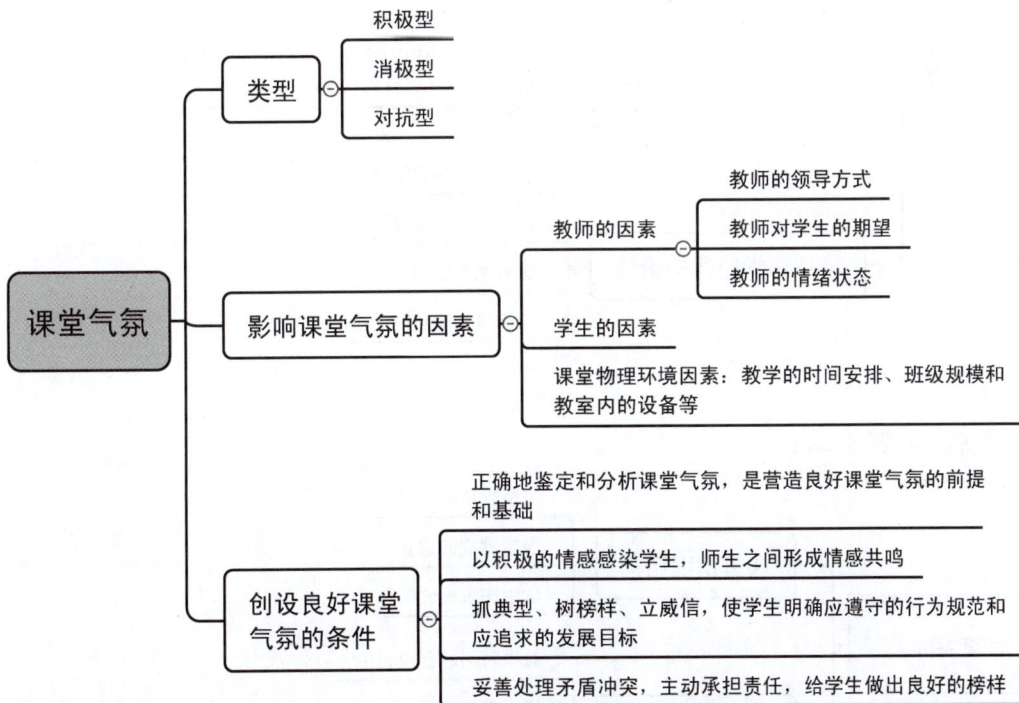

核心考点 4：课堂纪律

（2016 上、2015 下、2015 上、2013 下、2012 上）

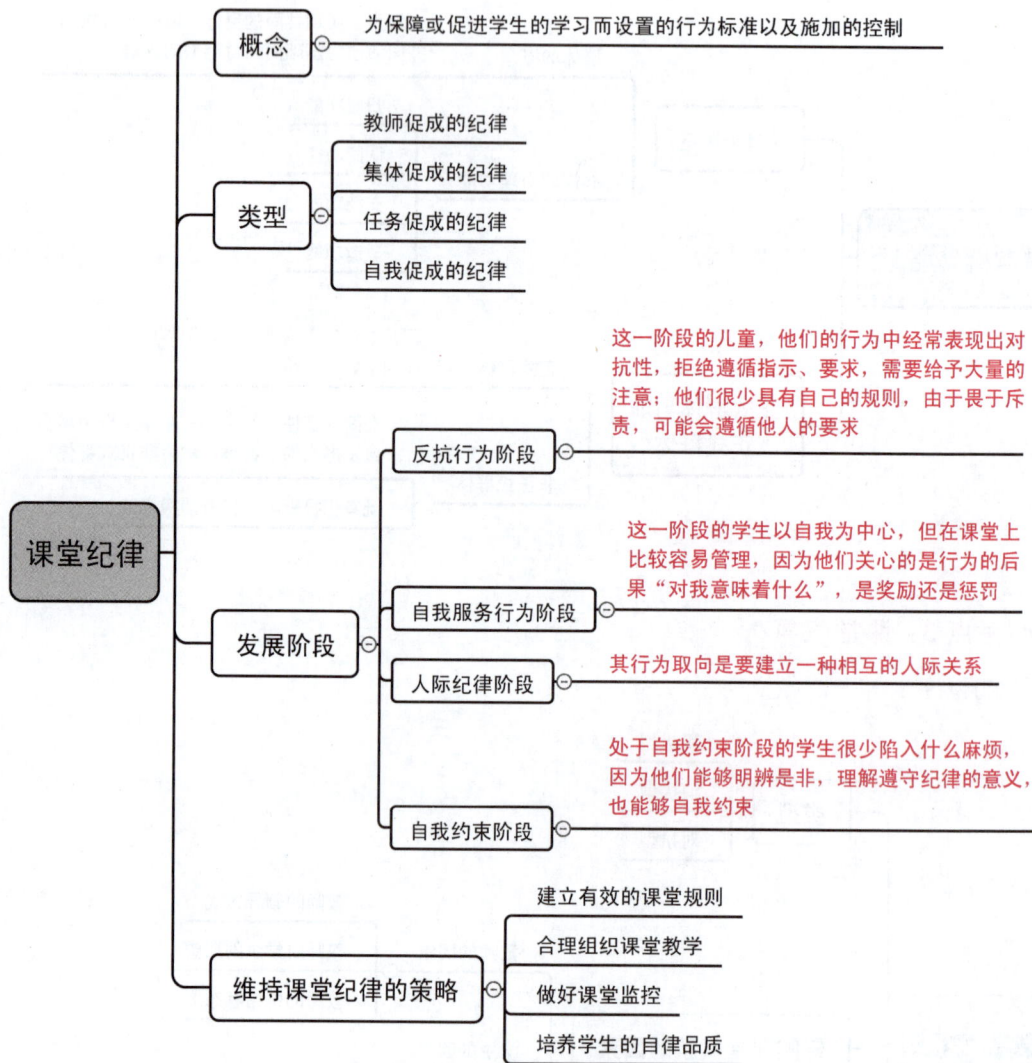

- 概念 ○─ 为保障或促进学生的学习而设置的行为标准以及施加的控制
- 类型
  - 教师促成的纪律
  - 集体促成的纪律
  - 任务促成的纪律
  - 自我促成的纪律
- 发展阶段
  - 反抗行为阶段 ○─ 这一阶段的儿童，他们的行为中经常表现出对抗性，拒绝遵循指示、要求，需要给予大量的注意；他们很少具有自己的规则，由于畏于斥责，可能会遵循他人的要求
  - 自我服务行为阶段 ○─ 这一阶段的学生以自我为中心，但在课堂上比较容易管理，因为他们关心的是行为的后果"对我意味着什么"，是奖励还是惩罚
  - 人际纪律阶段 ○─ 其行为取向是要建立一种相互的人际关系
  - 自我约束阶段 ○─ 处于自我约束阶段的学生很少陷入什么麻烦，因为他们能够明辨是非，理解遵守纪律的意义，也能够自我约束
- 维持课堂纪律的策略
  - 建立有效的课堂规则
  - 合理组织课堂教学
  - 做好课堂监控
  - 培养学生的自律品质

核心考点 5：课堂结构

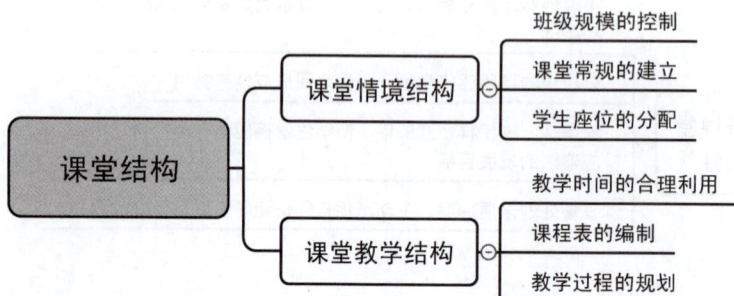

- 课堂结构
  - 课堂情境结构
    - 班级规模的控制
    - 课堂常规的建立
    - 学生座位的分配
  - 课堂教学结构
    - 教学时间的合理利用
    - 课程表的编制
    - 教学过程的规划

核心考点 6：课堂问题行为

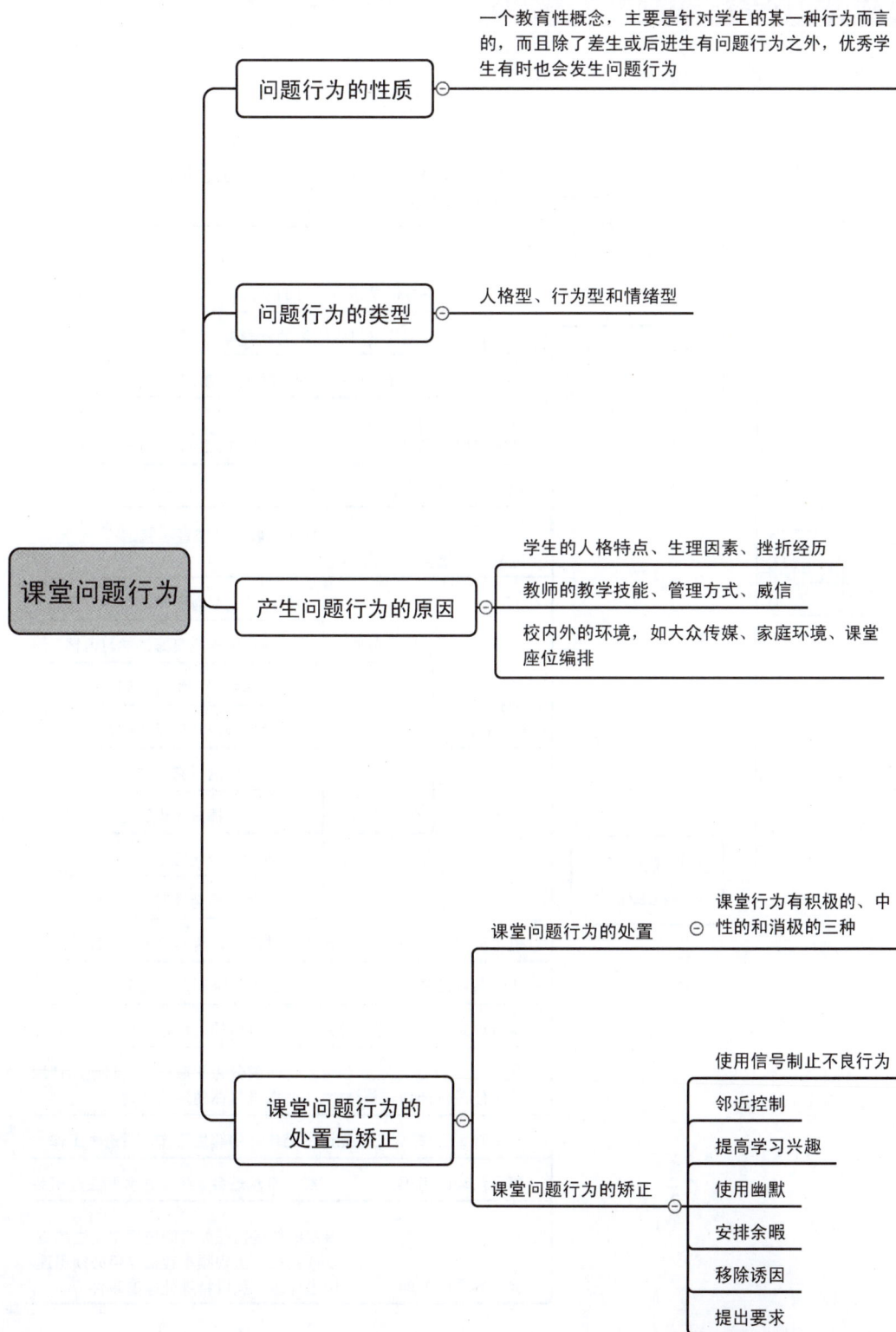

课堂问题行为

- 问题行为的性质 —— 一个教育性概念，主要是针对学生的某一种行为而言的，而且除了差生或后进生有问题行为之外，优秀学生有时也会发生问题行为
- 问题行为的类型 —— 人格型、行为型和情绪型
- 产生问题行为的原因
  - 学生的人格特点、生理因素、挫折经历
  - 教师的教学技能、管理方式、威信
  - 校内外的环境，如大众传媒、家庭环境、课堂座位编排
- 课堂问题行为的处置与矫正
  - 课堂问题行为的处置 —— 课堂行为有积极的、中性的和消极的三种
  - 课堂问题行为的矫正
    - 使用信号制止不良行为
    - 邻近控制
    - 提高学习兴趣
    - 使用幽默
    - 安排余暇
    - 移除诱因
    - 提出要求

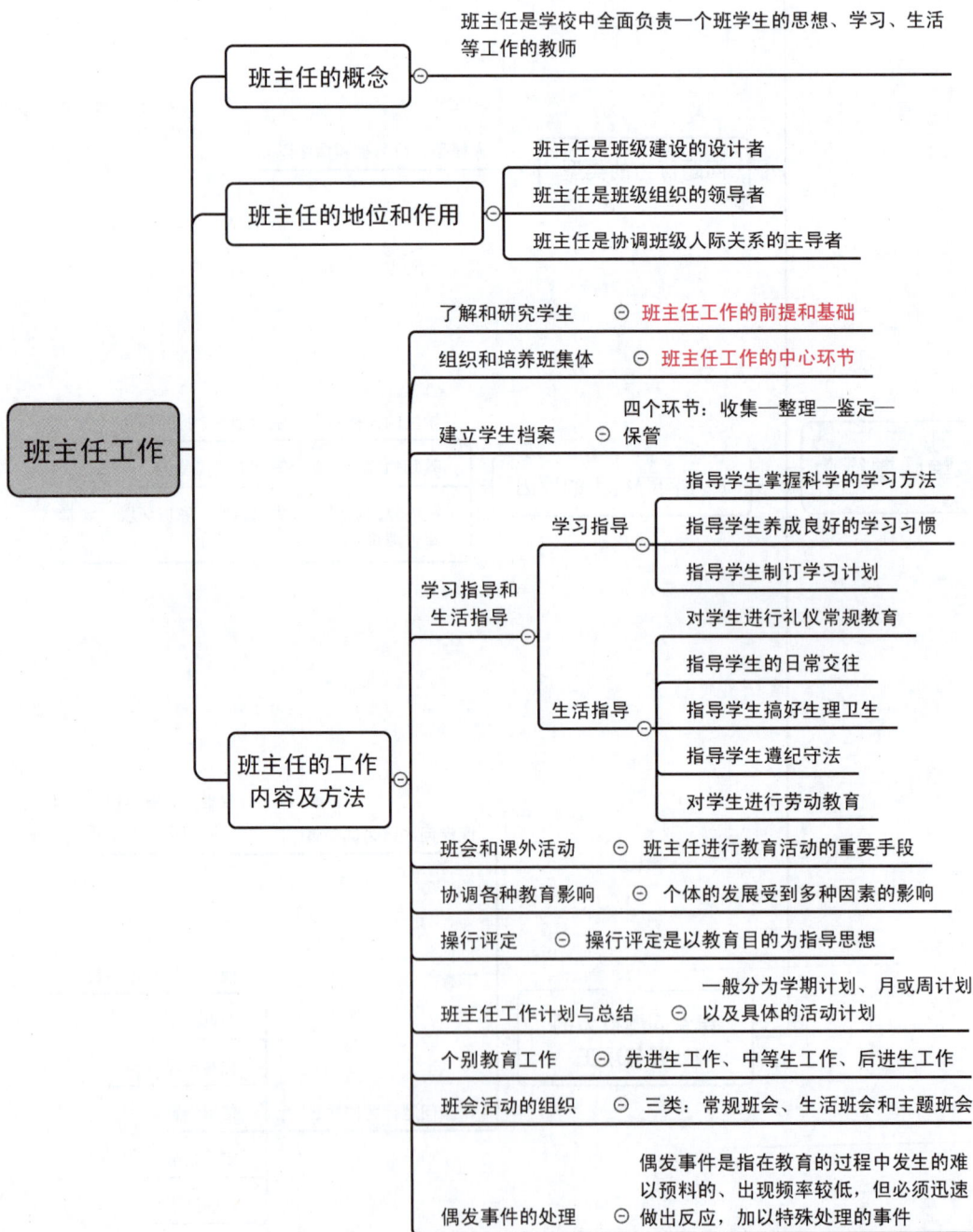

第三节 班主任工作

核心考点：班主任工作

（2017 下）

班主任工作
- 班主任的概念 —— 班主任是学校中全面负责一个班学生的思想、学习、生活等工作的教师
- 班主任的地位和作用
  - 班主任是班级建设的设计者
  - 班主任是班级组织的领导者
  - 班主任是协调班级人际关系的主导者
- 班主任的工作内容及方法
  - 了解和研究学生 ⊖ **班主任工作的前提和基础**
  - 组织和培养班集体 ⊖ **班主任工作的中心环节**
  - 建立学生档案 ⊖ 四个环节：收集—整理—鉴定—保管
  - 学习指导和生活指导
    - 学习指导
      - 指导学生掌握科学的学习方法
      - 指导学生养成良好的学习习惯
      - 指导学生制订学习计划
    - 生活指导
      - 对学生进行礼仪常规教育
      - 指导学生的日常交往
      - 指导学生搞好生理卫生
      - 指导学生遵纪守法
      - 对学生进行劳动教育
  - 班会和课外活动 ⊖ 班主任进行教育活动的重要手段
  - 协调各种教育影响 ⊖ 个体的发展受到多种因素的影响
  - 操行评定 ⊖ 操行评定是以教育目的为指导思想
  - 班主任工作计划与总结 ⊖ 一般分为学期计划、月或周计划以及具体的活动计划
  - 个别教育工作 ⊖ 先进生工作、中等生工作、后进生工作
  - 班会活动的组织 ⊖ 三类：常规班会、生活班会和主题班会
  - 偶发事件的处理 ⊖ 偶发事件是指在教育的过程中发生的难以预料的、出现频率较低，但必须迅速做出反应，加以特殊处理的事件

第四节　课外活动

核心考点 1：课外活动概述

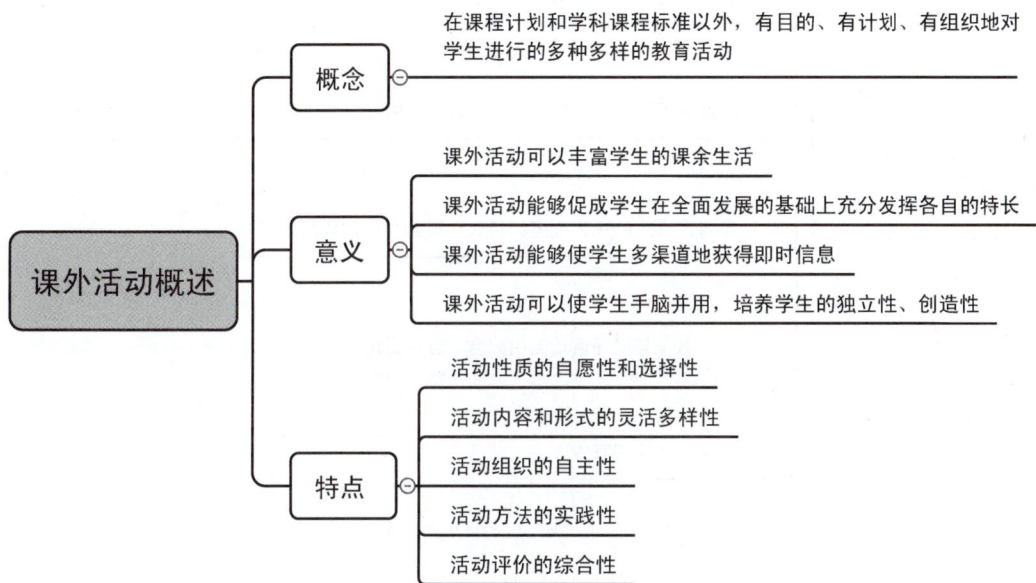

- 课外活动概述
  - 概念 —— 在课程计划和学科课程标准以外，有目的、有计划、有组织地对学生进行的多种多样的教育活动
  - 意义
    - 课外活动可以丰富学生的课余生活
    - 课外活动能够促成学生在全面发展的基础上充分发挥各自的特长
    - 课外活动能够使学生多渠道地获得即时信息
    - 课外活动可以使学生手脑并用，培养学生的独立性、创造性
  - 特点
    - 活动性质的自愿性和选择性
    - 活动内容和形式的灵活多样性
    - 活动组织的自主性
    - 活动方法的实践性
    - 活动评价的综合性

核心考点 2：课外活动的内容与形式

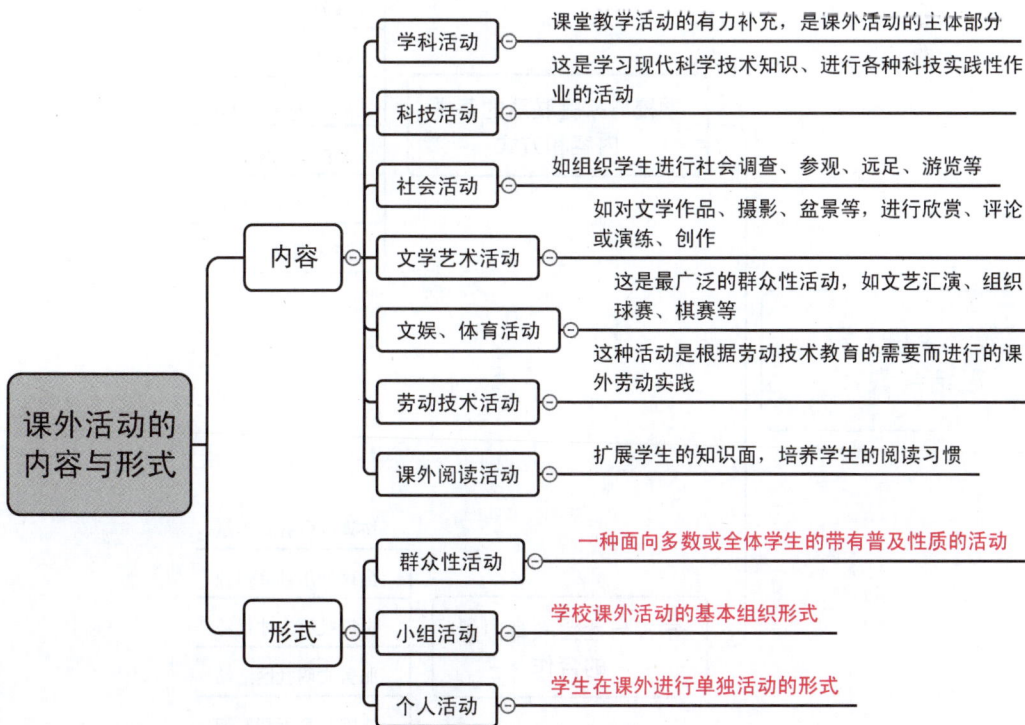

- 课外活动的内容与形式
  - 内容
    - 学科活动 —— 课堂教学活动的有力补充，是课外活动的主体部分
    - 科技活动 —— 这是学习现代科学技术知识、进行各种科技实践性作业的活动
    - 社会活动 —— 如组织学生进行社会调查、参观、远足、游览等
    - 文学艺术活动 —— 如对文学作品、摄影、盆景等，进行欣赏、评论或演练、创作
    - 文娱、体育活动 —— 这是最广泛的群众性活动，如文艺汇演、组织球赛、棋赛等
    - 劳动技术活动 —— 这种活动是根据劳动技术教育的需要而进行的课外劳动实践
    - 课外阅读活动 —— 扩展学生的知识面，培养学生的阅读习惯
  - 形式
    - 群众性活动 —— 一种面向多数或全体学生的带有普及性质的活动
    - 小组活动 —— 学校课外活动的基本组织形式
    - 个人活动 —— 学生在课外进行单独活动的形式

核心考点 3：课外活动组织管理的要求

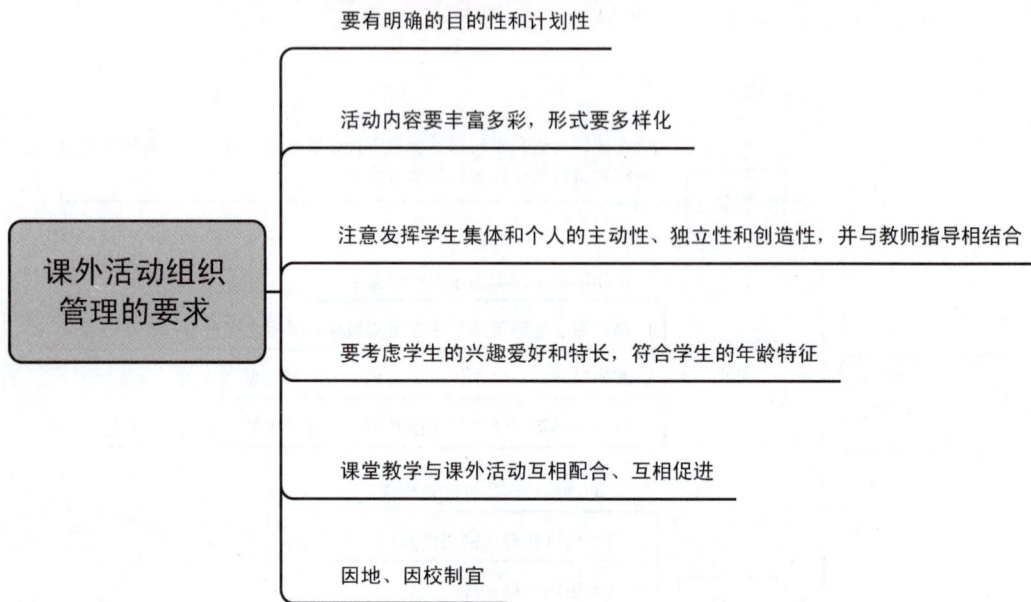

课外活动组织管理的要求
- 要有明确的目的性和计划性
- 活动内容要丰富多彩，形式要多样化
- 注意发挥学生集体和个人的主动性、独立性和创造性，并与教师指导相结合
- 要考虑学生的兴趣爱好和特长，符合学生的年龄特征
- 课堂教学与课外活动互相配合、互相促进
- 因地、因校制宜

核心考点 4：学校、家庭与社会三结合教育

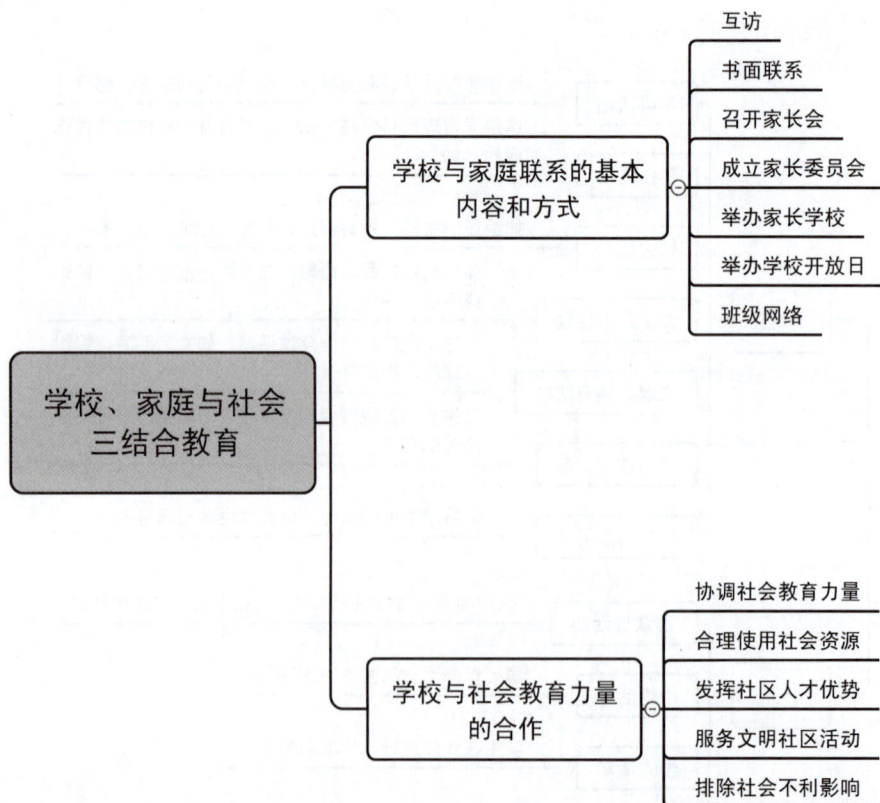

学校、家庭与社会三结合教育
- 学校与家庭联系的基本内容和方式
  - 互访
  - 书面联系
  - 召开家长会
  - 成立家长委员会
  - 举办家长学校
  - 举办学校开放日
  - 班级网络
- 学校与社会教育力量的合作
  - 协调社会教育力量
  - 合理使用社会资源
  - 发挥社区人才优势
  - 服务文明社区活动
  - 排除社会不利影响

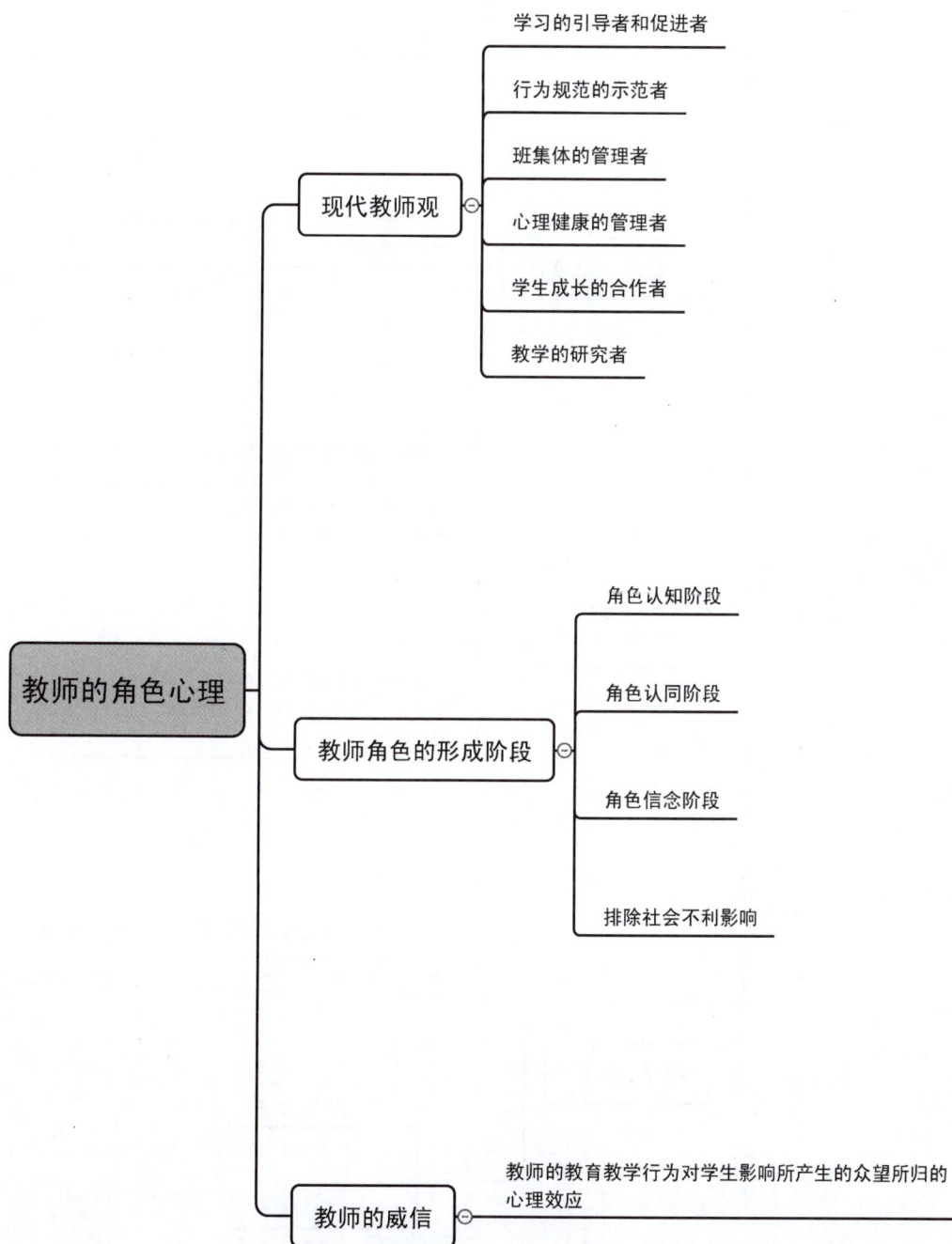

第五节　教师心理

核心考点 1：教师的角色心理

（2012 下）

```
                                    学习的引导者和促进者

                                    行为规范的示范者

                                    班集体的管理者
                   现代教师观
                                    心理健康的管理者

                                    学生成长的合作者

                                    教学的研究者


                                    角色认知阶段

教师的角色心理
                                    角色认同阶段
                   教师角色的形成阶段
                                    角色信念阶段

                                    排除社会不利影响


                                    教师的教育教学行为对学生影响所产生的众望所归的
                   教师的威信          心理效应
```

核心考点 2:教师的心理特征

(2019 上、2018 下、2017 下、2015 下、2015 上、2013 上、2012 上)

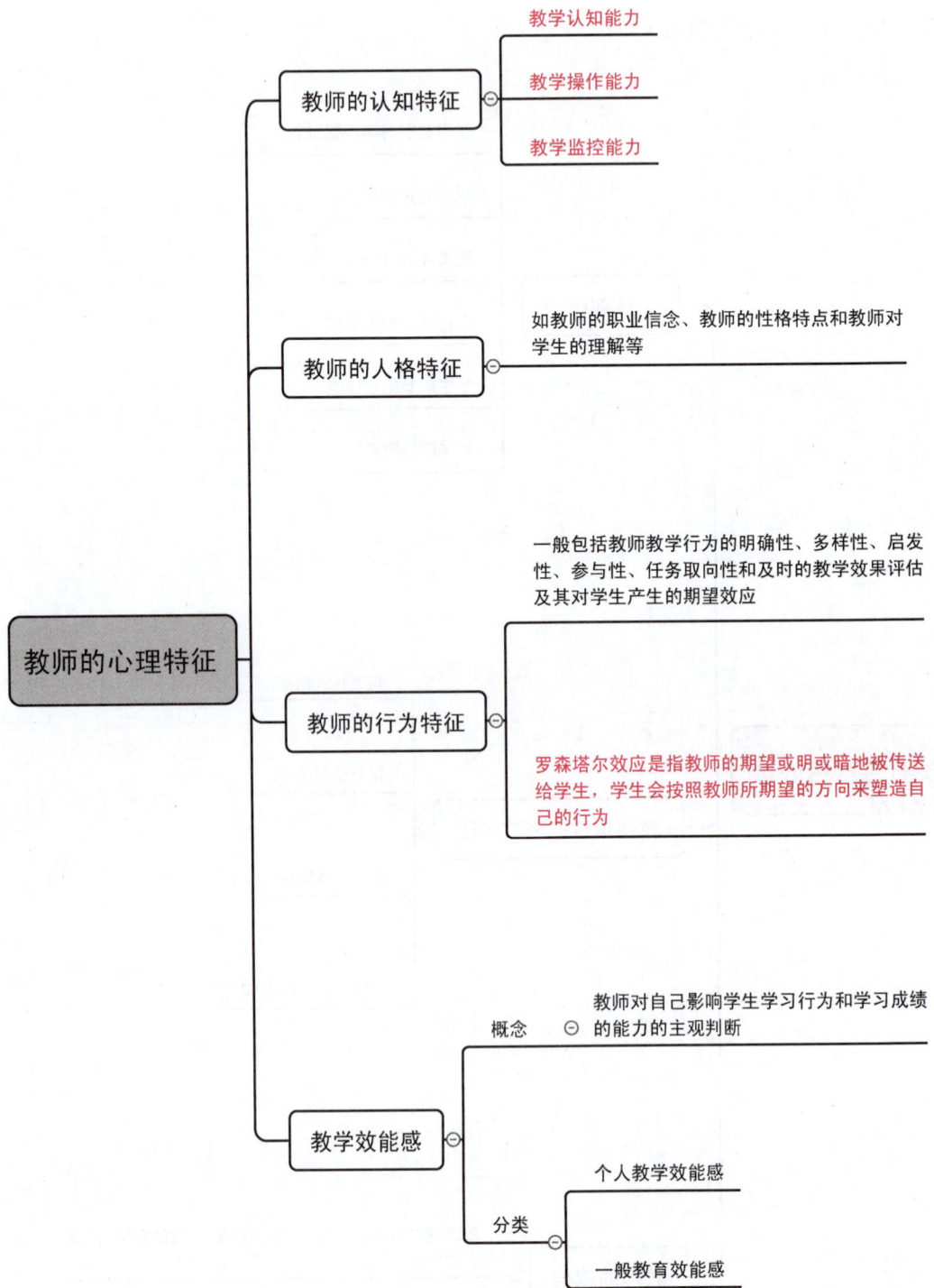

教师的心理特征

- 教师的认知特征
  - 教学认知能力
  - 教学操作能力
  - 教学监控能力

- 教师的人格特征
  - 如教师的职业信念、教师的性格特点和教师对学生的理解等

- 教师的行为特征
  - 一般包括教师教学行为的明确性、多样性、启发性、参与性、任务取向性和及时的教学效果评估及其对学生产生的期望效应
  - 罗森塔尔效应是指教师的期望或明或暗地被传送给学生,学生会按照教师所期望的方向来塑造自己的行为

- 教学效能感
  - 概念 —— 教师对自己影响学生学习行为和学习成绩的能力的主观判断
  - 分类
    - 个人教学效能感
    - 一般教育效能感

核心考点 3：教师的成长心理

（2019 下、2018 上、2017 上、2013 下）

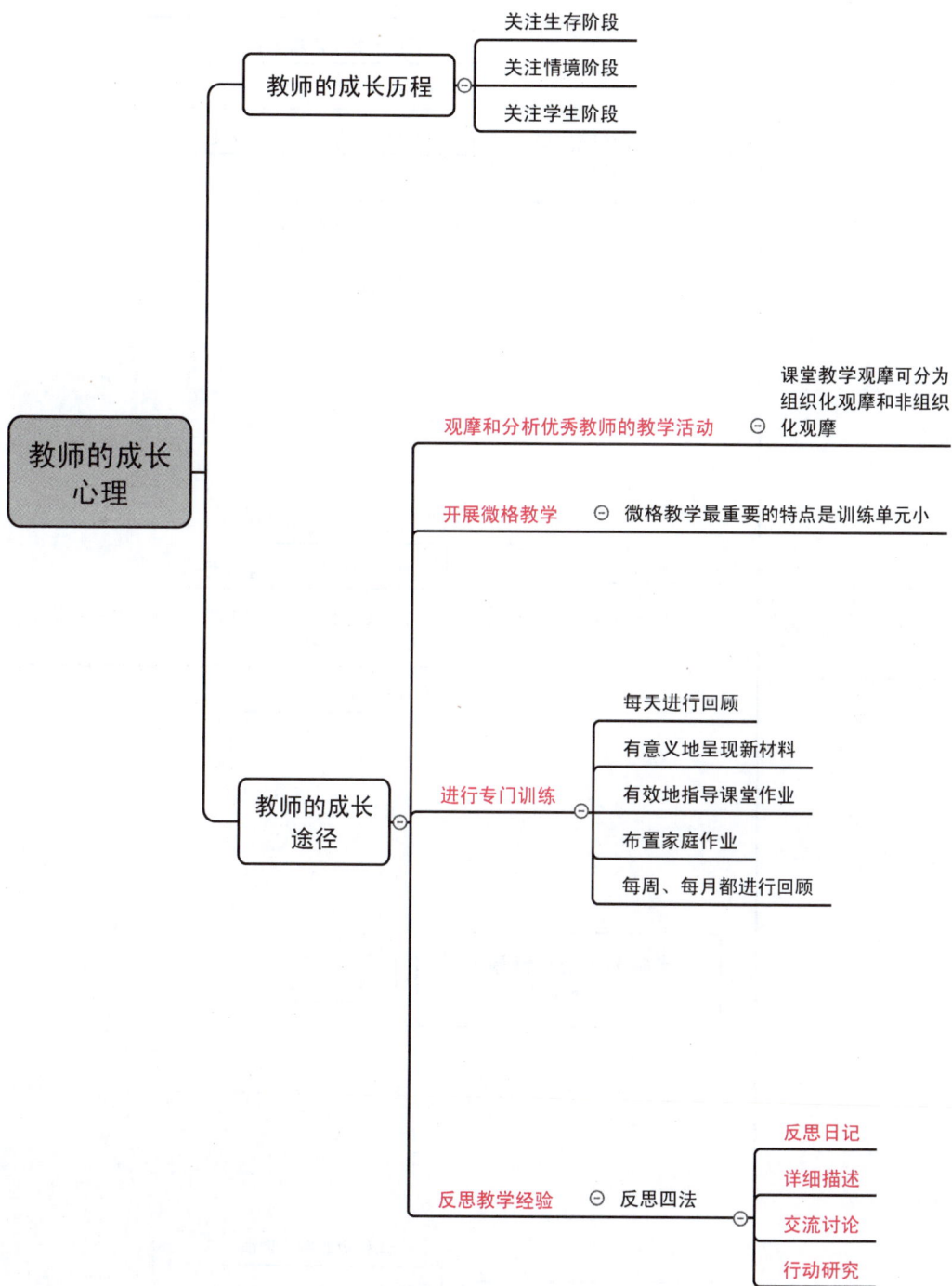

教师的成长心理
- 教师的成长历程
  - 关注生存阶段
  - 关注情境阶段
  - 关注学生阶段
- 教师的成长途径
  - 观摩和分析优秀教师的教学活动 ⊖ 课堂教学观摩可分为组织化观摩和非组织化观摩
  - 开展微格教学 ⊖ 微格教学最重要的特点是训练单元小
  - 进行专门训练
    - 每天进行回顾
    - 有意义地呈现新材料
    - 有效地指导课堂作业
    - 布置家庭作业
    - 每周、每月都进行回顾
  - 反思教学经验 ⊖ 反思四法
    - 反思日记
    - 详细描述
    - 交流讨论
    - 行动研究

核心考点 4：教师的心理健康

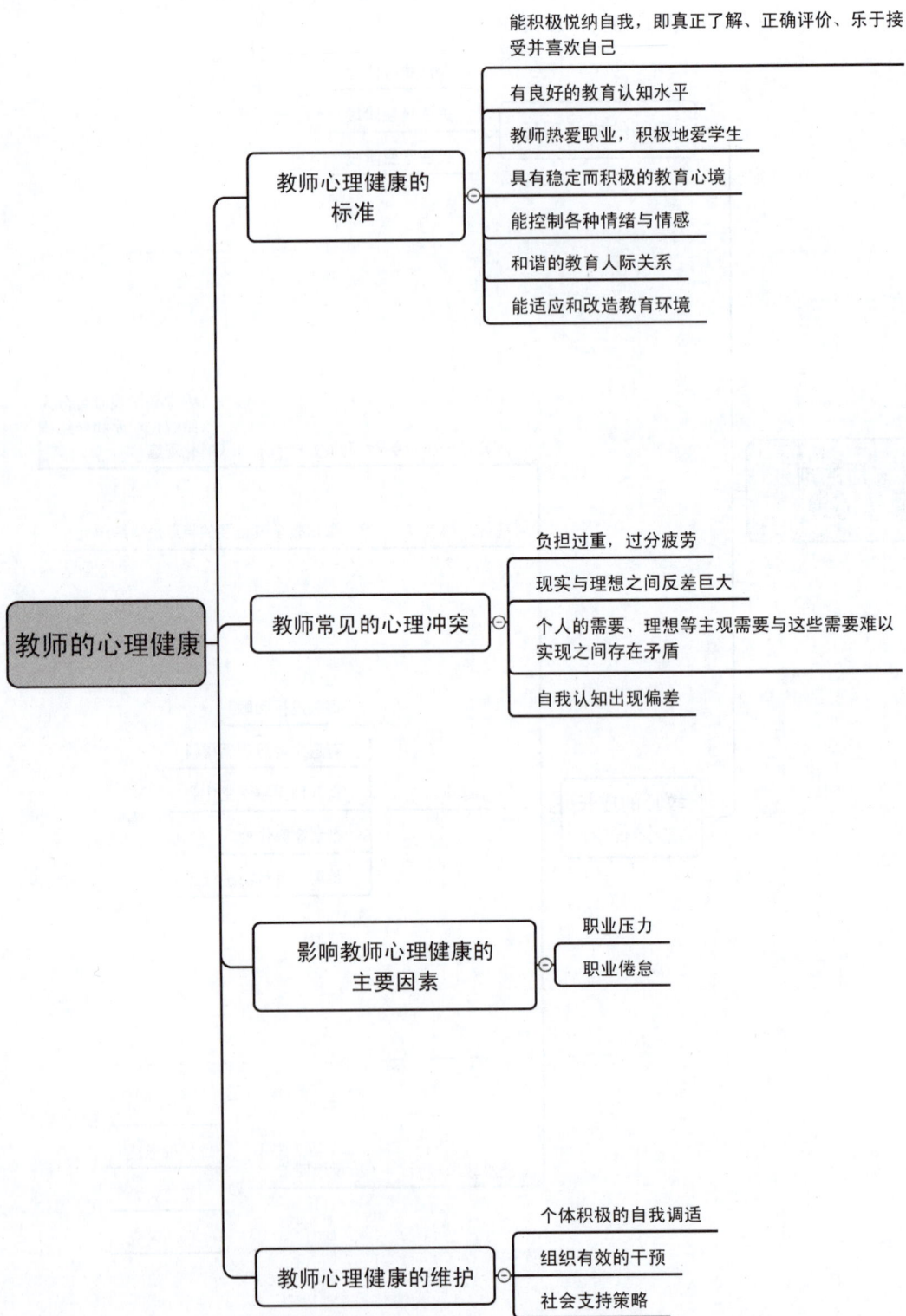

教师的心理健康

- 教师心理健康的标准
  - 能积极悦纳自我，即真正了解、正确评价、乐于接受并喜欢自己
  - 有良好的教育认知水平
  - 教师热爱职业，积极地爱学生
  - 具有稳定而积极的教育心境
  - 能控制各种情绪与情感
  - 和谐的教育人际关系
  - 能适应和改造教育环境

- 教师常见的心理冲突
  - 负担过重，过分疲劳
  - 现实与理想之间反差巨大
  - 个人的需要、理想等主观需要与这些需要难以实现之间存在矛盾
  - 自我认知出现偏差

- 影响教师心理健康的主要因素
  - 职业压力
  - 职业倦怠

- 教师心理健康的维护
  - 个体积极的自我调适
  - 组织有效的干预
  - 社会支持策略